텍스트 언어학 총서 2

한국 설화의 담화 분석

텍스트 언어학 총서 2

한국 설화의 담화 분석

주 신 자

집문당

주신자(朱新子) 이화여자대학교 영어영문학과 졸업
오클라호마대학교(University of Oklahoma) 대학원 졸업(도서관학 석사)
알링톤 텍사스대학교(University of Texas at Arlington) 대학원 졸업
(언어학 석사, 박사)
텍사스대학교와 달라스 응용언어대학원(Graduate Institute of Applied Linguistics) 교수 후 은퇴

텍스트 언어학 총서 2

한국 설화의 담화 분석

2016년 4월 20일 1판 1쇄
2017년 10월 15일 1판 2쇄

저 자 | 주신자
발행인 | 임동규
발행처 | **집문당**
등 록 | 1971. 3. 23. 제300-2012-69호
영업부 | 10881 경기도 파주시 광인사길 85(파주출판도시)
(02)743-3192~3 팩스(02)742-4657
전자우편 | sale@jipmoon.co.kr
편집부 | 03134 서울시 종로구 돈화문로 82 집문당빌딩 5층
(02)743-3096~7 팩스(02)743-0227
전자우편 | edit@jipmoon.co.kr
홈페이지 | www.jipmoon.co.kr

편 집 | 이현정
디자인 | 임용우

ISBN 978-89-303-1718-4

가격 25,000원

이 도서의 국립중앙도서관 출판시도서목록(CIP)은 e-CIP홈페이지(http://www.nl.go.kr/ecip)와 국가자료공동목록시스템(http://www.nl.go.kr/kolisnet)에서 이용하실 수 있습니다.
(CIP제어번호: CIP2016008364)

머리말

오랫동안 이 책을 준비했는데 이제야 결실을 보게 되어 기쁘다. 이 책은 원래 1987년에 영어로 나온 책(Hwang 1987)을 국내 독자들이 손쉽게 볼 수 있도록 한국어 번역으로 시작한 것인데, 거의 30년이라는 세월이 흐르고 그 후에 나온 연구들이 방대한 관계로 그대로는 도저히 출간할 수 없게 되었다. 그동안 언어학자들이 발표한 연구들을 간추려서 보태고 이 책의 주요 논제인 한국 설화의 분석도 새롭게 하여 다시 제시한다. 담화 분석에 대한 여러 접근 방법 가운데 이 책은 전체론적 담화 분석("*Holistic Discourse Analysis*", Longacre와 Hwang 2012)으로 텍스트 전체의 분석과 함께 동사구, 명사구, 절, 문장 등의 문법 자질들과의 인터페이스에 중점을 두고 있다. 이 접근법이 한국에도 널리 알려지고 앞으로의 담화 분석에 기여할 수 있다면 큰 기쁨이 되겠다.

준비 과정에서 가장 어려운 문제는 언어학 전문 용어의 한국어 표현이었다. 문법뿐만 아니라 이 책의 기본이 되는 담화 영역, 그리고 의미론, 화용론 등 다양한 분야의 용어들이 언어학자들 간에 한 가지로 통일되지 않고 차이가 나는 것을 보았다. 전반적인 면에서는 이정민과 배영남의 『언어학 사전』(1987)을 기초로 했으나 담화 분석에서 필요한 용어들이 많이 포함되지 않아 다른 자료들을 참고로 했다. 참고문헌 처음에 나오는 한국어 문헌들과 뒤에 나오는 영어 책자 중 한국어로 번역된 책들을 많이 사용했다. 서로 상이한 용어를 사용한 경우에는 나에게 가장 이해가 쉬운 용어를 택했다. 과거에 Pike(1982)의 『언어개념』(1994)을 신현숙 교수님(상명대)과 같이 번역한 경험도 도움이 되었다.

이 책이 나오기까지 많은 분이 애를 써 주셨다. 우선 고영근 교수님(서울대)의 끊임없는 격려와 촉구가 없었다면 결코 가능한 일이 아니었다. 1990년대 초기에 처음 만난 후 계속 국어학, 텍스트 언어학 등에 대한 한국어 저서들을 보내 주시며 이 책을 쓰도록 권고하셨다. 그 후 성기철 교수님(서울시립대)을 통해 소개받은 이은희 교수님(한성대)과 담화 분석에 관심 있는 동료들이 이 프로젝트를 시작하여 초벌 번역을 하지 않았으면 나 혼자로서는 감히 엄두를 못 냈을 것이다. 고 교수님, 이 교수님, 그리고 다른 분들 모두에게 깊은 감사의 뜻을 표한다. 편집과 출판을 위해 애를 써 준 전정아 편집부장과 이현정 씨에게도 감사드린다.

이 책을 평생 언어학 연구, 특히 담화 분석에 헌신하시다가 2014년 4월 20일 부활주일에 향년 91세로 세상을 떠나신 Longacre 교수님께 바친다. 그 전해 10월까지 학회에서 논문 발표를 하며 왕성하게 연구를 하신 교수님은 거의 40여 년간 나의 가족과 교제를 하고 언제나 실제 이상으로 내가 능력이 있다고 생각하고 격려해 주셨다. 교수님을 본받아 나도 다른 사람들, 특히 학생들을 격려하는 사람으로 살고 싶다.

2016년 4월
달라스에서
주신자(Shin Ja Joo Hwang)

차 례

표 차례

그림 차례

제1장
들어가기

이 연구는 담화의 관점에서 한국 설화(narrative)에 대한 언어적 분석을 제시한다. 일차적인 중점은 구조적 단위로서의 담화 전체에 있다. 나는 의미 있는 전체를 구성하는 가장 자연스러운 언어단위가 담화라고 본다. 따라서 전체에 중점을 두고 연구할 필요가 있다. 이를 구성하고 있는 문장(즉 부분들)에 대한 기술만으로는 전체에 대한 모습을 보여 주지 못한다. 게다가 문장들의 특질은 전체에서의 그들의 역할을 고려하지 않고는 적절하게 설명될 수 없다. 따라서 이 분석은 전체 이야기의 관점에서 시작된다. 그리고 부분들이 전체에 어떠한 영향을 미치는지, 부분들 간에 어떻게 상호 관련되는지에 대한 검토로 진행된다. 따라서 이 책에서 담화 단위는 때로는 분명하지 않고 혼란스러울 수도 있는 세목들을 분석하는 동안 전체에 대한 관점을 유지하는 역할을 할 것이다.

1.1. 연구의 틀과 범위

담화연구에 대한 전체적인 접근에는 여러 가지 분야가 있다. 문화적, 사회적, 역사적 환경을 포함하는 상황맥락적(situational) 또는 화용적(pragmatic) 측면을 연구함으로써 보다 광범위한 맥락에 담화를 관련지을 수 있다. 또는 인간의 정신적 기능, 즉 담화를 제작하고 이해하기 위해 필요한 인지적 과정과 관련지어서 담화를 연구할 수도 있다. 그러나 이 책은 보다 좁게 언어학적인 관점, 즉 담화 텍스트 자체의 언어적 구조에서 담화 분석에 접근한다. 나아가 이 연구는 담화 전체의 통사적 구조, 동사의 자질, 또한 명사와 그에 수반하는 조사와 같은 문법적인 사항들에 주로 한정되었다. 따라서 본 연구는 음운구조나 담화의 의미론적 혹은 상징적 내용에 대해서는 다루지 않지만 위에서 언급된 문법적 구조를 이해하고 논의하는 데 기여하는 한도 내에서는 고려가 될 것이다.

한국 설화에 대한 본 문법적 연구를 위해서 Longacre(1996, 2004, 2010; Longacre와 Hwang(2012))에 의해 발전된 담화 분석 또는 텍스트 언어학의 이론적인 틀에 기반을 두었는데, 그 기본적 모델은 원래 Pike(1967)에 의해 처음으로 제시된 문법소(tagmemic) 언어학 이론에서 발전된 것이다. Longacre의 모델에서 문법은 표층구조와 심층(개념)구조를 함께 가진 것으로 보는데 심층구조는 인간의 어떤 언어에도 보편적으로 있는 일반적인 개념적 범주들을 가리킨다. 예를 들어 Longacre는 표층적인 절의 심층구조로, 동사와 (같이 나타나는) 명사들이 결합하여 만드는 격 체계, 곧 격 프레임(case frame)을 제시한다. 이와 비슷하게 진술(predication)을 표현하는 절들의 결합은 표층적 문장이나 단락에 대응되는 심층구조로 기술된다. 담화의 층위에서는 플롯(plot) 구조가 설화의 심층구조를 형성하는 것으로 본다. 어떤 언어학자들은 이러한 개념적 범주를 의미적인 특질로 보지만, Longacre는 이들을 특정한 유형의 의미로써 심층구조 문법에 속한다고 본다. 그는 이들을 보다 추상적인 유형의 의미론(담화의 구체적 내용 또는 테마/주제와 같은 것), 즉 van Dijk(1977a, 1980)의 "거시구조"(macrostructure) 또는 Pike(1982)의 지시적 계층(referential hierarchy)에 속하는 것과 구별한다.

문법소론에서는 세 계층—문법, 음운, 지시—에 있는 모든 언어적 단위를 형태와 의미의 복합물(form-meaning composite)로 본다. Longacre(1996: 308)는 문법에 대해 "표층구조는 주로 형태의 영역이지만, 어떤 의미적 상관물을 지닌다. 마찬가지로, 개념구조는 주로 의미의 영역이지만, 어떤 형태적 상관물을 지닌다"라고 말한다.

표층과 개념구조는 이분법이 아니라 그들 사이에 깊이의 정도가 변할 수 있는 장대들로 그려질 수 있다. 예를 들면 바꾸어 말하기, 환언(paraphrase)은, 심층구조의 가장 깊은 층위에서는 같은 의미이므로 나타나지 않는다. 그러나 동일한 종류의 환언이 여러 가지 표층구조로 나타날 수 있다. 예를 들어, 총칭적-구체적(generic-specific) 환언이 두 개의 독립절로('생선을 요리했다; 생선을 기름에 튀겼다'), 또는 한 개의 독립절과 의존절로('생선을 요리했는데 기름에 튀겼다') 표층구조가 달라질 수 있다. 그러므로 환언은 표층구조와 심층구조의 중간 깊이에 있다고 볼 수 있다. 이 개념을 다른 언어이론에 관련지어 보면, 생성의미론의 (의미적)심층구조는 개념구조의 깊은 층위인 데 비해, 변형문법의 (통사적)심층구조는 깊이가 비교적 낮은 층위에 있을 것이다.

담화의 문법적 연구에서 발견할 수 있는 다양한 문제 중에서 이 책은 다음의 세 가지 문제를 다룬다. (1) '프로필(profile)'이라고 부를 수 있는 담화 전체의 선형적·통합적 조직 구조, (2) '스펙트럼(spectrum)' 또는 정보의 상대적인 중요성 순위, 그리고 (3) 설화에서의 참여자 지시(participant reference)이다. 프로필과 스펙트럼에 대해서 Longacre (1981: 373)는 말한다.

> 스펙트럼과 프로필은 담화 구조에서 상보적 관계에 있는 현저성과 응집성과 관련이 있다. … 스펙트럼은 담화를 하나로 통합하는 동시에 그 안에 있는 정보의 유형들을 계층적으로 구별하는 정보의 연속적 순위와 주로 관련이 있다. … 프로필은 담화 안에서 상승하고 하강하는 긴장(또는 흥분)을 언어적으로 반영하는 것과 관련이 있다.[1)]

본 연구는 한국 설화에 한정된다. 언어 자료(corpus)는 여덟 개의 문어 텍스트로 구성된다. 여섯 개는 주로 아이들용으로 쓰인 민담이고, 두 개의 짧은 이야기는 어른을 위한 것이다. 이 설화들은 상대적 간결성 때문에 선택된 것으로, 서로 다른 유형이다. 단순히 흥미를 위한 것들도 있고, 어떤 것들은 보다 교훈적이며 생각을 불러일으킨다. 예를 들면 한국인들에게 잘 알려져 있는 「효녀 심청」은 눈먼 아버지에게 너무나 헌신적이어서 아버지가 한 약속을 지킬 수 있도록 자신의 목숨을 버리는 소녀를 그리고 있다. 이것은 효도를 최고의 선(善)으로 평가하는 사회에서는 별로 드문 주제(theme)가 아니다. 또 다른 민담은 함정에서 꺼내어 자신을 구해 준 사람을 잡아먹으려고 하는 나쁜 호랑이에 대한 것이다. 두 가지 이야기에 내재하는 것은 한국 문화에 광범위하게

1) 영어로 된 원문을 인용할 때 한국어로 번역하여 그 의미가 나타나도록 노력했다. 어떤 잘못이나 오역이 있다면 나의 책임이다.

퍼져 있는 교훈적 주제, 즉 효도와 보은(감사의 표시)이다. 한편, 짧은 이야기인 「이런 음악회」는 특별한 교훈적 주제 없이 어느 날 밤 음악회에서 일어난 일에 대해 1인칭의 이야기로 들려준다.

이렇게 다양한 이야기는 일반적인 한국 설화의 특성을 반영한다고 볼 수 있다. 따라서 이 이야기들을 구조의 측면에서 하나씩 살펴본 후, 어떤 공통적 특질을 나타내는지 찾기 위해서 서로 비교하여 제시한다.

앞에서 언급한 세 가지 면에 중점을 두고 이야기들을 분석하기 위해서 나는 이야기 서술(narration) 자체에만 중점을 두고 인용부 안에 있는 보고된 말(reported speech)은 대개 제외한다. 왜냐하면 보고된 말은 설화 맥락을 둘러싸고 있는 것들과 시간적·공간적으로 다른 관점을 요구하기 때문이다. 그렇기에 인용부 안에서의 시제, 시상, 양태, 서법과 같은 언어적 자질들은 보고된 말 시간 당시의 관점에 의존하며, 이야기 서술 자체의 화자-청자(또는 저자-독자) 시야에서 보다 넓은 관점과는 관련이 없다. 마찬가지로 참여자를 지시하는 명사의 사용도 (주로 3인칭을 쓰는)서술 자체에서와 (1인칭과 2인칭 대명사를 많이 쓰는)보고된 대화에서 같지 않다. 그러나 이야기에는 종종 많은 사건이 직접 인용문으로만 보고되기도 한다. 따라서 이 여덟 가지 설화의 통합적(syntagmatic) 분석에서 궁극적으로는 전체 담화의 구조를 보기 위해 서술과 함께 인용문의 보고된 말을 고려할 필요가 있다.

서울을 둘러싼 지역의 방언인, 표준 한국어의 모국어 화자로서 이 이야기들과 이들의 언어적 자질을 내가 인식하고, 이해하고, 해석하는 데 따라서 분석하였다. 비록 나는 스스로를 한국 문화의 '내부자'라고 보지만,[2] 오랫동안 미국에서 살았기 때문에 미국 문화와 영어의 영향

2) Spradley(1972) 등은 한 집단의 사람들에 대한 인지적 연구에서 유일하게 명백한

을 받았음을 고려해야 할 것이다. 어떤 종류의 연구에서든, Pike(1982)가 주장하듯이, 관찰자-보고자-분석자 관점들이 있다. 본 분석이 내부자와 동일한 중요성을 지니면서 텍스트 자체에 내재하는 이상적이고 객관적인 관점에 근접한 것을 반영하기를 바란다. 이 책은 나 자신의 관점을 제시하고 이들 설화에 대한 나의 분석을 보인 것이다.

1.2. 한국어의 언어학적, 문법적 연구

지난 몇 십 년 동안, 특히 1960년대부터 1980년대 이후까지, 한국 및 서구에서 한국 언어학(Korean linguistics) 연구는 주로 변형생성문법의 틀 안에서 이루어졌다. 많은 학자가 서울에서 발간되는 『어학연구』, 『담화와 인지』, 『언어』, 『텍스트언어학』 등의 연구지에서, 그리고 학위 논문에서 주목할 만한 업적을 이루었다. 통사론에 관해 초기에 나온 학위 논문들로는 S. P. Kim(박순함 1967), Song(송석중 1967), H. B. Lee(이홍배 1970), Oh(오준규 1971), I. S. Yang(양인석 1972), Park(박병수 1972), C. Lee(이정민 1974) 등이 있다.

최근 언어학에서 이루어진 연구들이 일반적으로 그 영역을 확대하는 것처럼 한국 언어학계에서도 영역 확대를 보인다. 1977년 하와이대학에서 개최된 한국 언어학 심포지엄에 제출되고 출판된 C.-W. Kim(김진우 1978)의 논문들은 다양한 연구 주제를 포함하고 있다. 중세 한국어 음운, 한국어에서의 간접 화행, 부정 명령, 복합 동사의 화용론, 분단된 한국의 언어 정책과 같은 주제들이다. 그 후 다양한 학회를

기준은 "내부자의 관점"이라고 강조한다.

통해 광범위한 한국 언어학 연구가 발표되고 출간되고 있다. 예를 들면, Kim-Renaud(김영기 1994)는 음운론, 통사론, 의미론뿐 아니라 화용론과 담화 분석의 주제도 포함한다. 1990년경부터 시작된 일본어/한국어 언어학(Japanese/Korean Linguistics) 학회, 하버드 대학의 한국어 언어학(Harvard Studies in Korean Linguistics) 학회 등 다 열거할 수 없을 정도로 한국어 언어학이 활발하게 진전하고 있다. 그리고 2015년에 출간된 Brown과 Yeon이 편집한 「The Handbook of Korean Linguistics」에는 음성, 형태, 의미, 담화, 화용, 언어습득, 또 각종 한국어를 다루는 28편의 논문이 실려 있다.

이 모든 연구는 한국어 언어학의 발전에 중요한 기여를 했지만, 1980년대까지 대부분의 연구가 담화에는 거의 관심을 기울이지 않았다. 담화 분석에 관련된 것으로 볼 수 있는 연구로 1970년대에 Longacre의 담화유형론(discourse typology)에 따라서 한국어 담화의 상이한 유형을 밝힌 Hinds(1975)의 짧은 논문이 있고, 「담화에 대한 생성적 연구: 영어와 관련해서 본 한국어의 화용적 측면」이라는 Chang(장석진 1973)의 학위논문이 있다. 그러나 지시, 경어법, 서법과 같은 문제를 연구하는 데 있어서 Chang은 구조화된 전체 담화의 단위로서가 아니라 몇몇 문장들의 연결체로서의 담화 또는 상황맥락 속에서 개별적인 문장들을 다루었다. 그는 문장의 단위를 넘어가야 하는 필요성에 대해 적절하게 표현했다.

> 담화의 맥락에서 추상화되고 독립된 문장을 분석의 최고 단위로 문법 영역을 제한하는 것은, 의미와 사용(use)에 대한 언어적 연구를 우리가 언어에 대해서 알고 있는 현 상태에서는 탐구할 수 없는 것으로 제한함에 의해서만 유지될 수 있다(1973: 1).

따라서 장석진은 비록 담화를 전체 구조적 단위로 다루지는 않았지만, 담화에 대한 연구를 의미와 사용(의미론과 화용론)에 관련지었다. 그 후 장석진은 『화용론연구』(1985)와 『통합문법론: 담화와 화용』(1994) 등과 다른 논문을 통해 화용론과 밀접하게 담화연구를 다루었다. 영어 자료를 다룬 담화와 문법의 연구로 정희자(2001)가 있고 영어와 한국어 담화 문법 대조로 주신자(1998)가 있다.

고영근의 중세국어 연구(1981, 1987), 현대국어 연구(1993, 남기심과 고영근 1985)뿐 아니라 텍스트 언어학 연구 서적(고영근 1999, 2011, 고영근 밖에 2002, 2009)들은 이 책과 밀접한 주제를 다루었다. 내가 주로 미국에서 연구 출판된 자료를 더 잘 알고 있고(주신자 1996), 한국이나 유럽 등 다른 지역의 연구들에 친숙하지 못하여 이곳에 다 지적하지 못하는 아쉬움이 있다. 그 점 양해를 구한다.

1.3. 이 책의 구성

이 장의 마지막 부분(1.4)에서는 간략하게 한국어의 문법적 특성에 대해 언급한다. 이들 통사적 자질이 담화상의 기능과 긴밀한 관계가 있기 때문에 이 책에서는 계속 담화와 문법의 관계를 탐구해 나간다. 이 점에서 이 연구는 문학적 분석이 아니라 언어학적 담화 분석인 것이다.

2장에서는 구조화된 단위로서의 담화를 전체성(wholeness)이라는 개념과 관련지어, 담화연구의 이론적 기초에 대해 논의한다. 부분적인 구성 성분과 반대되는 개념으로서의 전체라는 문제에 대해 철학자들이 제시한 의견들을 살펴본 후, 문장문법에 반대되는 전체론적으로 개념화된 담화 문법에 대해서 논의한다. 나는 전체가 부분들에 의해서 설명될 수 없다고 한 철학자들의 의견에 동의하면서, 담화와 같은 상위 층위의 단위는 이를 구성하는 하위 층위의 단위들을 분석함으로 설명될 수 없다는 것을 주장한다. 비록 담화연구의 필요성에 대한 관심이 증가하고 있지만 여전히 담화 문법의 가치에 대해서 상당한 논쟁이 있기 때문에 이러한 이론적 근거 제시가 필요하다고 본다. 그리고 이 책의 다른 부분들이 기술적인 데 비해 2장은 이론적 상술에 가까운 점에서 나머지 부분과 다르다.

3장에서는 표면적 층위와 플롯(개념적) 층위에서 각 이야기의 통합적 구조 분석을 보이면서 여덟 가지 설화를 전체 구조 측면에서 다룬다. 이 분석은 텍스트상의 어떤 문장과 단락이 텍스트 전체에서 볼 때 무대배경(stage)과 에피소드의 표층 기능적 위치(slot: 피크 전, 피크, 그리고 피크 후)를 채우고 있으며, 어떻게 이들 위치가 플롯 구조에서 설명부, 발단부, 절정부(exposition, inciting incident, climax) 등으로 기능하는지에 대해 보여 준다. 이에 특정한 언어적 자질이 표층적인 위치와 관련되어 있음에 주목한다. 따라서 이들 자질(특히 피크를 보여 주는 것들)에 기반하여 이야기의 프로필 그림을 그린다. 3장의 끝부분에 여덟 가지 이야기 분석의 결과를 함께 제시하면서, (1) 통합적 구조, (2) 프로필, (3) 피크를 표시하는 자질에 관해 비교한다.

4장에서는 시제, 시상, 서법, 양태, 그리고 태(voice)와 타동성(transitivity)과 같은 동사의 특정 자질, 격 프레임(case frame)에 따른 동사의 유형, 문장 내 절의 배합구조와 관련된 동사의 어미 등에 중점을 두면서, 정보의 상대적 중요성에 대해 다룬다. 어떻게 이들 자질이 정보의 중요성과 관련되어 담화에서 기능하는가를 살펴보는 데 목적이 있다. 4장의 주제는 정보의 층위, 곧 스펙트럼에 대한 연구와 밀접하게 관련되어 있다. 주 정보(mainline), 곧 전경 정보(foreground)가 배경(background) 또는 보완 정보(supportive information)와 대조하여 어떻게 문법적 자질이 다르게 나타나는지를 연구한다.

5장에서는 참여자 지시(participant reference)에 관련된 문제들, 즉 왜 어떤 참여자는 명시적으로 지시되었는데, 다른 참여자는 다르게 지시되거나 생략되었는가를 논의한다. 이 질문은 지시에 사용된 형태(명사 간혹 드물게 대명사)와 주어와 주제를 나타내는 격조사(postpositional particle)의 선택 문제를 함께 포함한다. 나아가 어떻게 주격조사(subject particle)와 대조적으로 주제조사(topic particle)가 사용되는가 하는 문제를 담화적 접근으로 연구한다. 이 점은 많은 학자들을 곤혹스럽게 하면서 만족스러운 해답을 얻지 못하게 하는 어려운 문제로 간주되어 왔다.

본 연구의 결과는 "끝맺는 말"에 요약되어 있다. 이 연구에서 찾아낸 사항들과 함께 앞으로 연구가 필요한 남겨진 문제 영역들을 제시한다.

부록에는 본 연구의 데이터 모음(data corpus)을 구성하는 여덟 가지 설화 텍스트가 문장별로 제시되어 있다. 문단 경계마다 한 줄씩 띄어서 어떻게 문장들이 문단을 이루는지 보여 준다.

1.4. 한국어의 통사적 특징[3)]

전형적으로 동사가 마지막에 온다는 것을 제외하고는, 한국어는 문법적으로 절의 층위에서 단어의 순서가 비교적 자유롭다. 비록 SOV(주어-목적어-서술어)가 일반적 어순이지만, 주어, 목적어, 시간, 장소, 간접 목적어, 도구로 기능하는 명사의 배열에서는 명사의 표층구조적 기능을 표시하는 격 조사(postpositional particle)가 어순 변화를 가능하게 한다. 더구나 절에서 보통 동사는 생략되지 않지만, 이들 명사 중 어떠한 것도 생략될 수 있다. 따라서 영어와는 달리, 문법적 문장이 되기 위해서 절이 반드시 주어도 가질 필요가 없다. 또한 주어나 목적어의 경우, 영 대용 지시어(zero anaphora)로 생략될 뿐만 아니라, 어떤 절은 명사 뒤에 주격조사나 목적격 조사가 두 번 출현하는 '이중 주어' 또는 '이중 목적어'를 지닐 수도 있다.[4)]

3) 더 이상의 논의와 예증을 보려면 Hwang(1975)의 2장을 참조하라. 그러나 본 연구에서는 약간의 수정이 이루어져서 한국어의 시제 체계에 대해서 현재시제(무표적)와 과거시제의 두 가지 구분만 있다고 본다.

4) Yoon(2015)은 표층구조상 이중 주격조사 구성(double nominative construction)과 이중 목적격 조사 구성에 대한 여러 학자의 연구를 다루었다. 나는 한 절에 주격조사가 두 개 있는 구성을 "이중 주어 구성(double subject construction)"이라고 보지만, Shibatini(1976, 1977)는 하나의 NP(명사구)만이 주어라고 본다. 그는 재귀대명사화(reflexivization)나 존대화(honorification) 변형을 불러일으키는 NP는 절에 하나밖에 없다고 본다. 그는 양화사 유동 규칙(quantifier floating rule)은 그것이 주어이든 주어가 아니든 주격조사를 지닌 모든 NP에 적용될 수 있는 반면, 재귀대명사화나 존대화 변형 규칙은 문법적 관계 면에서 주어에만 적용된다고 본다. 그의 주장은 문법적인 주어와 표면적 격조사 사이에 어긋남이 있다는 것이다. 주격조사를 가진 모든 NP가 주어는 아니며, 모든 주어가 주격조사를 가질 필요도 없다. 따라서 관계문법(relational grammar)의 틀 안에서, 그는 두 개 또는 세 개의 NP가 주격조사를 가지고 있을지라도 오직 하나의 NP만이 주어라고 본다. 그러나 그의 모든 예들은 생명이 있거나(animate) 혹은 인간(human) 명사에 관한 것이며, 따라서 두 NP가 모두 생명 있고 인간 명사가 아닌 경우에는 위에 언급한 변형을 불러일으킬 수 없으므로 그의 논의는 주어 선택에 도움을 주지 못한다. 나는 이들 구성을 표층구

문법적으로 어순이 자유롭다고 해서 텍스트의 문장 어순이 아무 순서로나 나타나는 것은 아니다. 텍스트나 담화의 데이터에 자연스럽게 일어나는 어순은 맥락에 따라 화용적(pragmatic) 제재를 받는다. Comrie(1989)와 Thompson(1978)이 러시아어의 어순에 대해서 SVO 순서가 가장 빈도가 높지만 다른 어떤 어순도 일어나고 이런 변화는 화용상의 동기가 있다고 한 것과 비슷하다.

한국어 문장의 층위에서는 절의 사슬구조 연쇄(clause chaining)가 특징적이다. 파푸아뉴기니에서 많이 발견된 절 연쇄(Longacre 1972, 2007) 언어들과 같이 중간절-종결절(medial-final clause)이 있는 반면에, 한국어의 비종결절의 의존 동사(dependent verb)는 다른 많은 언어들처럼 지시변경 체계(switch-reference system)를 통해 동일한 주어 또는 상이한 주어를 나타내지 않는다. 또 인칭이나 주어 또는 목적어의 수를 동사에 표시하는 일치(agreement)도 없다. 그럼에도 불구하고 한국어는 절 연쇄(clause chaining)를 지닌 유형이다. 즉 한 문장에 형태상 독립적인 절은 하나(마지막 절)만 있다. 마지막이 아닌 절에 있는 모든 동사는 서법을 표시하는 종결어미가 없으며, 종종 시제나 시상도 없다. 한국어의 다른 문법적 특성들은 다음 장들에서 각각의 주제와 관련하여 계속 논의한다.

조에서 이중 주어로 보는 것이 더 적합하다고 본다. 반면 표층구조 아래의 심층구조에는 행위자(agent)나 경험자(experiencer)로 기능하는 하나의 명사만이 있으며, 이는 일반적으로 절의 동사와 관련해서 문법적 주어로 나타난다.

제2장

담화 문법에 대한 철학적, 언어학적 고려

2.1. 들어가기

많은 언어학자는 Bloomfield와 Chomsky를 따라서 문장문법을 다루었으며 문장 층위에 귀결되는 구조에 한정하여 연구를 하였다. 이들은 문장을 언어에서 가장 큰 문법적 단위로 보았다. 경험-행동적 언어 모델을 제시한 Bloomfield(1933: 170)는 문장보다 더 큰 문법적 구조는 없다는 견해를 지녔다.

> 발화(utterance)는 하나 이상의 문장으로 구성될 수 있다. 이것은 문장보다 더 큰 형태로 결합시키는 어떠한 의미 있고 관례적인 문법적 배열, 즉 어떠한 구조(construction) 없이, 발화가 몇몇 언어적 형태들을 포함하고 있을 때 가능하다. 예를 들어 '안녕하세요? 날씨 좋네요. 오후에 테니스 치러 가시나요?' 이들 세 형태 사이에 어떤 실질적 연결이 있을지라도, 이들을 보다 큰 하나의 형태로 결합시키는 문법적인 배열은 없다. 이 발화는 세 개의 문장으로 이루어져 있을 뿐이다.
>
> 발화 속에 있는 문장들은 각 문장이 독립적인 언어적 형태이며 그 문장들이 합쳐져 보다 큰 형태의 어떤 문법적 구조를 이루지 않다는 것은 분명하다.

언어학계에 미친 영향이 Kuhn(1970)의 용어를 따를 때 혁명에 대응하는 Chomsky는 그의 책『데칼트식 언어학』(*Cartesian Linguistics*, 1966)과『언어와 마음』(*Language and Mind*, 1968)에서 이성주의적 철학관을 보여 준다. 따라서 그의 철학은 Bloomfield와 매우 다르다. 그럼에도 불구하고 그 또한 언어 연구를 명백하게 문장의 범위 안에서 보았다. 그는 "언어 L의 언어학적 연구의 근본적인 목적은 L의 **문법적인** 문장들을 L의 문장들이 아닌 **비문법적인** 나열로부터 구별짓고 문법적인 문장의 구조(structure)를 연구하는 데 있다"(Chomsky 1957: 13)라고 말한다. 또한 한 언어의 문법을 모든 문법적인 문장을 생성하는 기구로 간주했다.

비록 언어학의 주류가 문장문법, 즉 자족적이고 독립된 단위로서 분리된 문장 연구 쪽에 있었지만, Bloomfield와 그 추종자들의 문장에 대한 제한에 반대하는 언어학자들이 소수이지만 점점 늘어나고 있었다. 예를 들면, 문법소(tagmemics) 학파의 Longacre(1972)나 Pike(1967), Harris(1952), Prague학파 언어학자들(Firbas 1964, Daneš 1964, 1974)이다. 더구나 의미론과 화용론에 대한 연구가 보다 많이 이루어지면서 전체 담화와 상황맥락에 기반을 둔 문법에 대한 관심이 차츰 증가되었다. 점차로 일부 언어학자들(예를 들어 Grimes 1975, van Dijk 1977a, Labov와 Fanshell 1977)은, 문장이 가장 높은 층위의 최대 단위도 아니고, 문장의 경계를 넘어서는 언어구조에 대한 연구도 이루어질 수 있음을 인식하게 되었다. 그럼에도 불구하고 많은 언어학자들은 담화 층위에서의 문법연구의 필요성을 여전히 인식하지 못하고 있었다. 일부 언어학자들(예를 들어 Bever, Katz와 Langendoen 1976)은, 다른 학자들(예를 들어 Halliday와 Hasan 1976)이 문장 단위를 넘어서서 자료를 다루고 있음에도 불구하고, 여전히 문장 경계를 넘어가는 데 저항하면서 스스로를 문장에 한정하고, 경계 넘어에서 사람들이 발견하는 것은 문법적 구조가 아니라 단지 의미적 구조라고 주장했다.

나는 철학에 대한 책들을 읽으면서 Polanyi와 Cassirer 같은 철학자들이 전체가 구성 요소, 즉 전체를 이루는 부분보다 더 우선적이고 우월성이 있다는 데 대한 풍부한 논의를 했음을 발견했다. 전체가 부분의 총합을 넘어선다는 개념은, 문장의 총합이 담화를 적절하게 설명하지 못한다는 점에서 문장문법에 대응하는 담화 문법의 논의와 관련된다. 따라서 이 2장의 목적은 구성 성분에 대해서만 아는 것과 반대로 전체를 아는 것이 왜 중요한가에 대해 철학자들이 어떻게 말했는지를 살피고, 전체의 개념을 언어학의 문장문법에 반대되는 담화(또는 텍스트) 문법에[1] 적용하는 데 있다. 이를 위해 먼저, 전체와 부분에 대한 철학자들의 사고를 토의하겠고 왜 언어 연구에서 '전체'가 문장보다 큰 단위, 즉 담화가 되어야 하는지에 대한 통사적, 의미적, 화용적, 음운적 이유를 살펴보겠다.

1) 일부 저자들은 type와 token, *langue*와 *parole*, 또는 능력(competence)과 수행(performance)으로 텍스트와 담화를 구별한다. van Dijk(1977a: 3)는 텍스트를 "담화의 기저에 있는 추상적이고 이론적인 구조"라고 불렀다. 이 둘은 모두 일반적으로 어떤 주제를 중심으로 모여 통일성 있는 전체를 만드는, 문장보다 큰(슬로건이나 속담 등을 제외하고는) 단위를 가리킨다. 추상적인 텍스트보다는 담화가 보다 나의 개념에 근접하므로 나는 담화라는 용어를 주로 사용한다. 그러나 다른 많은 저자들의 연구에서처럼 두 용어, 담화와 텍스트는 교체될 수 있고, 또 특정한 저자가 문어 담화를 의미하기 위해 텍스트라고 언급했을 경우에는 그들의 용법을 따른다.

2.2. 전체와 부분에 대한 철학자들의 사고

2.2.1. Polanyi: 부분들로는 전체를 명확하게 기술할 수 없다

개인적인(personal) 지식에 대한 Polanyi(1959, 1962)의 이론은, 전체(또는 상위 층위)는 부분들(또는 하위 층위)로는 명확하게 특정 지을 수 없으며, 모든 의미는 세부 항목들을 일관성 있는 실체(coherent entity)인 전체를 통해 이해하는 데 있다는 것이다. 이해란 인간적인 행동으로, 형식적인 작동에 의해 대치될 수 없다고 주장한다. 그는 최고 층위의 지식은 가능한 범위 내에서 가장 포괄적이고 일차적이고 초점적인 이해이며, 그 아래에 있는 하위 층위의 세부 항목들은 부수적일 뿐이라고 본다.

그는 게슈탈트 이론을 통해 능숙한 인식자는 잠재적 가능성에 대한 지식을 지니고, 부분(또는 요소)을 실마리로 이에 근거해서 전체(또는 패턴)를 핵심적으로 인식하는 자라고 말한다. 패턴의 발견은 모든 부분들을 일관성 있는 전체(coherent whole)로 통합하는 데서 오는 것이므로 전체는 구조상 그것의 부분들과 결코 같지 않다.

Polanyi는 이 점을 밝히기 위해 『개인적 지식』(*Personal Knowledge*, 1962)이라는 책에서 도구에 대해 말한다. "만일 우리가 도구의 유용성을 믿지 않는다면 그것의 도구로서의 의미는 사라진다. 우리가 그들이 함께 구성하는 패턴을 잃어버린다면 모든 세부 구성 요소들은 의미를 잃을 것이다"(57). 그는 우리가 늘 쓰는 편지를 통해서도 동일한 점을 밝혔다. "나는 그 단어들에 대해서는 아무것도 기억하지 못하면서도 편지가 전달하는 의미를 잘 알고 있다"(57). Polanyi는 명시적인 측면에서 전체에 집중할 때 우리는 암묵적인 측면에서 그 부분들을 부가적으로 인식하며, 두 종류의 인식의 강도에는 아무런 차이점이 없다고 주장한다.

Polanyi는 또한 한 층위에서의 단위가 다음 하위 층위에서의 단위들에 의해 특정화될 수 없다는 것을 밝히기 위해서 위계적인 층위를 고안했다. 그는 실체의 하위 층위에 자연의 구성 성분들—물리학이나 화학의 관심 영역—을 놓고, 다음 상위 층위에 식물의 세계를 놓고, 가장 상위 층위에 인간의 마음과 행동을 둔다. 그는 다섯 개의 층위를 제시하면서, 이러한 위계의 개념을 구어 의사소통에도 적용하였다(Polanyi와 Prosch 1975: 50).

> 가장 낮은 층위에는 (1) 목소리를 통한 음의 산출이 있다. 이들 음은 다음 상위 층위에서 (2) 의미 있는 단어의 발화로 결합된다. 이들 단어는 (3) 문장만이 지닐 수 있는 종류의 의미로 이들을 통합함으로써 보다 더 진전된 의미를 획득하게 된다. 그리고 문장들이 어우러져서 (4) 문장 그 자체가 지닐 수 없는 인상이나 요점을 창조하는 스타일이나 모드를 만들게 된다. 마지막으로 (5) 인상을 주기 위한 스타일이나 모드는 의사소통의 궁극적 초점인 개념이나 결과를 획득할 수 있도록 사용되어야 한다. 비록 다른 층위들이 완벽하게 존재한다고 할지라도, 마지막 층위 없이는 의사소통은 실제로 아무것도 일어나지 않은 것이다. 우리에게 남겨진 것은 소리와 (아마도) 격정으로 가득 찬, 그러나 어떤 것도 의미하지 않는, 인상이나 요점들의 일관성 없는(incoherent) 랩소디 같은 것일 것이다. 그래서 우리는 '네, 그런데 이 소리들이 과연 무슨 뜻입니까?' 하고 물어야 할 것이다.

Polanyi는 과학자로서 그리고 철학자로서, 언어학자들과는 매우 다른 위계를 제시했다. 이는 Pike의 위계(hierarchy)와 Lamb의 층위(strata)의 요소들을 포괄하는 듯하다. Pike(1967, 1982)는 언어를 각각 형태와 의미를 공유하는 단위(form-meaning composite)로 만들어진 세 개의 위계—음운적, 문법적, 지시적—로 이루어진 것으로 보았다. Lamb(1966)은 언어를 형태(음운적 그리고 형태론적인)에서부터 의미(의미론적)로 이어지는 층위의 체계로 보았다.

여기서의 요점은 Polanyi가 말한 것처럼 세 번째 층위를 구성하는 '문장'이 언어학에서 전체로 불리는 것이 적절하지 않다는 것이다. 그가 말했듯이, 그의 다섯 번째 층위—사용된 언어—는 전체의 개념에 대응해 볼 수 있다. 그러나 만일 네 번째 층위를 작가가 잠재적 독자를 위해 사용한, 일종의 잠재적 텍스트를 의미하는 것으로 본다면, 이것도 통합된 전체로서 의사소통에서 사용되기 위한 모든 잠재성을 지닌 전체로 고려될 수 있다고 본다.

Polanyi는 위계성에 대한 생각을 예증하기 위해서 육체와 정신을 사용했다. "비록 정신은 육체에 뿌리를 두고 있지만—우리가 상식적으로 아는 것처럼—그 행동은 육체적인 결정으로부터 자유롭다"(Polanyi와 Prosch 1975: 51). 이것을 언어에 적용시키면 그의 말은 다음과 같이 바꿔 말할 수 있다. 비록 절 구조, 접속어의 사용, 명사와 동사의 일치와 같은, 특정 언어의 하위 층위의 규칙들에 의해 지배될지라도, 우리는 모든 생각을 표현할 수 있고 이를 한 언어에서 다른 언어로 번역할 수 있다. 달리 말해서, 우리는 우리가 사용하는 언어의 규칙에 묶여 있으며 그 지배를 받기에 우리의 자유의 범위는 매우 좁다. 그러나 비록 어렵기는 하지만 번역은 불가능한 일은 아니며, 그것이 가능하다고 본 데에서 Polanyi는 Hirsch(1976)(2.2.4 참조)와 견해를 같이 한다. 언어학이 해석과 번역의 문제를 다루어야 할 필요성은 우리가 전체 담화와 관계를 맺어야 한다는 주장에 대한 또 다른 증거가 된다.

2.2.2. Cassirer: 해석학적 분석의 우선성

Polanyi가 부분을 지니고 있는 전체에 중점을 둔 데 비해서, Cassirer는 또 다른 관점인 과정, 동적, 또는 파동 견해(process, dynamic, wave view)를 덧붙인다. 그는 역사적으로 아리스토텔레스부터 시작해서 형태(form), 원인(cause), 그리고 목적(end)에 대한 사고를 추적한다. 집을 짓는 데 있어 "전체는 개별적인 부분에 우선한다. 왜냐하면 집의 모양을 표현한 설계나 청사진은 각 세부 항목보다 우선하기 때문이다"(Cassirer 1961: 165). 그리고 현대물리학의 '장 이론(field theory)'에 대한 제시로 그는 명료하게 밝힌다.

> 장은 더 이상 단순히 부가적 전체나 부분들의 총합으로 이해될 수 없다. 장은 대상-개념(thing-concept)이 아니라 관계의 개념(concept of relation)이다. 그것은 조각들로 구성된 것이 아니라 체계, 즉 전체의 힘이다(166).

Polanyi가 전체와 능동적 인식자(active knower)의 개념을 기술하기 위해 광범위하게 사용했던 게슈탈트 심리학은 Cassirer에 의해서도 언급된다.

> 구조는 그것을 단순한 집합, 즉 덧셈(summation)으로 분석하려고 하면 이해되지 않고 오히려 파괴되어 버린다. 또한 여기에서 '전체성'의 개념은 제대로 된 자리를 부여받고, 그 근본적인 중요성이 인정된다. 부분 요소들의 심리학이 이제 게슈탈트 심리학이 된 것이다(171-172).

Cassirer는 상호 분리된 세 가지 유형의 분석이 필요함을 강조한다. (1) 형식적 분석(또는 "형태의 분석"(analysis as form)), 곧 부분들의 본질에 대한 정적인 분석, (2) 인과적 분석(또는 "과정의 분석"(analysis as process)), 곧 원인과 결과에 대한 동적인 분석, 그리고 (3) 해석학적 분석(또는 "성취의 분석"(analysis as achievement)), 곧 전체 구조에 대한 화용적 분석이 필요하다. 게다가 그는 인문학에서 연구된 바와 같이, 인간의 표현에 대해 연구하기 위해서는 "성취의 분석" 즉 암묵적 전체로부터 시작해서 부분의 "형태의 분석"으로, 그리고 "과정의 분석" 즉 한 유형의 분석에서 다음 단계로 나아가는 분석으로 체계적인 단계를 밟아야 한다고 본다. 전체에서 부분으로 주기가 반복된다.

Cassirer는 성취로서의 전체에 중점을 두었음에도 불구하고 관계적 관점에서 형태의 문제를 명시적으로 다루지는 않았다. 즉 물리학이나 예술 작품을 역사적 관점에서 논의할 때 이 세 번째 관점을 함축하고 있기는 하지만, 그는 형태를 존재(being, 분자적 관점(particle view))와 과정(becoming, 파동적 관점(wave view))에서 다루었지 하나의 체계나 구조 속에서 다른 것들과 관련된 존재(being in relation to other beings in a system or a structure, 장적 관점(field view))로 다루지는 않았다. 위대한 예술 작품이든 일상의 대화든지 어떤 작품이나 담화를 이해하기 위해서는 장적 관점이 필요하다고 느낀다. Polanyi의 용어를 사용해 보면, 우리는 관련된 작품들에 대한 부수적인 지식 배경에 기대어서 주어진 작품에 대한 핵심적(focal) 지식을 지녀야만 한다. Polanyi와 Cassirer에게 전체의 구조는 전체에 대한 기능적이고 화용적인 고려와 밀접하게 결부되어 있다(또는 하나로 합해진다). 나는 전체로서의 단위가 포괄적 전체 의미를 드러낸다는 데에 동의하지만, 분석 목적에 따라서는 장적 관점을 의미나 목적 또는 중요성으로부터 분리할 수 있다고 본다. 우리는 체계의 부분들이 지닌 구조적 관계와, 전체 안에서의 각 부분들의 기능적 역할과 목적을 구분할 수 있다.

언어학 분야에서 Pike(1959, 1967, 1982)는 관찰자의 세 가지 시각—분자, 파동, 장—에 따른 분석이 모두 필요하지만 주어진 분석의 층위에서 이 중 어떤 하나에 초점을 맞출 수 있다고 보았다. 그는 이 세 시각에 덧붙여서 사원소적 문법소론(four-cell tagmeme)을 제시하며 기능적인 관점도 포착하려 했다. 각 원소는 정적(class), 동적(slot), 관계적(cohesion, 응집성), 목적(role, 역할)을 나타낸다. 그러나 Cassirer와 달리 Pike는 어떤 분석의 유형에 명백한 우월성을 부여하지는 않았다. 그의 견해는 분석자의 목적에 따라서 하나의 시각에서 다른 시각으로 분석의 초점이 움직이는 것으로 볼 수 있다. 그는 부분들로 나누는데 앞서 담화와 사용 맥락을 고려하면서, Polanyi의 다섯 번째 층위에 해당하는 사회적 상호작용의 층위(화용론적인)를 대체로 분석을 시작하는 층위로 보았다.

2.2.3. Gardamer: 언어의 특질

Gardamer(1976: 103)는 Heidegger가 주장한 것과 같이 언어는 모든 이해에 있어서 핵심적인 매체("이해될 수 있는 것이 곧 언어이다")라고 믿었다. 그는 "언어라는 것(being of language)"(64-68)의 세 가지 핵심적인 특질을 (1) 자기망각성(self-forgetfulness), (2) 자아상실(I-lessness), (3) 언어의 보편성으로 들었다. 화자는 말할 때 자신이 사용하는 언어의 구조, 문법, 또는 통사를 의식하지 않기에 언어란 자기망각적이다. Gardamer는 언어를 게임에서와 같이 상호작용으로부터 싹이 트는 동적인 전체, 즉 "말의 실체는 대화 속에 있는 것"(66)으로 보았다. 말한다는 것은 누군가에게 말하는 것을 의미하므로 자아상실(I-lessness)이다. 어떤 사람이 말을 했는데 누구도 그것을 이해하지 못했다면 아무것도 말하지 않은 것과 같으므로, 말은 '나'의 영역에 속한 것이 아니라 '우리'의 영역에 속한 것이라고 주장한다. 그는 언어의 보편성에 대해서 "언어란 말할 수 있는 것의 제한된 영역이 아니라, 그 너머에 말할 수 없는 또 다른 영역이 존재한다. 언어는 모든 것을 망라하고 있다"(67)라고 말하며 여기에서 '말한 것'과 '말하지 않은 것', 드러냄과 감춤 사이의 존재로서 언어의 변증법적 구조를 제시한다. 언어에 있어서 특징적인 감춤이 그가 번역에 반대하는 요인인데, 그는 번역은 단순한 의미로 감소되는 것이기에 우리에게 중요한 메시지를 전하는 "의미의 넘쳐나는" 풍요성을 잃어버리고 만다고 본다.

> 모든 사람은 번역이 외국어로 말해진 것을 얼마나 단조롭게 바꾸어 버리는지를 알고 있다. 번역은 하나의 층위만 반영하고 있기에, 번역된 문장 형태와 단어의 의미는 원래 언어의 것을 따르고 있지만, 번역된 언어는 말하자면 여백(space)을 가지고 있지 않다. 번역은 원래 언어로 말해진 것이 이루는 폭넓은 의미, 즉 삼차원이 결핍되어 있다(68).

그러나 문장 대 문장의 문자적 번역(literal translation)이 아닌 관용적 번역(idiomatic translation)에서는, 말해지지 않은 것이 텍스트적인 의미인 것일 경우, 담화적 층위를 통해서 이 삼차원의 포착이 가능하다. Gadamer는 "단어 의미"와 "문장 형태"를 번역과 동일시하지만, 나는 번역은 담화 층위에서 '여백'을 포함해야 한다고, 즉 번역은 해석이어야만 한다고 주장한다. 이것이 Gagamer가 말한 바와 같이 어떠한 번역도 원본을 대치할 수 없음에도 불구하고, 종종 '번역이 원본

보다 낫다'는 말을 듣게 되는 이유이다.

변증법적 구조를 지닌 언어의 핵심적 특질에 대한 Gadamer의 논의는, 담화 층위 연구의 불가피성을 지적한다. 사회적 상호작용의 도구로서 언어의 자아상실성(I-lessness)은 문장을 전체적인 단위로 볼 수 없게 한다. 비록 하나의 문장이 한 화자에 의해 시작되어 다른 화자에 의해 끝맺어지는 예외적인 경우도 있지만, 일반적으로 문장은 한 화자에 의해서 발화된다. 전체로서의 담화에 대한 해석학적 분석을 할 때에만 우리는 감춤과 드러남 사이의 언어의 변증법적 구조를 극복할 수 있다. 그럼으로써 우리는 변역에 있어서 필수적인 삼차원, 즉 여백을 획득할 수 있다.

말해진 것과 말해지지 않은 것 사이의 변증법적 구조(또는 상호작용)에 대한 Gadamer의 생각을 받아들여서 Tyler 역시 그의 저서 『말해진 것과 말해지지 않은 것』(*The said and unsaid,* 1978: 378)에서 전체 담화에 기반한 해석학적 접근을 채택했다.

> 기본적 해석학적 원리: 텍스트를 이해하는 것은, 텍스트가 부분들 또는 주제들의 위계로 구성된 전체이며 부분들을 해석하는 것이 전체를 이룬다고 전제하는 순환적인 과정이다. 부분과 전체와의 상호적 관계는 해석학적 순환(hermeneutic circle)이다. 텍스트의 세부 사항들은 전체 텍스트가 전제될 때만 세부 사항이 될 수 있으며, 반대로 전체는 이들 세부 사항들로 이루어져야만 한다. 텍스트 해석은 분석적이지 않고 구성적이다. 역설적으로, 텍스트는 그 구성 명제들로만은 이해될 수 없으며, 또한 이들 명제들에 주의를 기울이지 않음으로써 이해될 수도 없다.

2.2.4. Hirsch: 담화의 영역(universe of discourse)[2)]

Hirsch(1976)는 Cassirer와 마찬가지로 기존의 일반적 해석학적 입장을 지녔으며, 텍스트의 의미(meaning)와 의의(significance)를 명확하게 구별했다. Gardamer와 Heidegger와 같은 신(新)해석학에서는 의미와 의의를 구별하지 않거나 의의 쪽으로 통일되었다. Hirsch는 Husserl로부터 용어를 빌려, 의미를 안다는 행위의 "내적 지평(inner horizon)", 곧 텍스트 전체의 언어적 의미의 이해나 대상의 잠재적 동일성을 지시하는 것으로 설명하고, 의의는 "외적 지평(outer horizon)", 곧 텍스트 자체를 넘어서 어떤 맥락에 관련된 텍스트적 의미(즉 또 다른 마음, 다른 분야, 보다 넓은 주제)의 설명과 맥락의 차이를 지시한다. 그는 문학 비평을 예로 들어 의의는 개인에 대한 가치로서의 문학(literature-as-value-for-persons)같은 문학의 외적(심리적, 도덕적, 사회적, 정치적) 효과와 관련된 반면, 의미는 문학 그 자체의 내적 특성에 관련된다고 하였다. 텍스트 이해와 번역의 삼차원적인 여백과 관련해서, 구(舊)해석학은 부분들보다 많은 것을 드러내는 전체로서의 텍스트에서 여백을 발견했지만, 신해석학은 독자의 개별적인 의의를 다루는 전기(biography) 속에서만 여백을 발견했다고 말할 수 있다.

Hirsch는, 해석학적 순환(hermeneutic circle)이 "부분의 의미 있음(meaningfulness)은 보다 큰 전체 속에서 그것의 관계나 기능 속에서만 나타난다"고 한 점을 주목하면서, 부분과 전체의 역설(paradox)로서의 Heidegger의 해석학적 순환을 거부한다(82). 그는 이 순환이

2) 장석진(1994: 36)은 이를 '담화의 장'이라고 번역했다.

모든 경험을 설명하지 못한다고 주장한다. 우리는 어떤 경험을 다른 사람의 것으로 인위적으로 묶어버릴 수 있는 경우도 있는데 곧 자아와 타인의 역설이다. 나는 순환과 묶어버림이 둘 다 상이한 시점에 상이한 경험을[3] 설명할 수 있다는 점에서 Hirsch의 논의에 동의한다. 그러나 이 둘은 우리의 경험과 이해를 모두 설명할 수 있는 것은 아니다.

Husserl의 "묶어버림(bracket)"을 뒷받침하기 위해서, Hirsch는 "담화의 영역"이라는 표현을 사용했다. 곧 "우리는 상황맥락을 형성하는 Welt 또는 영역(universe)을 제한하지 않고는 담화를 해석할 수 없기"(84) 때문이다. Hirsch는 보다 큰 상황맥락 속에서 텍스트의 범위를 정하는 것을 보여 주기 위해서 "담화의 영역"이라는 것을 사용했지만, 나는 문장문법이 담화 문법으로 확장되어야 한다는 것을 보여 주기 위해서 담화의 영역을 사용한다. 언어 사용에 대한 연구인 언어학은 문장으로만 한정되어서는 안 되고, 언어의 가장 자연스러운 단위로 담화를 보아야 한다.

2.3. 언어에서 전체로서의 담화 구조

많은 철학자가 텍스트를 이해할 때 해석학적인 분석에서 출발해야 한다고 말한 것처럼, 언어학자들도 전체로서의 담화의 전반적인 구조적 관점에서 출발할 필요가 있다. 여기에는 네 가지 이유가 있다. (1) 음운론으로 볼 때, 문장보다 상위 구조를 통해서만 설명될 수 있는 억양,

3) 우리는 종종 한참 시간이 지난 후에 같은 텍스트를 접하면서 그전과 다른 인상을 받고 다르게 이해하는 경험을 한다.

음조, 휴지와 같은 초분적절적인 요소들이 있다. (2) 의미론을 통해서 의미는 문장의 집합이 아니라 전체 담화를 통해서 전달된다는 것을 배울 수 있다. (3) 통사론을 통해서 담화 단위는 형식적인 면에서 볼 때 문장 단위와 유사하게 구조성이 있다는 것을 발견할 수 있다. (4) 화용론으로부터, 표현되지는 않았지만 담화를 이해하기 위해서 필요한 화자와 청자(또는 저자와 독자) 사이에 공유된 지식의 정도, 의사소통과 사회적 상황, 관련된 환경에 관한 일반적 추정들을 연구할 필요가 있다는 인식이 온다. 이 장의 나머지 부분에서는 이 분야들을 각각 논의해 보겠다. 많은 주제들이 불확실하고 경계가 애매한 '파동적' 특성 때문에 겹치는 관계로 이들 각 범주들을 분리하기는 어렵지만 명료성을 위해서 개별적으로 제시하도록 노력하겠다.

2.3.1. 음운론적 증거

음운론 면에서는 두 가지 점만을 간략하게 언급하겠다. 첫째, 이야기의 절정이나 설명문의 요점에 일어나는 음운론적 증거는 고음조, 보다 큰 소리, 빠른 템포와 같은 현상이다. 이들 특질은 종종 다른 부분과 대조를 이루면서 몇몇 문장에 걸쳐 퍼져 있다. 둘째로, Mayers(1978)는 담화에 대한 음운론적 연구가 최고의 층위인 담화 전체에서부터 점차로 하위 층위에 있는 보다 작은 단위로 진행되어야 함을 보여 준다.

2.3.2. 의미론적 증거

Polanyi의 말을 되풀이하자면, 전체는 그 부분들에 의해서 구체화될 수 없다. 전체 메시지나 의미는 개별적인 단어나 문장에 초점을 두고 밝혀질 수 없다. 우리는 텍스트의 각 단어를 주의 깊게 읽으려고 했을 때 오히려 텍스트 전체의 진정한 의미는 파악하지 못한 채 개별 단어만 기억했던 경험이 있을 것이다. 또한 단어나 문장을 주어진 담화 유형에 따라 특정적이고 일관성 있는 체계적 기준(즉 말해지지 않은 또는 암묵적인 지식)에 관련지었을 때에만 단락의 의미를 알게 된다. Polanyi가 편지를 읽는 것으로 예증한 것처럼, 우리의 암묵적인 영역에 남아 있는 것은 종종 전체 담화의 메시지이다. 그 의미를 자신의 단어나 문장으로 바꾸어 말할 수 있을지라도 우리는 각각의 문장을 정확하게 기억하지 못한다.

van Dijk는 그의 책 『텍스트와 맥락』(*Text and Context* 1977a: 3)에서 문장이 최대 단위라는 당시의 보편적 사고가 의미론과 화용론적 이유에서는 적절하지 않다는 것을 주장한다.[4)]

> 중문(compound sentence)과 문장의 나열(sequence of sentences)은 특히 화용적 층위에서 기술할 때 체계적인 차이가 있다. 문장의 의미는 한 발화에서 일어나는 다른 문장들의 의미에 의존할 수 있다. 그러나 이는 중복(compound) 또는 복합(complex)문장의 절들이 다른 절의 의미에 의존하는 것과는 같지 않고 다른 방식일 수 있다.

그는 문장(중문이든 복문이든)이라는 용어 안에서는 해결될 수 없는 텍스트적 구조가 있다고 가정함으로써 변형생성 이론의 틀 안에서 유럽 텍스트 언어학의 개척자 중의 하나가 되었다. 그는 세 층위의 체계, 즉 형태-의미-행동 규칙(form-meaning-action rule)을 가진 체계를

---

4) 문장이라는 용어는 하나의 절(명제)을 나타내기도 하고, 또는 절들 간의 단위(여러 개의 명제)를 나타내면서 모호하게 사용되었다. 문장문법은 일반적으로 전자의 개념을 지시하지만, van Dijk는 중문(compound sentence)과 복문(complex sentence)을 언급할 때, 둘을 포괄하는 고유한 층위에서 이를 사용했다. 문법소론에서는 절과 문장이 문법적 계층에서 상이하여 분리된 층위를 이룬다.

제시했다. 형태의 형태통사론적 규칙은 잘 구성됨(well-formedness)을 특정지으며, 의미의 의미론적 규칙은 해석가능성을 특정 짓고, 행동의 화용론적 규칙은 적절성(appropriateness)을 특정 짓는다. 그는 담화 층위에서의 의미론적, 화용론적 규칙을 다루었다. 인지적 증거에 기반해서 그는 우리의 장기 기억(long-term memory) 속에 남아 있는 추상적 뼈대와 같은 요점, 즉 담화에 기저하는 거시구조(macrostructure[5]), 의미론적 거시구조와 화행론적 거시구조)를 제시했다.

Halliday와 Hasan(1976: 1)은 담화는 의미론적 단위라고 주장했다. 언어학에서 "텍스트라는 단어는 언어학에서는 구어이든 문어이든, 어떠한 길이의 것이든, 통일성 있는 전체를 형성하는 구절(passage)을 지시하기 위해 사용된다." 그리고 비록 간혹 불확실할 수 있지만, "우리는 어떤 것이 텍스트이며 어떤 것이 텍스트가 아닌지를 알 수 있다." 그들은 간결하게 입장을 밝혔다.

> 텍스트란 언어에서 의미의 기본적 단위로 생각될 수 있다. 문장이 어휘 문법적 구조이며 음절이 음운론적 구조인 것처럼, 텍스트는 의미론적 구조이다. 그것은 상황-의미론적 조직의 단위로, 의미론적 관계인 응집성을 중심으로 구성된, 맥락 안에서의 의미(meaning-in-context)의 연속체이다(1976: 25).

의미론에서의 모든 문제가 이 하나의 질문으로 이어진다. 무엇이 언어의 가장 자연스러운 영역 또는 단위인가? 언어는 기본적으로 사람들의 의사소통 수단이다. 따라서 언어 연구는 이 사실을 반영해야만 한

5) macrostructure는 학자들에 따라 거식구조, 대구조, 또는 매크로구조라고도 번역되었다.

다. Pike(1982)는 이를 인식하면서, 수행적 상호작용(performative interaction), 곧 화자들 간 대화의 층위가 언어행위의 분석을 위한 자연스러운 시발점(break-in point)이라고 지적하였다. Cassirer는 독백조차도 자아의 변증법적 분할이 명백하게 있다고 주장했다. "말, 사고, 그리고 모든 예술적 표현들 안에서 통합(unity)을 유지하려고 할 때 **나**와 **당신**은 서로의 안에 그리고 서로의 옆에 존재한다"(1961: 109)라고 말한 것처럼, 문어의 경우에 독자는 텍스트와 상호작용한다. Gadamer는 Cassirer와 유사하게 텍스트와의 상호작용 속에서 자아의 상실을 게임으로 비유하여 묘사했다. 이러한 주장들로 독백과 대화 담화, 그리고 문어와 구어 담화 사이의 공통적인 측면을 볼 수 있다.

Longacre(1996: 123)는 독백과 대화가 서로 관계가 있지만 어느 정도 자족적 구조를 가지고 있다고 말하며, 대화의 단위는 발화, 대화 교환, 대화 단락, 그리고 대화 또는 드라마인 담화(즉 주어진 주제에 대한 회화나 대담(conversation))이고, 독백의 단위는 형태소, 어근(stem), 단어, 구, 절, 문장, 단락, 그리고 담화라고 기술한다.

따라서 그는 독백 담화와 대화 담화(대담과 드라마)는 둘 다 담화의 영역 안에 있으며, 분리되어 있지만 많은 방식으로 교차하는, 두 개의 위계구조를 이룬다고 말한다. 그러나 나는 **담화**라는 단어 의미의 혼동을 인식한다. 예를 들면, 어떤 사람에게 담화는 적어도 두 사람의 화자를 함축하기에 대화만이 포함되는 반면 어떤 사람(예를 들면 Longacre와 Pike)에게는 독백과 대화 모두 포함된다. 나는 후자에 따라서 담화라는 용어를 그 길이(length)나 형태에 관계 없이, 일반적으로 하나의 주제를 중심으로 이루어진 통일성 있는 전체를 구성하는 어떠한 구절(passage)에도 사용한다. 이렇게 담화는 독백일 수도 대화일 수도 있으며, 문어일 수도 구어일 수도 있기 때문에 Longacre(1977)처럼 언어의 이러한 단위, 곧 담화를 의미적으로 가장 자연스러운 단위로 취급한다.

2.3.3. 통사적 또는 문법적 증거

Lotman(1977: 51-54)은 그의 저서 『예술적 텍스트의 구조』(*The Structure of the Artistic Text*)에서 텍스트(그에게는 문어로 된 독백)의 세 가지 특질을 논의했다.

1. 표현은 텍스트를 표현하기 위해서 사용된 매체, 즉 자연언어의 기호(sign)와 관련된다. (따라서 텍스트는 Saussure의 랑그(*langue*)과 빠롤(*parole*)의 구별에서 빠롤에 속하는, 체계의 현실화, 실질적 구체화이다.)
2. 구획(demarcation)은 텍스트 고유의 경계, 곧 시작과 끝의 외적 경계와, 장이나 부분(section) 같은 내적 경계와 관련된다. 이러한 경계는 텍스트가 고유한 텍스트적 의미를 지니고 있음을 드러낸다. 즉 "'소설', '기록', '기도'라는 것은 어떤 문화적 의미를 실현한 것이며 어떤 완전한 전체적 의미(integral meaning)를 전하는 것이다"(52).
3. 구조: "텍스트는 두 개의 외적 경계 사이에 있는 기호들의 단순한 연쇄가 아니다. 텍스트에 고유한 것은 그것을 통합적(syntagmatic) 층위에서 구조적 전체로 변형하는 내적인 조직이다"(53). (설화에서 통합적 구조의 예는, 전체를 형성하기 위해 무대배경(stage)과 에피소드들과 종결을 시간적, 논리적으로 연결하는 구조이다.)

Lotman은 "텍스트는 관계들의 불변적 체계이다"(54)라고 강조했다. 그것은 그 자체로서의 "대상물(things)"이 아니다. 텍스트가 체계적인 특성을 지니고 있음을 뒷받침하는 증거로, 그는 Pushkin 전문가들이 시인의 계획과 창조적인 설계를 복원하고 불완전하거나 잃어버린 텍스트를 복원하려는 거의 불가능한 시도를 제시한다. Lotman은 텍스트가 독자의 시간대의 사회 환경 속에서 기능할 때 다른 변형체들로 부서지는 경향이 있다고 덧붙인다. 비록 그는 이 문제를 명백하게 제시하지 않았지만, Hirsch가 논의한 것처럼, (불변하는)의미와 (변화하는)의의를 연결 지으려는 것으로 보인다.

Lotman은 텍스트의 세 가지 특질을 제시하면서 텍스트는 텍스트 층위에 고유한 구조, 의미적이고 문법적인 구조가 있는 내적 구조를 지닌 체계라고 말한다.

부분에 의해 전체를 특정 지을 수 없다는 Polanyi의 개념과 관련해서, 나는 전체를 고려하지 않고는 부분을 그 자체로 특정 지을 수 없다는 점을 지적한다. 달리 말하자면, 어떤 부분들은 전체에 의해서만 알 수 있다. 이러한 생각은 Polanyi(1962: 56)의 언급에서 암시적으로 드러나 있다.

> 만일 피아니스트가 그가 연주하고 있는 작품으로부터 연주하는 동안 그의 손가락이 무엇을 하고 있는지를 관찰하는 데로 관심을 옮긴다면, 그는 혼란을 느낄 것이며 아마 멈추게 될 것이다. 이러한 일은 우리가 전에는 단지 부수적 역할로 인식해 온 부분들에 핵심적인 관심을 옮기게 되면 일상적으로 일어난다.

피아니스트의 손가락 움직임이나 특정한 소절의 연주 자체가 곧 전체를 나타내는 것이 아니다. 부분들을 다른 부분들과 균형 있게 관련지어서 전곡을 표현해야 한다. 여기에서 핵심은 부분은 전체와 관련하여 이해와 해석이 되어야 함을 의미하는 관계적(장적) 시각의 개념이다.

주어(subject)와 주제(topic)의 관계는 어떤 부분은 자체만으로 알 수 없다는 것을 보여 준다. 주제로 표현된 것은, 앞부분에서 기술된 것을 가리키거나(내적조응, endophoric), 상황으로나 언어 밖의 가리킴(외적조응, exophoric)을 통해 대체로 아는 정보이다. 주제가 알고 있는 정보를 지시한다는 사실은 주제의 개념이 문장의 경계를 넘어선다는 것을 보여 준다. 예를 들어 한국어에서는 명사가 주어인지 주제인지를 표시하는 조사가 있다. 주격조사는 이야기의 등장인물이 소개될 때나 화자가 찾고자 하는 정보(wh 의문문의 답처럼)처럼 새로운 정보를 나타낼 때 쓰인다. 주제조사는 알고 있는 정보나 사실을 나타내기 때문에 이미 소개된 등장인물처럼 청자에게 알려진 정보나 총칭적 정보를 표시한다. 주격조사를 써야 할지 주제조사를 써야 할지는 담화 전체에 근거하여 정해져야 한다. 곧 명사가 담화의 앞부분에서 언급되었는지, 담화 영역의 프레임을 통해 그 정보가 청자의 지식 안에 있는지를 통해 정해질 수 있다. 5장에서 한국어 설화의 참여자 지시와 관련하여 이 문제를 다룬다.

영어에서도 유사하다. L. B. Jones(1983)는, van Dijk(1977a)와 Kintsch(1977)와 다른 학자들처럼, 프레임의 개념을 지식의 구성 원리로 사용하여 정관사 'the'가 처음 언급되는 지시물의 경우에도 쓰이는 것을 보여 준다. 그럴 때 정관사는 저자가 어떤 전제를 하는 것을 보여 준다. 곧 "지시물이 독자의 전경 프레임 안에 있고, 그 지시는 프레임 안에서 부합되는 모든 것들을 포함한다는 것"을 가리킨다(Jones 1983: 69). 한국어의 주어와 주제조사의 기능은 담화 전체 구조를 고려하여 결정되어야 하므로, 부분들(정관사와 같은)과 그들의 기능은 자체만으로 분석될 수 없고 총체적 구조에 관련해서 분석되어야 한다.

van Dijk(1977a)는 텍스트 처음의 앞과 맨 뒤에 특징적으로 일어나는 형태소와 다른 문법 요소들이 오직 전체 텍스트로만 설명될 수 있다는 것을 보여 준다. 또한 문장 이상의 단위를 요구하는 전형적 자질들을 다룬다.[6] (1) 관사와 한정화, (2) 대명사, (3) 동사의 시제, 서법, 시상, (4) 접속사와 부사의 사용, (5) 주제와 평언 구조이다. 이 책에서 여러 장에서 이러한 자질들을 한국어 담화문 전체 구조에 부각하여 설명하고자 한다.

Longacre(1977)는 전체(담화)가 부분을 결정한다고 확신하고 위와 같은 자질들을 다루면서, 담화가 언어의 가장 자연적인 단위라는 그의 주제 논제(thesis)를 확인하였다. van Dijk가 다룬 자질 외에 다음과 같은 표층구조 자질도 담화의 층위에서 가장 잘 다룰 수 있다고 논의하였다.

1. 관사와 'this'와 'that' 같은 지시사(deictics)의 사용의 예: As I stepped out of my front door, I saw <u>a dog</u> coming down the sidewalk. Before I knew what was happening <u>the dog</u> had bit me. <u>That dog</u>, I learned later, had bitten three people before I came on the scene(Longacre 1977: 18; 밑줄 강조 더함).

---

6) 영어에서 더 큰 맥락이 없이 문장 하나만 있을 때 일어나는 정관사와 대명사도 있다. 예를 들면,
The moon is bright tonight.
Who's she?
Did you see that?
Dad, can I use the car?
이 예문들은 텍스트 맥락이 아니라 화자와 청자 사이에 공유된 지식인 상황 맥락에 의존한 문장들이다. 그러므로 연결된 담화에서 일어나는 정관사나 대명사와 마찬가지로 맥락(종류는 다르지만)에 의존한다고 본다. 예문을 내게 지적해 준 Don Burquest에게 감사하다.

2. 문두의 접속사와 비슷하게, 문두의 부사절이 앞의 문장을 반복하거나 요약하는, 전방 또는 선행 지시 부사절(back reference)의 사용: 'After taking off'('떠난 후에')….
3. 시간이나 장소 표현들은 한 문장 내에서는 선택적일지 몰라도, 담화 전체의 진행을 알리는 기능을 한다.
4. 직접인용과 간접인용의 구분, 또는 'he said to his wife'나 'he said' 같은 인용 형식(quotation formula)의 변이는 종종 대화에서 참여자가 차지하는 지위(rank)의 우열을 나타낸다.
5. 담화의 절정 부분에서 사용되는 상세하고 정교한 묘사.
6. 어떤 언어에서 담화 기능을 나타내는 수수께끼 같은 불변화사('mystery particle').
7. 절, 문장, 단락 층위의 각각 다른 유형들의 담화상 기능. 예를 들어 설화에서 등장인물을 소개하거나 확인하는 존재절이나 등식절.

Longacre(1996)는 담화의 심층구조의 문법적 예로, Lotman의 통합적 구조와 유사하게 설화의 플롯(plot)구조를 제시한다. 인지과정을 연구하는 다른 학자들도, 설화 스키마(narrative schema), 이야기 문법(story grammar), 설화 상부구조(narrative superstructure) 등 여러 가지로 불리는 비슷한 구조를 제시하였다(Rumelhart 1975, 1977; Colby 1973; van Dijk 1977b; Kintsch 1977). 이 학자들은 심리 실험 등을 통해, 각 나라에 따라 독특하지만 대개 비슷한 구조가 있다고 믿는다. 이 구조들은 이야기의 이해와 생산/제작에 있어서 매우 중요한 기능을 한다.

Halliday와 Hasan(1976)이 응집(cohesive) 요소라고 부르는 것들이 사실 다른 언어학자들에게는 통사적(syntactic) 요소라고 지적하고 싶다. Halliday와 Hasan은 담화 전체의 의미적 구조에 초점을 두고 다섯 가지 응집 요소를 다룬다. (1) 대명사나 'the'와 'so' 같은 지시사를 포함하는 지시(reference), (2) 'one/ones', 'do', 'so' 같은 대용(substitution), (3) 제로(zero)로 대체되는 생략(ellipsis), (4) 접속사, (5) 어휘 목록(lexicon)이다. 그들은 이 다섯 가지 가운데 대용이나 생략 같은 응집 요소는 어휘통사적(lexicogrammatical)이어서 앞에 주어진 텍스트에서 찾을 수 있다는 것을 가리키는 문법적 표시의 형태(단어 같이)라고 기술한다. 학자마다 용어의 정의에 따라 용어 사용이 다르지만 Halliday와 Hasan이 주장하는 응집 요소들은 모두 문장 이상의 단위의 필요성을 역설한다.

많은 언어학자가 담화 분석을 할 때 담화가 전체 문장이나 구, 절 같은 문법 요소에 미치는 영향을 주시한다. 이를 담화와 문법의 인터페이스(interface) 영역으로 볼 수 있는데, 다음과 같은 연구 예가 있다. Cumming과 Ono(1997), Givón(1983, 1987, 1990, 2001), Hopper와 Thompson(1980, 1984), Hwang(주신자 1994a, 2015, in press), Longacre(1996, 2004, 2010) 등이 있다. 이들 가운데 Longacre의 저서 『담화의 문법』(*The Grammar of Discouse*, 1996)과 논문 "전체론적 텍스트 언어학"(Holistic textlinguistics 2004), Longacre와 Hwang(2012)의 저서 『전체론적 담화 분석』(*Holistic Discourse Analysis*)에서 보여 주는 것처럼, Longacre와 Hwang은 다른 학자들의 연구보다 전체론적이고 포괄적인 접근 방법으로 전체 텍스트를 분석하고 그 관점에서 문법을 이해하려고 하는 점이 특이하다.

2.3.4. 화용적 증거

우리는 2.3.2에서 van Dijk가 담화가 의사소통(communication) 행동과 조직적으로 상관관계가 있다는 전제하에서 화용적 적절성(pragmatic appropriateness)과 거시 화행(macro-speech acts)의 조건에 관련하여 담화를 고려하는 것을 보았다.

인공지능(artificial intelligence)을 연구하는 학자들도 추론적 지식(inferential knowledge)이 담화의 이해에 필수적 요소라고 주장한다. Schank와 Abelson(1977: 21)은 "텍스트의 의미는 그 속에 담겨 있는 개개 문장의 의미의 총합보다 더 많다"라고 역설하였다. 즉 전체의 의미는 청자에게 알려져 있다고 전제되어 시종일관 표현되지 않는 추론적 정보를 필요로 한다.

Labov와 Fanshel(1977)은 회화의 행위에 두 가지 면(plane)이 있다고 주장한다. 곧 텍스트에서 명시적이나 암묵적으로 "말해진 면(what is said)"과 화행의 상호관계인 "행해진 면(what is done)"이다. 두 번째 면인 화행의 고려는 비언어적 혹은 언어 밖의 문제라고 제외되어 있었다. 그러나 그들은 두 면을 포함하는 담화 분석의 방법을 제시하며 어떻게 상담 치료에 쓰이는가를 기술하였다.

철학자 Grice(1975, 1978)는 함축 의미(implicature)에 대한 여러 연구를 통해 언어란 그 맥락에 따라 "말해진" 것 이상의 메시지를 전한다고 역설한다. 화자들이 대개 협동원리(cooperative principle)에 따라 회화상 격률(conversational maxim)을 준수하기 때문에, 한 문장이 발화되었을 때 어떤 맥락이냐에 따라 말해진 것과는 정 반대의 의미를 가질 수도 있다. 예를 들어서 철학 교수가 되길 원하는 학생에게 추천서를 써 줄 때 그 학생의 영어 실력이 좋고 수업에도 빠지지 않았다고만 쓴다면, 추천서를 읽는 사람은 아마 그 학생이 철학 교수 자격이 없다고 받아들이게 될 것이다. 상황에 적합한 정보를 쓰지 않으므로써 부정적 평가인 추천서라고 해석하는 것이다. 그러나 함축 의미의 경우 그 학생이 철학 교수 역할을 잘할 것이라고 언급하여 부정적인 해석을 막는다면 긍정적으로 평가할 수 있는 좋은 추천서가 된다. Grice의 연구는 언어학계에 크나큰 영향을 미쳤으며, 그의 이론과 예문들은 문장 문법보다 더 큰 단위인 단락이나 담화가 연구의 대상이 되어야 한다는 것을 보여 준다.

Grice의 함축 의미를 더 발전시키려는 연구가 많이 있는데 대표적인 것은 Horn(2004)과 Levinson(1983, 2000)을 들 수 있다. Horn은 네 가지 주된 회화의 격률을 두 가지로 줄이고 Sperber와 Wilson (1995)은 그들의 적합성이론(Relevance Theory)에서 네 가지 격률을 적합성 하나로 줄여서 문장이나 단락의 화용적 사용을 설명하고자 한다.

Austin(1961, 1962)이나 Searle(1975) 같은 다른 언어 철학자들은 언어란 의사소통에 사용하기 때문에 화행론 없이는 제대로 설명될 수 없다고 말한다. Austin은 우리가 발화를 할 때 세 가지 행동이 동시에 이루어진다고 기술한다. (1) 말하는 발언(locutionary) 행위(Searle의 명제적 내용), (2) 무엇을 말하면서 행해지는 발화수반(illocutionary)[7] 행위, (3) 말함으로써 그 결과로 생기는 발화효과(perlocutionary) 행위이다. (3)은 청자에게 효과를 주는 자극과 비슷하여 의미 자체보다는 의의에 더 가깝다. 의미를 제대로 이해하려면 처음 두 가지가 필요하다. 발화수반 행위는 Gadamer의 말해지지 않았으나 암묵적인

7) 화용론의 용어들은 대개 장석진(1994: 78 등)을 따라서 썼다. 그의 저서에 이들 용어가 나오는데, 그가 줄여서 쓴 것(발화수반행위를 화수행위로 줄임)은 피했다. 다른 학자들의 논문이나 번역에서 다른 용어를 쓴 경우도 있다. 예를 들어 김태옥-이현호는 Sperber와 Wilson의 책 『인지적 화용론(*Relevance*)』, 1993)에서 illocutionary를 "언표내적"이라고 번역했다.

요소들에 상응되어, 거짓말, 은유, 간접 화행('Can you pass me the salt?'가 의문형이지만 요청인 경우처럼), 아이러니(irony) 같은 주제와 부합된다.

Searle(1979: 117)은 문장이 문자 그대로의 의미가 있긴 하지만 적합성은 맥락에 의존한다고 말한다. "나는 각 문장의 문자적 의미가 맥락과 상관없이 의미를 가진다는 견해에 도전한다. 나는 일반적으로 문장의 문자적 의미는 맥락이나 배경에 대한 가정에 연관해서만 적용된다고 주장한다." 맥락과 연관하지만 문자 그대로의 의미가 있다고 주장하는 면에서, 그는 문장이 의미(meaning)와 의의(significance) 두 가지를 지닐 수 있다고 보는 Hirsch의 견해에 가깝다고 할 수 있다. Hirsch가 텍스트의 의미와 저자가 원래 의도한 의미로서의 의의를 구별한 것처럼, Searle도 문장의 문자 그대로의 의미와 화자가 발화할 때 의도한 의미를 구별한다. 전자는 직접 화행에 해당하고 후자는 은유, 아이러니, 거짓말의 의미를 포함하는 간접 화행에 해당한다.

비록 Grice나 Searle이 담화 분석의 문제를 다루지 않고 문장의 의미만 다뤘지만, 맥락이 필수조건이라고 주장하는 점은 담화의 논쟁과 같다. 문장문법에서 맥락 밖의 문장을 다룰 때 우리는 적절한 이해를 위해 어떤 맥락을 제시해야 한다. 그렇기 때문에 담화에서 쓰인 대로 한 문장을 이해하기보다는 자신이 이해한 맥락에 따라 의의를 제시하기 쉽다. 그래서 담화를 떠나서 그 문장에 대한 자신의 해석을 가지게 된다. Cassirer와 Hirsch가 역설한 대로 담화에서 그 의미와 의의를 둘 다 이해할 때 담화 문법은 필수적이다. 문장문법의 틀 안에서는 담화의 영역(universe of discourse)이 아니라 문장의 영역(universe of sentence)에 갇히게 된다.

함축 의미와 화행론 외에도 문화적, 사회적, 의사소통 상황을 배경으로 하는 화자와 청자의 상호작용과 신념 체계및 전제, 가정 등 여러 가지 화용적 고려가 있다. 우리가 언어와 그 용도를 이해하려면 주어진 담화에 관련되는 이러한 여러 측면의 환경을 다루어야 한다. 담화와 그 모든 영역을 다루는 것은 엄청나고 만만치 않은 과제지만, 담화의 층위가 인간의 경험과 이해를 위해 가장 적합한 단위라고 생각한다.

2.3.5. 그 외 고려사항

담화 문법의 개념은 전통적 언어학의 경계를 훨씬 넓히는 것이다. 즉 발언행위(locutionary act)와 발화수반행위(illocutionary act)를 둘 다 다뤄야 하고 단어와 문장 사이의 '왜(why)'와 '무엇(what)'을 설명해야 한다. van Dijk(1977a: 13)는 말한다.

> 언어학적 담화 이론은 언어학에 기여할 뿐 아니라 다른 전문 분야의 담화연구의 기초를 이루기 위한 것이다. 그리하여 담화 분석을 언어와 의사소통의 보다 전반적인 연구에 접목하여 발전시켜 나가는 것이다.

이러한 경계 확장으로 인해 아직도 담화 층위의 언어학에 대해 저항감이 있는지도 모른다.

1910년대에 Saussure(1966)는 언어학을 심리학 안의 기호학(semiology)의 한 부분으로 보고, 민족지학(ethnography), 선사시대학(prehistory), 문화인류학(anthropology), 사회학(sociology), 생리학(physiology), 문헌학(philology) 등을 다른 분야로 분리하였다. 이를 위해 그는 언어에서 랑그(langue)와 빠롤(parole)을 분리하고, 내적

(internal)과 외적(external) 요소를 분리하여 langue와 내적 요소만이 진정한 언어학을 이룬다고 했다. 이 전통을 따라서 Chomsky(1965)도 언어학 이론은 기본적으로 언어능력(competence)을 다룬다고 주장했다. 곧 언어학은 기억의 제한이나 주의 산만, 오류같은 것을 무시하고, 동질적인 언어 집단에서의 이상적인 화자-청자의 지식을 연구한다고 주장했다. 언어의 수행(linguistic performance)은 단지 부차적인 역할을 할 뿐이어서 언어능력의 배경으로 연구되어야 한다는 것이다. 그의 언어능력에 대한 초점은, "문법은 문장을 생성하는 장치"라는 개념과 함께, 그와 그를 따르는 많은 언어학자들이 문법적 문장을 독립적으로 자립가능한 전체 단위로 보게 했다. 그러나 그 후 1976년 논문에서는 Chomsky(1976: 316) 자신도 "문장문법 이상으로 확장되는 규칙"에 적용되는 조건에 대해 언급했다. 예를 들면, "자유 조응/대용어(free anaphora)는 담화나 상황 또는 전제된 배경 신념 같은 자질과 관련될 수 있다." 그는 이러한 규칙을 "문법 이론"이 아니라 "수행의 이론"인 화용론과 연관시켰다.

Bever, Katz, Langendoen도 『언어능력의 통합이론』(*An Integrated Theory of Linguistic Ability*, 1976)이라는 책에서 언어학을 언어능력만을 다루는 "형식적 문법(formal grammar)"으로 국한하고자 했다. 그들은 Chomsky가 경험주의에 굴복하지 말고, 표준 이론(Standard Theory)으로 돌아갈 것을 촉구했다. 특별히 그들은 Chomsky가 제시한 확대된 표준이론(Extended Standard Theory)이 과연 본질적으로 문법적인가, 곧 언어능력 이론 안에 있는지 의문을 던졌다. 그래서 그들에게는 양화사(quantifier)나 주제-평언이나 초점-전제 같은 문제는 문법의 영역 밖에 있다. 이러한 학자들이 이성주의적 철학의 입장에서 일관된 관점을 가지려는 것은 이해할 수 있지만, Walter(1980)가 지적한대로, 순수 이성주의와 순수 경험주의도 충분하지 않다. 명백한 언어 데이터를 이론적 입장 때문에 폐기할 수는 없다. 그래서 생성의미론 학자들은 융통성 없는 해석의미론 모델에 반발하고 한 문장의 문법성을 설명하기 위해 점차 맥락에 주의를 기울이며 문장성뿐 아니라 문장의 용인 가능성도 다루었다.

언어능력 이론에 도전하는 사회언어학 연구에서 Labov(1972: 199)는, 이미 말해진 언어에 비해서 인간의 직관이 규칙적이지 않고 해석하기도 더 어렵다는 것을 보여 준다.

> 모국어 화자에게서 일관성 있고 동일한 판단을 얻을 수 있다는 증거는 없다. … 직관적 판단을 통해 동질성을 찾고자 하는 것이 실패라는 것은 이제 분명하다.

Fillmore(1972: 16)도 영어 예문을 많이 제시하며 "문장의 구조와 내용에 대한 모국어 화자의 직관"에 대한 신뢰성을 의심하였다.

> 영어에서 복합 동사 표현을 구성 요소로 분석할 때 모국어 화자들이 여러 가지로 해석하는 것을 고려하면 나는 그 적합성 판단에 있어서 구성 성분에 대한 모국어 화자의 직관은 중요한 기준 가운데 가장 작은 요소라는 것을 받아들일 준비가 되어 있다(Fillmore 1972: 15).

또 다른 사회언어학자 Hymes(1974) 또한 언어능력보다 언어수행을 더 강조하였다. 의사소통의 민족지학(ethonography of communication) 연구에서 그는 일곱 가지 주된 원칙을 제시한다: (1) **랑그**보다 **빠롤**, (2) 구조보다 기능, (3) 기능의 유일한 독특성보다 다원성, (4) 가능성보다 적합성, (5) 동질성보다 다양성, (6) 개인보다 집단/공동체, (7) 메시지보다 맥락이다.

이제는 문장으로의 임의적 제한이 언어 분석에서 적절하지 않다는 것을 진지하게 고려해야 한다. 단어를 맥락 없이 고립해서 적절하게 연구할 수 없는 것처럼, 문장도 더 큰 맥락에서 연구해야 한다. 단어가 서로 다른 문장 안에서 여러 가지 의미를 가진다는 것은 잘 알려져 있다. 예를 들면, he runs fast(빨리 달린다), he runs an office(사무실을 운영한다), a run in the stocking(긴 양말의 올이 풀린 것)에서 보듯이 run은 각 문장의 맥락에 따라 의미가 다르기 때문에 한국어에서도 각각 다른 말로 번역되었다. 우리 인간은 유한한 존재로 담화의 한 부분을 연구할 수 있다. 그러나 담화연구가 다른 전문 분야와 접목되어야 한다는 것을 기억하고, 이해와 더 적절한 연구를 위해 언제나 시야를 확장할 준비를 해야 한다.

2.4. 끝맺는 말

이 장에서 Bloomfield나 Chomsky 등의 문장문법에 반대하고 담화문법을 옹호하는 토론을 하였다. 이 논제는 우리가 언어를 적합하게 연구하려면 담화보다 아래 층위에서 멈출 수 없다는 것이다.

담화는 반드시 그 크기로 보는 것은 아니다. 어떤 구호(슬로건)나 광고처럼 담화는 단어 한 개나 문장 하나일 수도 있지만 민간설화(folktale)나 소설, 수필, 또는 사용 설명서처럼, 보통 한 개의 단어나 문장이나 단락보다 크다. 담화를 분석할 때 우선 그 전체를 하나의 단위로 보아야 한다고 나는 믿는다. 전체의 관점에서 분석을 시작한 후 작은 단위로 구분해 나가든가, 혹 원한다면 더 큰 단위로 올라가서 그 담화의 더 큰 맥락에서의 의의를 추구할 수도 있다. 바로 Cassirer의 지시처럼 전체 구조의 해석학적 분석에서 시작해서 형식적 분석, 인과관계적 분석으로 나아가는 것이다. 담화의 진정한 의미를 알려면 우리는 그 층위를 단순하게 인식하는 것만이 아니라 담화 분석의 초점으로 삼아야 한다. 전체가 각 부분의 기능을 결정하고 또 각 부분의 기능이 서로 체계적으로 연관되어 전체를 결정한다는 것을 알아야 한다.

2장에서는 철학과 언어학 두 전문 분야의 통찰력을 통해 담화 문법의 필요성을 논의했다. Hirsch의 용어를 쓴다면, 이 장의 첫 부분에서는 철학적 의미를, 뒷부분에서는 언어학적 의의를 다뤘다. 나머지 장에서는 시야를 좁혀서 한국어 담화, 특히 설화의 언어학적 연구를 제시한다.

제3장

한국 설화에 대한 총체적인 분석: 피크와 프로필

3.1. 들어가기

3.1.1. 통합적인 구조

앞 장에서 언어를 적절히 연구하기 위해서는 전체적인 담화에 관심을 가져야 한다고 주장하였다. 담화의 구성 요소들뿐만 아니라 담화 전체에 초점을 맞춤으로써(곧 전체 연구와 부분 연구를 각각 반복함으로써) 부분에만 초점을 맞추었을 때 가질 수 없는 통찰력을 얻을 수 있다. 다음 장들에서 보다 구체적인 주제들(동사의 시제, 시상, 서법, 형태 그리고 등장인물 관계에 있어서 명사의 사용 등)로 들어가기 전에 이 장에서는 한국 이야기에 대한 총체적인 구조를 제시하고자 한다. 총체적인 구조란 담화 전체의 선형적인(linear) 구조를 말하는데, 이야기의 무대배경이나 에피소드 같은 표층구조와 절정 같은 심층구조로 이루어진다.[1)]

---

1) 다양한 연구자들이 줄거리상의 구조에 각각 다른 이름을 사용해 왔다. 예를 들면 무대배경(setting), 에피소드(episode), 사건(event), 복잡화(complication), 반전(reversal) 등이다. Labov와 Waletzky(1967)는 개인적인 경험의 구어체 버전을 연구할 때 이러한 구조상의 단위들을 처음으로 인식한 사람들 중에 속한다. 그들이 지

이야기가 총체적인 구조를 가지고 있다는 생각은 오래전부터 인식되어 왔다. 민담 연구 분야의 개척자인 Propp(1958)는 통합적(syntagmatic)인 구조 분석에 관심을 두었는데 일련의 사건들에 대한 형태통사적 구조, 부분들 간의 관계, 부분들과 민담 전체의 관계에 관심을 가졌다. 프랑스의 구조주의적 접근 방식을 추종했던 연구자들은 계열적(paradigmatic)인 분석에 관심을 두어 왔다. 그래서 Lévi-Strauss(1955)는 민담을 신화와 관련된 문화적 산물로 생각했으며, 일련의 사건들 간의 관계보다는 신화의 최소치 간의 구조적 관계에 관심을 가졌다. 그 후 담화 분석에 관심을 가지고 있는 기호학자(semiotician)들은 절충주의를 택하고 있다. Bremond(1970)나 Maranda와 Maranda(1971) 같은 다른 학자들은 프랑스 구조주의적 접근 방법으로 시작했지만, 점차적으로 Propp의 방법론을 그들의 모델에 통합시켜 왔다(보다 상세한 논의를 위해 Schwimmer(1976)을 참조). 비슷하게 Lotman(1977)은 일련의 사건의 전개 과정에서 이루어지는 통합적인 의미와 등장인물들 간의 관계나 주제들 간의 관계같은 계열적인 의미들 모두에 연구의 목적을 두고 있다.

Doležel(1978: 94)도 "이야기 전체 구성에서의 주요 원칙", 즉 "설화 문법(narrative grammar)"을 찾아내기 위한 이 두 가지 경향을 비슷하게 구분 짓고 있다. 첫 번째 "합성적인(compositional)" 경향은 설명, 복잡화, 반전, 해결로 구성되는 플롯(plot)의 통합적인 나열을 다룬다. 반면에 Lévi-Strauss의 "기능적이고 의미론적인" 경향은 계열적

정한 전체적인 이야기의 구조 단위들은 오리엔테이션(orientation), 복잡화(complication), 평가(evaluation), 해결(resolution), 끝마침(coda)이다. 한국 이야기들을 연구한 이 책에서 나는 Longacre(1996)의 용어를 사용한다.

인 체계를 형성하고 있는 적은 수의 의미 단위를 찾아내고자 한다. 이 장의 목적은 전자, 곧 통합적 구조를 분석하여 제시하는 것이다.

"이야기의 이해"에 관심을 가지고 있는 인지심리학과 독해 분야의 사람들은 "이야기 문법"에 대해 매우 활발하게 연구해 왔다. 이것은 구문론적인 접근이나 문제-해결 모델로 불리기도 한다. 그러므로 Rumelhart(1977), Colby(1973,1975), Thorndyke(1977), van Dijk(1977b)와 Kintsch(1977) 같은 학자들은 이야기 스키마(schema)나 이야기 문법이 이야기를 이해하는 데 매우 중대한 역할을 한다고 생각하였다. 그들의 기본적인 가정은 아야기들이 내부구조를 가지고 있으며, 그 이야기들의 구성이 잘될 수도 있고(well-formed) 덜 잘될 수도 있다는 것이다. 예를 들자면 Beaugrande와 Colby(1979)는 이야기의 "적격조건"(well-formedness condition)과 "불명백성"(non-obviousness) 혹은 "흥미(interestingness)조건"에 대해 이야기했다(cf. Beaugrande와 Dressler 1981). Black과 Wilensky(1979)는 Chomsky의 언어학 체계에서 문장의 "문법성"과 유사하게 위의 경우를 이야기의 "문법성"이라고 말하였다.

이 그룹의 많은 연구가는 잘 구성된 담화가 "의미 있는 전체"를 형성한다고 강조하고 있고, 혹자들은 변형생성 문법에서 문장을 생성하는 데 사용되는 다양한 형태의 다시쓰기 규칙(rewrite rules)을 사용하기도 한다. 예를 들면 다음과 같다.

이야기 → 배경(stage) + 에피소드	(Rumehart)
이야기 → 배경(stage) + 주제(theme) + 플롯(plot) + 해결(resolution)	(Thorndyke)
사건(event) → 사건 + (사건)*	(van Dijk)
간단한 플롯(move) → 동기(motivation) + 반응(response)^{n}	(Colby)

이런 규칙에 반대하여, Black과 Wilensky는 그러한 형식적인 분석은 모든 종류의 이야기를, 또 이야기만을 생성할 수 있을 만큼 정확하지 않다고 주장한다. 그들은 Johnson과 Mandler(1980)의 모델만이 왜곡(skewing)과 순열 치환(permutation)을 설명하는 데 필요한 변형 요소들을 감안할 수 있다고 말한다. 또한 이야기 문법의 모든 모델들은 그들의 법칙이 설화문(narrative discourse)뿐 아니라 절차문(procedural discourse)도 생성하는 것을 막지 못한다고 주장한다.

담화 형식들 중에 표층구조와 심층구조 사이를 대응시키는 데에서 왜곡이 있을 수 있기 때문에 Longacre의 담화 유형 체계는 이 두 부분을 다 포함하고 있다. 예를 들어 내부 동기가 충고적인 내용을 지니고 있는 이야기가 많이 있다. "행동을 변화하라고 강요받는 것을 싫어하는 사람들에게 충고적인 내용을 설화나 희곡을 통해 전한다면 그들이 받아들이는 것이 보다 쉬워질 것이다"(Longacre 1996: 15). 내재되어 있는 충고적인 내용을 표층적인 이야기로 나타내는 것은 흔히 사용되어 왔다. 예를 들면 우리는 신약성경에서 예수님이 권유 형식의 메시지를 전달하기 위하여 비유(parable)를 많이 사용한 것을 볼 수 있다(Hwang과 Lathers 2002). 만약에 우리가 심층 개념구조와 표층구조 간에 일대일로 대응한다는 것을 기준으로 삼는다면, 우리는 심층에 내재되어 있는 권유와 표면상에 드러나는 이야기를 어떤 담화 유형으로 봐야할지 곤란하게 된다. Longacre(1996)는 담화 유형들 사이에서의 왜곡은 어떤 유형이 더 생생한가에 따라서 다르게 일어난다고 말한다. 희곡은 설화문보다, 설화는 절차문보다, 절차문은 설명문보다, 설명문은 권유문보다 더 생생하고 발랄하다. 그러므로 다른 유형보다는 설화나 희곡에서 설명적이고 권유적인 내용을 내재하게 되는 것이다. 이러한 전체 담화 유형의 왜곡 외에, 담화 유형 내에 종속된 다른 담화유형으로 인해서 부분적인 왜곡도 있을 수 있다(Hwang 1993). 설화유형 내에 또한 표층구조의 위치(slot)들과 심층구조 플롯의 위치 사이에서 왜곡이 있을 수 있다.

이러한 담화유형간의 왜곡과 종속을 미루어보면, 설화가 그것의 담화유형과 유사한 심층구조를 지니고 있는 절차문을 지닌다는 것은 그리 놀라운 일은 아닐 것이다. 심지어 어떤 설명문은 설화문과 비슷하게 발단, 전개, 결말을 포함하는 심층구조를 지니기도 한다.

3.1.2. 설화의 부분 부분들에서 몇 가지 주목할 만한 특징

Longacre와 그의 이론을 연구에 적용하는 언어학자들은 이야기의 각기 다른 부분들에 관련된 수많은 특징들을 자주 언급했다. 무대배경(stage)에서는 담화의 장소와 주요 등장인물들이 소개되고, 종종 시간이나 장소를 나타내는 표현들이 나타난다. 이러한 표현들은 첫 번째 문장에 부사구의 형식으로 나타날 수 있다. 설화의 중심 부분에서는 행동과 사건이 일어나고, 많은 언어에서 과거시제와 완료 형태가 흔히 사용된다는 것을 알게 된다.

그리고 설화에는 피크(peak: 정점) 부분이 있다. 그것은 특별한 표층구조 특징을 지님으로써 다른 에피소드와 구별되며, 줄거리상의 구조에서 절정(climax)이나 대단원(denouement)에 상응하는 부분이다(Longacre 1996: 37). 그러면 이 부분의 특징은 무엇인가? Longacre (1996)는 종종 분석하는 데 어려움을 주는 특별한 표층구조의 특징들 때문에 이 부분을 언어분석상 "난류 발생 지역(zone of turbulence)"이라고 부르며, 다음과 같은 특징들이 "비결 자루(bag of tricks)" 가운데에서 흔히 쓰인다고 설명한다.

1. 수사학적인 강조는 피크 부분에서의 사건이 보통의 속도로 진행되지 않게 한다: 바꾸어 말하거나 반복하는 수단을 이용하여 사건의 진행을 늦추거나 확장시킴으로써 이루어진다.
2. 사람이 많이 등장하는 무대: 등장인물들을 한곳에 모은다.
3. 동사와 명사의 비율 변화: 하나의 동사에 보다 많은 명사가 사용되든지 반대로 동사의 비율이 높아진다.
4. 보다 특정적인 인칭이나, 행위자 계층(agency hierarchy, cf. Silverstein 1976)에서 더 높은 것으로의 변화: 대명사 사용 때 3인칭에서 2인칭이나 1인칭으로 바뀔 수 있다.
5. 시제와 시상에서의 변화: 예를 들면 과거에서 역사적인 현재로의 변화.
6. 대화 매개 변수에서의 변화: 서술(narration), 유사대화, 대화, 드라마 형식.
7. 문장과 문단 길이의 변화: 짧고 간결한 문장으로의 변화, 또는 길고 화려한 문장으로의 변화.
8. 접속사 수에서의 변화: 예를 들면, 많은 접속사에서 적은 수의 접속사로의 변화.
9. 시점(vantage point)의 변화: 역할 반전(role reversal)을 이루거나, 중립적인 상황으로부터 특정한 시점으로의 전환.
10. 불변화사(particle)의 사용에 있어서의 변화: 불변화사가 생략되거나 보다 더 자주 사용된다.
11. 의성어의 사용이 늘어남: 예를 들면 감탄사나 간투사의 사용.

이 장에서 Longacre에 의해 제시된 이론적 체계의 범위 내에서 몇 가지 한국 설화의 구조를 분석하기 전에 설화의 표층구조와 심층 플롯 구조의 구성 요소를 제시하려고 한다(Longacre와 Hwang 2012: 53-55). 설화문법의 구성 요소를 지시하는 데 쓰이는 아래 어휘는 특히 3장에서 계속 사용되는 전문용어들로써 영어 어휘도 같이 표시되어 있다. 설화의 표층구조에는 다음과 같은 기능상 위치(slot)가 있다.

도입부	(aperture)
무대배경	(stage)
피크 전 에피소드	(prepeak episode)
피크 에피소드	(peak episode)
피크 후 에피소드	(postpeak episode)
종결	(closure)
끝맺음	(finis)

이들 표층구조 위치가 다음의 심층 플롯구조 위치와 맞추어, 혹은 왜곡되어 나타날 수 있다.

설명부	(exposition)
발단	(inciting incident)
전개	(developing conflict)
절정	(climax)
대단원	(denouement)
마지막 서스펜스	(final suspense)
결말	(conclusion)

3.1.3. 통합적인 구조를 나타내는 프로필(profile)

한 담화 내의 여러 가지 요소에서 각기 다른 표층적인 특징들이 별견되고, 줄거리상에서 가장 주목할 만한 특징을 가지는 것은 절정이나 대단원에 상응하는 피크 부분이라고 앞에서 언급한 바 있다. Longacre (1981: 337)는 담화 내에서 긴장이나 흥미가 올라가고 내려가는 것을

〈그림 1〉 세 가지 다른 프로필

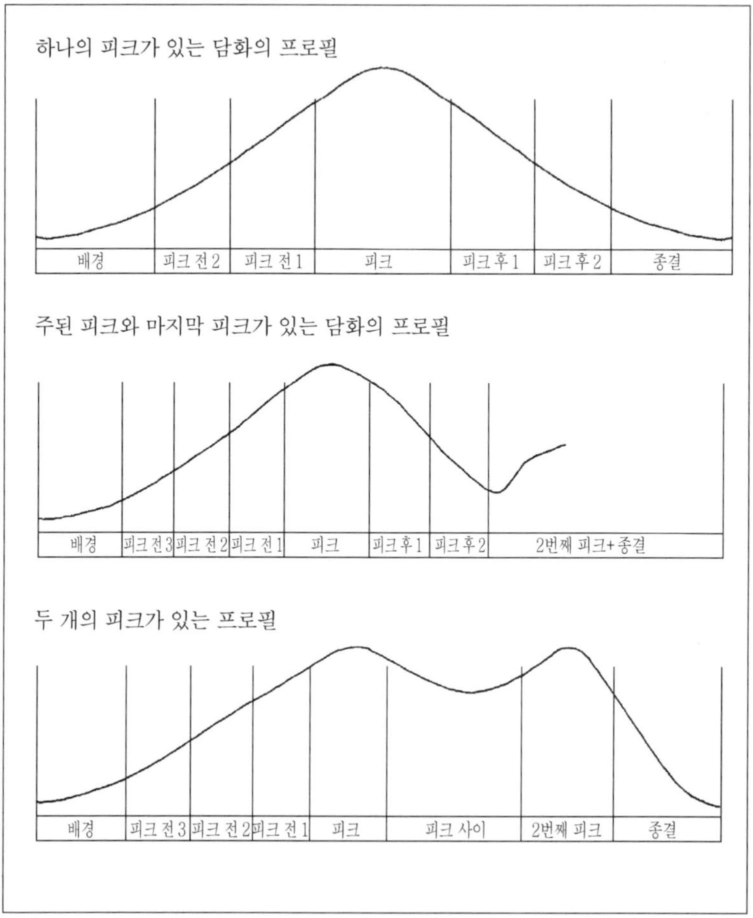

언어적으로 반영하는 것을 설명하기 위해서 "프로필"이라는 은유적인 표현을 쓰고 있다. 이러한 언어적 반영이 주로 피크 부분에 집중되어 있기 때문에, 이야기들은 피크가 어디에서 일어나느냐에 따라 다른 프로필을 지니게 된다. Longacer(1981: 356-357)가 발표한 세 가지 프로필은 <그림 1>과 같다. 대부분의 담화는 하나의 피크 에피소드가 이야기 중간이나 조금 지나서 일어난다. 그러나 창세기의 홍수이야기(Longacre 1985)처럼 주된 피크 후 마지막에 교훈적 주제를 포함하는 피크(thematic, didactic peak)가 종결과 함께 하는 프로필도 있고, 이야기 중간에 주된 피크와 두 번째 피크가 둘 다 사건 중심의 행동 피크(action peak)로 나타나는 프로필도 있다. 이처럼 두 개의 피크가 있는 담화의 프로필(창세기의 요셉이야기와 같이)에서는 두 개의 행동 피크 에피소드 사이에 다른 하나의 에피소드(interpeak)가 있을 수 있다(Longacre 2003b).

3.1.4. 문단 분석

문단 분석은 담화를 연구하는 데 중요한 역할을 한다. 왜냐하면 문단이 담화를 생성하는 발달단계에 놓여 있기 때문이다(Longacre 1979a, Hwang 1989). 하나의 문단은 대개 한 에피소드로 기능한다. 그리고 담화는 무대배경(stage)과 종결(closure) 요소뿐만 아니라, 하나 혹은 그 이상의 에피소드로 구성되어 있다. 무대배경 부분은 담화가 일어나는 장소를 제공하며 등장인물들의 소개도 이 부분에서 이루어진다. 종결은 이야기의 결말이 나는 부분이다. 몇 개의 문단들이 모여서 하나의 에피소드를 만들 때, 그 에피소드는 종속되어 있는 담화라고 여긴다.

에피소드와 담화, 그리고 문단 사이의 관계는 Longacre(1996: 270-274)가 제시한 다음의 공식에 의해 살펴볼 수 있다.

담　　화 = 무대배경, 에피소드 1, 에피소드 2, … n, 종결
에피소드 : {문단/담화}

즉, 담화는 무대배경과 하나 이상의 에피소드와 종결로 구성되어 있으며, 에피소드는 하나의 문단이나 하나의 종속된 담화로 이루어진다. 구성은 등호(=)로 표시되고 기능적 위치(slot)와 분류 항목(class)의 관계는 콜론(:)으로 표시된다. 슬래시(/)는 중괄호({ }) 표시와 함께 선택을 나타낸다.

바꾸어 말하자면 담화의 구성과 기능적 위치(slot)와 분류항목(class) 간의 관계는 다음과 같은 Tree-Diagram(나뭇가지처럼 분류하는 방법)으로 표시할 수 있다.

담화

표층구조 위치:	무대배경	에피소드들	종결
표층구조 분류항목:	{문단/문장}	{문단/담화}	{문단/문장}

즉 무대배경은 첫 번째 문단이거나, 에피소드를 만들어내는 첫 번째 문단에서 하나의 문장으로 나타날 수도 있다. 종결도 마지막 문단일 수도 있고, 에피소드를 만드는 마지막 문단에 포함될 수도 있다. 에피소드는 하나의 문단이나 종속된 담화로 이루어진다.

문단들은 단지 줄을 띄어 쓰거나 구두점으로 구분되는 것이라기보다는 시간적, 논리적, 장소적 진행에 갑작스러운 변화를 지니고 있지 않은, 일반적으로 하나의 문장보다 큰 덩어리들이다(Longacre 1979a, Hwang 1989). 다음은 한국어에서 문단들의 몇 가지 일반적인 특징이다.

1. 시간적 표현에 의해 나타나는 시간의 경과나 불연속성

2. 장소의 변화
3. 등장인물의 변화
4. 주제의 변화
5. 다른 문단 형식과 현저히 대조되는 문단의 명시
6. 앞 문장의 마지막 절의 반복(back reference)이나 접속사 사용

앞에 나열한 목록 중 어느 것 하나도 새로운 문단을 명백하게 구분지을 수는 없다. 따라서 우리는 문단을 분석할 때 일반적으로 이러한 여러 가지 요소가 함께하는 것을 발견하게 된다.

3.2. 한국 설화의 통합적인 구조

3.2.1. 선택된 설화들에 대한 일반적인 설명

이 연구는 한국어로 쓰인 여덟 개의 이야기에 기초를 두고 있다. 이 이야기들은 여러 번의 개작과 수정의 과정을 거쳐 구어체 담화보다 훨씬 명료한 구조를 보여 주는 문어체 이야기들이다. Hinds(1975: 84-85)는 Longacre의 담화 유형을 한국 담화에 적용하면서 "종종 비즉흥적인 이야기들이 구조적으로 가장 명료하다"라고 언급했다.

혹자들은 기록된 담화가 즉흥적으로 구술된 담화보다 더 인위적이며 부자연스럽다고 주장할지 모른다. 그러나 분석에서는 일반적으로 보다 간단한 것에서 복잡한 것으로 나아가야 한다는 원칙이 있기에, 기록된 담화가 인위적이며 부자연스러울 수도 있지만 복잡한 구술된 담화보다 이용하기에 간단한 자료라고 생각한다.

이 이야기들은 한 사람이 다른 사람들에게 말하는 독백 형식으로 되어 있다. 그렇지만 이러한 이야기에서도 사람들 사이(혹은 사람과 동

물 사이)의 상호작용으로 일어나는 일련의 사건들이기 때문에 인용문 대화도 흔히 사용된다. 여덟 개 중 하나의 이야기에서만 직접적으로 인용된 말이 전혀 없고, 네 개의 이야기에서는 대화에서 가장 명백한 형식인 드라마 기법을 인용 형식(quotation formula)을 사용하지 않고 자유롭게 쓰고 있다. 이러한 드라마 기법을 (인용 형식 없이)자주 사용하는 것은 풍부한 존대법 등 다양한 화계(speech level)를 가지고 있는 한국어의 특징 때문이라고 볼 수 있다(cf. 이영옥 2002, Hwang 2011).

이러한 화계는 나이와 사회적 지위, 권력과 일체감 같은 사회언어학적인 면을 직접적으로 반영한다.[2] 그러므로 다음과 같은 방법을 이용해서 '말하고 있는 사람이 누구인지' 명확하게 알 수 있을 것이다.

1. 대명사 사용의 형태, 예를 들면 드라마에서 1인칭 2인칭 대명사가 존칭 형태인지 평범한 형태인지.
2. 명사나 동사의 끝에 경어형을 나타내는 접미사의 사용.
3. 형식적, 반형식적, 비형식적이거나 형식을 갖추지 않은 구어체의 화계를 알려주는 문장의 끝말들의 사용. 또한 가끔씩 명사를 호격으로 사용함으로써 화자가 누구인지 구분할 수 있다.

여덟 개의 설화 중에 여섯 개는 주로 어린이들을 위해 쓰인 민간설화, 곧 민담이다. 그리고 나머지 두개는 어른들을 위해서 쓰인 단편이다. 대부분의 단편들이 몇 백 개의 문장을 훨씬 넘을 만큼 길기 때문에 상대적으로 짧은 두 개의 어른들을 위한 단편을 선택한 것이다. 어린이를 위한 민담들은 보통 다루기 적당한 길이이고 어느 정도 현대 소설의

---

2) 예를 들면 인구어에서, 프랑스어의 'tu'(you), 'vous'(복수형을 you의 존칭으로)의 사용 등 유사한 상황들을 정리해 놓은 Brown과 Gilman(1960)이 있다.

'표준'적인 특징들을 반영하고 있기도 하다.

이 이야기들의 제목은 다음과 같다(괄호 안의 생략된 제목은 예문을 제시할 때든지 간단한 제목이 필요할 때 쓰인다). 전체 텍스트는 부록에 포함되어 있는데, 텍스트마다 문장별로 일련번호를 매기고 문단 경계는 한 줄을 띄어서 표시한다.

민담:
1. 효녀 심청 (심청)
2. 미녀와 스님 (스님)
3. 은혜 갚은 까치 (까치)
4. 은혜 모르는 호랑이 (호랑이)
5. 해와 달이 된 오누이 (오누이)
6. 모자장수 (모자장수)

단편:
7. 물매미 (물매미)
8. 이런 음악회 (음악회)

민담은 종종 문화를 반영하므로 귀중한 인류학적 정보의 근원으로 밝혀지기도 한다. 예를 들어 Barnouw(1973: 373)는 "한 사회 내에서 널리 유행하는 가치관이나 태도들은 종종 민담에 명확하게 표현된다"라고 말했다. Mayers와 McNeilly(1973)는 포콤치(Pocomchi) 인디언 족의 옥수수 이야기(corn tales)를 세 가지 방언으로 비교 분석한 바를 발표하고 이 사실을 실제로 입증했다. 그 이야기들은 흥미로울 뿐만 아니라 매우 정확한 인류학적 정보를 반영하고 있었던 것이다. 반대로, 자신들의 문화가 아닌 다른 문화의 이야기들을 이해하려고 시도할 때 잘못된 정보를 추론하게 될 수도 있다. Bohannan(1971: 13)은 햄

릿에 대한 해석, 특히 초자연적인 현상들에 관하여 서아프리카의 티브(Tiv) 화자들이 어떻게 전혀 다른 의미를 제공하는지에 대해 말하면서, 이 문제에 대해 설명했다.

이 연구에서 분석된 텍스트들 중에 민담들은 두 개의 단편보다 한국 문화의 특징을 훨씬 더 많이 드러내고 있다. 계용묵의 단편 「물매미」는 사회적인 문제를 작품에 드러내고 있는데 그 문제 자체는 해결되지 않은 채 이야기가 끝난다. 민담에서는 모든 것들이 비교적 확실하게 설명되어 있고 어떤 경우에는 마지막에 교훈이 분명하게 주어지기도 하는데, 어떤 소설들은 종종 해결이 제대로 나지 않는 상황에서 끝마친다. 그러한 끝마침은 독자가 그 이야기들이 제시하는 문제에 대해 생각하게 만든다. 다른 단편 김유정의 「이런 음악회」는 음악회에서 응원하는 내용인데 단순히 그곳에서 무슨 일이 일어났는지에 대한 1인칭 화자의 생각을 다루고 있다.

민담에 있어서, 등장인물, 소품, 주제들에 대하여 특유한 문화적 지식은 올바른 이해를 위해 필요하다. 이 연구에서 다룬 민담들을 통해 이러한 사전 지식이 필요한 정도가 다양하다는 것을 주목할 수 있다. 예를 들어 이 여섯 개의 민담 중에서 가장 잘 알려져 있는 「효녀 심청」은 이러한 세 가지 문화적 고려 사항에서 우리에게 매우 친숙한 한국 문화 고유의 구체적인 특징들을 지니고 있다. (1) 등장인물에서는 친절한 이웃, 스님, 눈먼 아버지에게 헌신적인 소녀를 특징으로 하고 있고, (2) 소품 중에서 주된 것은 우리 문화에 가장 밀접히 관련되어 있는 쌀(삶을 상징)과 이 이야기에서처럼 흔히 좋은 것과 신비로운 것으로 비유되는 연꽃, (3) 주제 면에서는 우리가 듣고 또 들었던 공자의 가르침 중의 하나인 부모에 대한 효성이다. 이와 마찬가지로 「미녀와 스님」,

「은혜 갚은 까치」, 「은혜 모르는 호랑이」 이야기 모두 우리 문화에서 친숙한 등장인물들(서울로 과거를 보러 가는 젊은이, 까치, 호랑이, 황소, 소나무, 토끼, 뱀 등)이 나타난다. 또 탑, 절, 종(鍾), 화살, 대부분의 결혼한 여성들이 사용했던 비녀 등 친숙한 소품을 사용하고 있다. 주제와 관련해서는 이 세 가지 이야기들 모두가 같은 메시지, 즉 교훈적인 주제인 보은을 전달하고 있다. 그 주제는 바로 우리가 은혜를 갚아야 하며 우리가 받았던 호의나 도움을 되돌려 주어야 한다는 것이다.

이와는 대조적으로, 민담 「해와 달이 된 오누이」는 문화적인 면이 덜 드러난다. 즉 등장인물(어머니, 아이들, 호랑이)과 소품들(수수떡, 해, 달, 동아줄)은 다른 문화적 배경으로 쉽게 옮겨질 수 있는 것들이다. 「해와 달이 된 오누이」에서는 늑대 대신 호랑이가 등장하지만, 서구의 『늑대와 일곱 아기 염소』(The Wolf and the Seven Little Kids)와 비슷한 점이 많다. 주제도 특정 문화를 반영하는 것이 아니다. 곧 호랑이는 나쁜 짓을 했기 때문에 벌을 받고 우리는 착하게 살아야 한다는 주제이다. 마지막으로 「모자장수」 또한 특정 문화를 반영하는 것은 아니다. 사실 작품의 등장인물들과 소품들은 오히려 한국인들에게 이국적인 것이다. (1) 모자들(이 이야기에서 남자, 여자, 아이들, 그리고 원숭이들까지 쓰는 것)은 전통적인 것이라기보다는 근대적인 서구 스타일을 언급하고 있는 듯하다. 또한 (2) 한국에서는 원숭이들이 자유롭게 돌아다니지 않고, 우리는 원숭이들을 동물원에서만 볼 수 있다.[3)]

---

3) 나는 이 이야기가 다른 문화에서 기원했을지도 모른다는 의심을 확인했다. 인도에서 온 한 학생이 이와 아주 비슷한 인도 이야기를 알고 있었다.

3.2.2. 「효녀 심청」의 구조

여기서 사용한 「효녀 심청」[4] 텍스트는 어린이들을 위해서 간략하게 쓰인 것이다.[5] 한국인들은 눈먼 아버지를 위해 희생한 가난한 소녀 심청이의 이야기를 몇 가지 버전으로 듣고 읽으면서 성장한다. 그리고 우리는 그녀를 동정하고 그녀의 효심에 감동을 받는다. 이 이야기에서 시력을 되찾기를 바라는 아버지 심 봉사는 많은 양의 쌀을 절에 기부하겠다고 약속해 버리는 중대한 실수를 저지른다. 하지만 그들은 쌀을 구할 방도가 없다. 그래서 심청이는 자신을 용왕에게 제물로 바치고, 그 대가로 쌀을 구할 수 있게 된다. 바다에 뛰어든 후 그녀는 연꽃에서 환생하게 되고 왕비가 된다. 그 후 그녀는 궁전에서 열린 눈먼 사람을 위한 잔치에서 아버지를 다시 찾게 되고 행복하게 산다.[6]

이 이야기는 도입(aperture), 무대배경(stage), 세개의 에피소드, 종결(closure)로 구성되어 있다. 도입부는 '옛날' 이라는 상투적인 어구로 시작하는데, 이것은 단지 표층적인 특징에 불과한 것으로 간주된다. 세 개의 에피소드는 하나의 종속된 담화로, 각각 고유한 담화구조를 지니고 있다. <표 1>은 이야기의 통합적인 구조에 대한 분석을 보여 준다. 세로 열은(왼쪽부터 오른쪽으로) (1) 표층구조 위치(slot)와 심층 플롯구조상의 위치와의 상호연관성, (2) 각 부분의 문장번호들(드라마

4) Pike와 Pike(1977)의 이론적인 프레임으로 이 이야기를 연구했던 Hwang(1980)을 참조하라. 그 연구에서는 계층 간의 구조를 다루면서 구성요소, 등장인물들, 사건, 주제 그리고 상호작용 등 이야기의 내용을 전체적으로 조망하고 있다.

5) 보다 긴 버전은 소설 두 권짜리도 있다. 현 버전의 작가인 김상덕은 이 이야기가 사오백 년 전에 나온 것이라고 한다.

6) 자신의 목숨을 희생하면서까지 공양미 300석을 바쳤지만, 심청이는 아버지가 눈을 떴으리라고 기대하지는 않은 것 같다. 눈 먼 사람을 위한 잔치를 차리고 아버지를 찾으려 하기 때문이다.

형식에서의 삽입 문장들은 D로 표시), (3) 각각의 에피소드와 배경에 상응하는 문단번호, (4) 각 부분의 내용 요약, (5) 그 경계 부분에서의 시간, 장소의 표현과 접속사들을 보여 준다.

Cassirer(1961)와 Pike(1982)가 제시했던 세 가지 관점에 의하면, 전체 도표는 이야기의 전체적 구조를 장(field) 관점으로 보여 준다. 반면에 각 부분 사이의 가로 줄들은 요소들을 끼리끼리 모아 개별적인 단위들을 분할하려는 입자(particle) 관점을 제시한다. 하지만 이 도표에서 분명하지 않은 것은 이야기의 결합에 중대한 공헌을 하는 파동(wave)에 대한 관점이다. 그러나 우리가 내용 요약을 읽기 시작하면, 우리는 이야기의 흐름을 행위자 라인과 사건 라인 모두에서 감지할 수 있다.[7] 각각의 부분에서의 중심 내용을 요약했기 때문에, 그 내용들은 단지 이야기의 의미만을 보여 준다. 표층구조에 의한 이야기 흐름에서의 파동 관점은 '어느 듯', '얼마 후에'와 같은 시간을 나타내는 표현들과 '그러므로', '그리해서'와 같은 접속사에서 드러난다. 이야기의 경계 부분에 나타나는 이러한 시간적 표현과 접속사들은 어떤 맥락에서는 두 가지 상반하는 기능을 한다. 문단과 에피소드를 구분하는 역할도 하고, 반면에 경계를 가로질러 그것들(문단과 에피소드)을 결합시키기도 한다.

하지만 <표 1>은 이야기에서 가장 두드러진 에피소드만을 보여 주는 간략한 도표이다. 이 표를 완성하기 위해서는 이 세 개의 에피소드를 상세히 설명하는 종속된 담화의 구조를 드러내 보이는 것이 필요하다(<표 2-4> 참고). 이러한 종속된 담화들은 그들이 종속되어 있기 때

7) Gleason(1968)의 초기 연구 이후로, 행위자 라인(agent line)과 사건 라인(event line)에 관한 문제들이 학자들의 관심을 끌어왔다.

〈표 1〉「효녀 심청」의 통합적 구조

표층 위치	플롯 위치	문장 (D=직접화법)	문단	내용	시간/장소/접속사
도입		1	1	아버지에게 효성스런 심청이가 살고있다.	옛날
무대배경	설명부	2-5		심청이는 일찍 어머니를 잃고 눈먼 홀아버지를 효성스럽게 모신다.	
에피소드 1 (피크 전) <표 2>	발단	6-60 (9-60D)	2-3	아버지 심 봉사가 개천에 빠지고 구해준 스님에게 쌀을 공양하기로 약속한다. 그는 심청이에게 이 사실을 말한다.	어느 날
에피소드 2 (피크) <표 3>	절정	61-82 (64-68D)	4-6	심청이는 쌀을 얻기위해 뱃사람들에게 자신을 팔고 바다로 뛰어든다.	어느 듯
에피소드 3 (피크 후) <표 4>	대단원	83-93 (90-91D)	7-8	심청이는 연꽃에서 다시 환생해서 왕비가 된다. 그 후 아버지와 재회한다.	얼마 후에
종결	결말	93		심 봉사는 오랫동안 딸과 함께 행복하게 산다.	그리해서

문에 전체 이야기라는 보다 큰 내용에 의존적이다. 그러므로 2장에서 논의되었듯이 담화라는 용어의 의미적이고 화용적 의미에서 그들은 전체적인 담화로 간주될 수는 없다.

이 이야기의 첫 번째 종속된 담화는 에피소드 1의 기능을 하는데, 상황에서의 갈등을 드러낸다. 즉 심 봉사는 쌀 300석을 절에 기부하겠다는 것이 그의 능력 밖이라는 것을 잠시 깨닫지 못하고 약속을 해 버리는 중대한 실수를 저지르고 만다. 에피소드 1의 대단원에서 심 봉사가 딸에게 그 딜레마를 말함으로써 이야기의 긴장감이 더러 줄었을지도 모른다. 하지만 그 갈등은 여전히 풀리지 못한 채 남아 있다.

에피소드 2를 설명하는 종속된 담화에서도 똑같은 패턴이 적용된다. 가난한 소녀가 절에 낼 쌀을 구하기 위하여 용왕에게 제물로 팔려 간다. 그러므로 에피소드 1의 갈등은 뱃사람으로부터 쌀을 구함으로써 해결되지만 전보다 더 큰 새로운 갈등이 에피소드 2에서 일어난다. 곧 한 문제의 해결이 바로 새로운 문제를 불러오는 것이다. 에피소드 2는 심청이 바다에 뛰어드는 순간 또는 바로 그 직전에 그녀가 기도하는 장면으로 끝난다. 에피소드 3은 그녀의 환생이라는 기적적인 사건을 통하여 그 두 번째 갈등을 해결한다. 마지막 해결은 심청이 왕비가 되어서 아버지를 재회하는 것으로 이루어진다. 게다가 눈먼 심 봉사는 딸을 보고자 하는 강력한 소망으로 재회하는 순간 기적적으로 눈을 뜨게 된다. 그러므로 이야기에서의 모든 갈등은 다른 새로운 갈등이 일어나지 않은 채 이곳에서 해결된다.

에피소드 1	쌀에 대한 갈등
에피소드 2	해결(=곧 심청이에 대한 갈등 시작)
에피소드 3	해결

〈표 2〉「효녀 심청」 에피소드 1의 통합적 구조

표층 위치	플롯 위치	문장	문단	내용	시간/장소/접속사
무대배경	설명부	6-8	2	심 봉사가 딸을 만나러 나간다.	어느 날
피크 에피소드	절정	9-36D		그는 개천에 빠지고 시력을 되찾기 위해 스님에게 쌀을 바칠 것을 약속한다.	
피크 후 에피소드	대단원	37-60D	3	심청이 집으로 돌아왔을 때 그는 그 사건을 딸에게 말한다.	

〈표 3〉「효녀 심청」 에피소드 2의 통합적 구조

<table>
<tr><th>표층 위치</th><th>플롯 위치</th><th>문장</th><th>문단</th><th>내용</th><th>시간/장소/접속사</th></tr>
<tr><td>무대배경</td><td>설명부</td><td>61-62</td><td rowspan="2">4</td><td>쌀을 기부하기로 약속한 날짜가 다가온다. 심청이는 아버지를 위해 기도한다.</td><td>어느 듯</td></tr>
<tr><td rowspan="2">피크 전 에피소드</td><td>발단</td><td>63-68 (64-68D)</td><td>심청이는 귀덕이 어머니로부터 뱃사람에 대해서 듣는다.</td><td>하루는</td></tr>
<tr><td>전개</td><td>69-74</td><td>5</td><td>심청이는 쌀을 구하기 위해 자신을 뱃사람들에게 판다. 이웃들이 그녀를 위로하며 눈물을 흘린다.</td><td></td></tr>
<tr><td>피크 에피소드</td><td>절정</td><td>75-82</td><td>6</td><td>심 봉사가 절규하지만 심청이는 뱃사람들과 함께 바다로 나간다. 제물을 바치는 의식후에 바다에 뛰어든다.</td><td></td></tr>
</table>

〈표 4〉「효녀 심청」 에피소드 3의 통합적 구조

<table>
<tr><th>표층 위치</th><th>플롯 위치</th><th>문장</th><th>문단</th><th>내용</th><th>시간/장소/접속사</th></tr>
<tr><td>무대배경</td><td>설명부</td><td>83</td><td rowspan="2">7</td><td>예쁜 연꽃이 바다에서 피어나 해변에 도달한다.</td><td>얼마 후에</td></tr>
<tr><td>피크 전 에피소드</td><td>발단</td><td>84-85</td><td>심청이가 연꽃에서 나와 왕비가 된다.</td><td></td></tr>
<tr><td>피크 에피소드</td><td>절정</td><td>86-92 (90-91D)</td><td>8</td><td>심청이는 소경들을 대궐로 초대하여 아버지와 재상봉하고, 심 봉사는 딸을 보고자하는 강력한 소망으로 인해 눈을 뜨게 된다.</td><td></td></tr>
</table>

앞선 논의들에서 우리는 하나의 종속된 담화가 전체 구조 내의 위치에 따라서 다른 종속된 담화와 어떻게 다른지 볼 수 있다. 종속된 담화들의 구조를 문법적으로 관찰하면, 표층 위치나 플롯상(개념상)의 위치들이 연속되는 문단들에 의해 구분된다는 것을 알게 된다. 무대배경

이 대개 한 문단의 첫 부분일 뿐 문단 전체가 아닌 반면에, 피크 전, 피크, 피크 후의 에피소드들은 문단들에 의해 이루어진다. 그 에피소드들 중의 어떤 것이 몇몇 문단들로 구성된 한 담화로 이루어져 있다면, 그것은 또 종속된 담화를 나타낸다. 2장에서 담화의 전체성에 대해 논의하면서, 독립적인 형식의 담화를 다루었다. 하지만 절이나 문장 같은 다른 구조적인 층위에서처럼, 담화층위에서도 독립적인 것과 의존적인 것 두 가지 모두를 기억하는 것이 필요하다. 형식적으로 불완전하고 의존적인 종속절(dependent clause)도 절인 것과 마찬가지이다.

전체 이야기 구조가 종속된 담화를 포함하고 있다고 설명하는 것은 이야기가 선형적이거나 통합적일 뿐만 아니라 계층적으로 구성되어져 있다는 것을 반영한다. 우리는 van Dijk와 Kintsch 같은 텍스트 언어학자들이 담화를 유사하게 보았다는 것을 알게 된다. 어떤 특정한 담화의 전체적인 내용인 거시구조(macrostructure)에 대한 그들의 생각은 담화에 구조가 있다는 개념화에 의해서만 가능한 것이다(van Dijk 1980). 인간의 이해 과정을 이해하려고 하는 그들의 노력이 인지심리학과 연관되어, van Dijk(1977b)와 Kintsch(1977)는 상부구조(super-structure)와 프레임(틀, frame) 같은 개념을 이용하였다. "상부구조는 담화의 구성 원리들이다"(van Dijk 1977b: 18). 그러므로 그것은 계층적인 성격을 지니고 있고 일반적인 구문론을 명시하고 있다. 반면에 프레임들은 "의미론적 기억의 구성원리들"이고, 상호 기대와 상호작용에 따라 구성되는 관습적인 지식의 단위들이라고 설명한다. 그러므로 van Dijk와 Kintsch는 두 가지 방향으로 일어나는 복잡한 상호작용으로서의 인지 과정을 다루고 있다. 위에서 아래로 내려가는 과정(top down, 스키마나 상부구조 사용)과 밑에서 위로 올라가는 과정

(bottom up, 텍스트에 의해 제공되는 암시들이나 프레임을 사용하는 귀납적인 해석)이다. 이와 같이 그들의 견해는 이해 과정에서 상반되는 방향으로 일어나는 두 가지 접근법을 종합한 것이다. (1) "위에서 아래로"의 방식이 강조되는 Rumelhart의 통사적 설화 접근 방식(1975, 1977)과, (2) 사건들 간의 인과관계 및 다른 관계를 나타내는 "밑에서 위로"의 접근 방법이 강조되는 Schank와 Abelson(1977)과 Black과 Wilensky(1979)의 의미론적이고 추론적 지식 접근 방법이다.

van Dijk(1977a, 1977b, 1980)는 담화의 거시구조가 일반화, 삭제, 해석, 발췌(즉 밑에서 위로의 접근 방법) 등의 거시 법칙들에 의해 이끌어지는 것이라고 본다. 하지만 그것은 회상하거나 요약할 때뿐만 아니라 처음 이해할 때 이루어지는데 관례적인 이야기의 스키마, 즉 위에서 아래로의 접근 방식을 이용해서 이루어진다. 거시구조는 인간의 장기기억 속에 저장되어 있고 요약 내용에 직접적으로 반영된 것이라고 본다.

그렇지만 기억에 관한 한, 한 사람이 기억하는 것이 계층구조상의 지배적인 요소일 필요는 없다. 때때로 우리는 다른 어떤 것과 관련된 사소한 것들을 기억한다. 이러한 연상 작용은 프레임이나 스크립트(script)를 이용하여 설명될 수 있다(Schank와 Abelson 1977). 그러므로 텍스트 언어학자들의 종합적인 접근 방식을 통해 담화의 제작(production)과 이해(comprehension), 그리고 회상(recollection)을 설명할 수 있다.

이러한 견해들을 설화에 가까이 연관시켜 보면 <표 1>에서의 세 개의 에피소드의 단계가 이야기의 거시구조와 일치할 수 있다. 거시구조의 보다 깊은, 세밀한 단계에서는 세 개의 종속된 담화 내의 에피소드들이 있을 것이다. 흥미로운 것은 주로 의미적 근거에서 van Dijk와

Kintsch가 거시구조라고 표현했던 이러한 구분들을, 담화구조 자체 내에서 표층적인 표현들(예를 들면 시제 표현)에 의해 발견할 수 있다는 것이다.[8)]

이 이야기의 에피소드 2 바로 다음 부분에서, 현실세계와 불가사의한 세계의 구분이 흥미롭다. <표 1>에서는 이 구분을 이중선으로 표시하였다. 피크 에피소드까지는 세상에서 일어날 수 있는 가난한 소녀와 그녀의 눈먼 아버지에 대한 이야기다. 하지만 피크 후 에피소드(에피소드 3)에서 일어나는 해결은 민담의 세계에서만 일어날 수 있는 초자연적인 일들이다. (1) 심청이 바다에 빠진 후 연꽃에서 환생하고, (2) 눈먼 심 봉사가 한때 죽었다고 생각한 딸을 보고자 하는 강력한 소망으로 그들이 재회한 자리에서 눈을 뜬다.

이런 구분에도 불구하고 이야기의 두 부분은 밀접하게 관련되어 있다. 이 두 부분은 '상호 관련'의 네 가지 중요한 점들에 의해 응집력 있게 결합되어 있다. 이것은 Erickson과 E. Pike(1976)에 의해 제시된 것으로써 말하자면 "나-너-지금-여기"(I-thou-now-here)이다. 즉, 같은 등장인물들(심청이와 심 봉사), 같은 장소(바다), '잠시 후에'라는 표현에 의해 나타나는 시간의 연속성이다. 두 부분으로 나누고 있는 줄을 넘어서면 '거울 이미지'(mirror image)가 나타나는데 그것은 마치 긍정적인 것과 부정적인 이미지 사이처럼 사건들과 상황들의 반전을 보여 준다.[9)] 심청은 그 줄의 앞부분에서 바다로 뛰어들고 줄 다음 부분에

---

8) 지시(referential)계층 구조에 관한 토론에서, Pike와 Pike(1977)는 이와 유사하게 의미적, 형태적인 단서들에 근거해서 vector라 불리우는 큰 것에서부터 사건의 보다 작은 조각들까지 나타내는 사건의 계층적인 구성을 보여 준다.

9) Woods(1980)는 할비(Halbi)어의 신화 분석에서 대립(opposition), 반영(reflection), 거울 이미지(mirror image)에 대하여 논의한다.

서는 연꽃에서 환생하고, 줄 앞부분에서 아버지와 헤어지고 다음 부분에서 아버지와 재회한다. 보다 두드러진 두 가지 대조는 가난한 시골 소녀인 심청이 왕비가 되고, 슬픔이 기쁨이 된 것이다.

이 이야기의 각 위치를 표시하는 언어적 특징들을 부록 1을 참고하여 보면, 무대배경 부분에서의 다섯 개의 문장 모두가 과거형 접미사를 사용하고 있고, '살고 있었습니다'와 같이 문장 1은 진행형이다. 영어가 'sense'나 'know'와 같은 동사들을 진행형으로 쓰지 않는 반면에, 한국어에서는 계속되는 상태를 나타내기 위해 동사들을 진행형으로 자유롭게 사용할 수 있다(E. Lee 2006). 진행형이 나타나지 않으면 시간에 있어서 한 시점만을 나타내는 경향이 있다. 그래서 '알았다(knew it suddenly)'는 순간의 과정의 뜻을 함축하고 있으며, '알고 있었다(knew it all long)'는 상태의 뜻을 함축하고 있다. 무대배경 단계에서 '살다(live)'라는 동사의 경우, 영어에서는 단순 과거형을 사용하는 반면에(예를 들면 'There lived a pretty little girl') 대부분의 한국의 이야기는 동사 '살다(live)'가 '살고 있었다'라고 진행형으로 시작한다. 또는 '있었다' 같은 존재 동사가 사용된다. 무대배경 부분에서의 과거시제는 이야기의 주된 에피소드들로 이끌어가는 이전의 사건들을 언급하기 위해 사용된다. 하지만 과거와 현재 시제 모두 무대배경 부분에서 사용된다.

이 버전의 이야기는 드라마 기법을 적용하는 데 있어서 특이하다. (드라마는 인용 형식을 사용하지 않고 진행되는 대화들을 가리킨다.) 부록 1에 있는 텍스트에서 볼 수 있듯이 화자의 이름 뒤에 콜론(:)이 붙는다. 문장 92는, 같은 문장 내에 직접화법과 인용부호로 연결되어 있는 서술기법을 둘 다 지니고 있다. 한국 설화에서 보다 흔히 사용되는 대화 형식은(화자와 동사를 포함하는) 인용 형식(quotation formula)을 띤다(Hwang 2011). 그러나 문맥, 말하는 형식, 화계(speech level)를 통해 화자가 누구인지 구분할 수 있기 때문에 인용 형식은 어느 정도 생략될 수 있다.

드라마 기법은 「효녀 심청」의 93개의 문장 중 50개 이상을 차지하고 있는 에피소드 1에 집중적으로 나타난다. 이 드라마 기법은 이야기에서 첫 번째로 흥미가 고조되는 부분(눈먼 아버지가 개울에 빠지는 중요한 사건)을 나타내고 있다. 또한 그 부분은 다음 사건들을 일어나게 하는 원인을 직접적으로 제공하는 부분이기도 하다. 에피소드 1의 피크 부분에서 스님은 드라마 형식으로 불교 경전의 '나무아미타불 관세음보살'을 다섯 차례나 되풀이하여 말한다. 이 말은 문자 그대로 '구해주소서, 자비로운 부처님, 자비로운 신이시여'를 뜻한다. 하지만 대부분의 사람들에게 그 암송은 그러한 의미로 받아들여지지 않고(많은 사람들이 그 의미를 모를 수도 있다) 스님들이 목탁을 치면서 계속 되풀이하여 말하는 불교 경전이나 다른 어떤 것으로 받아들여진다. 그러므로 스님이 되풀이해서 암송하는 것은 의성어 같은 효과를 가져온다. 또한 에피소드 1을 통해서 눈먼 아버지가 그의 돌이킬 수 없는 실수 때문에 한탄하는 소리를 들을 수 있다. 에피소드 1과 비교해서 이야기의 나머지 부분은 드라마 기법을 적게 사용함으로써 빨리 진행된다. 이런 특징들로 독자나 청취자의 마음속에 이 부분이 이야기의 발단 부분(inciting incident)이라는 것을 명시해 준다.[10]

에피소드 2는 전체 이야기의 절정 부분(<표 1> 참조)인데 그 자체가

10) Beavon(1979)는 간지메(Konzime)어의 설화를 분석하면서 전개 부분을 나타내는 에피소드에서 피크 부분과 유사한 특징을 갖는다고 주장한다.

종속된 담화이다. 이 종속된 담화의 절정 부분(<표 3>)은 표층구조상 피크 에피소드(문장 75-82)로 다음과 같은 특징들이 있다.

1. 주요 인물들뿐만 아니라 주변 인물들도 등장한다(심청, 아버지, 뱃사람들, 마을사람들).
2. 이때까지 행위자로 활동적이던 여주인공이 시련을 겪게 된다. 그녀는 이 부분에서 주제와 관련되지만 행위자 역할이 별로 없다.
3. 문장 79에서 보통 구(舊)정보를 나타내는 주제조사 '는' 대신에 주격조사 '가'가 심청에게 사용되었다. 이것은 행동보다 인물에 초점을 맞추는 것이다(5장 5.4.3 참조). '심청이가 뱃사람을 따라 바다로 나갔다.'
4. 직접적인 인용으로, 심 봉사의 한탄과 아버지를 위한 심청의 기도를 들을 수 있다. 특히 문장 76은 호격으로 시작하는 수사학적 의문 형식을 지니고 있다. '아가! 내가 너를 잃고 눈을 뜨며는 무슨 소용이 있겠느냐?'
5. 뱃사람들이 제사를 지낼 때 북을 두드리는 의성어인 '둥둥'이 사용된다.
6. 마지막으로 일종의 '마이너스 기법'이 있다. 심청이 바다에 뛰어드는 절정 부분의 사건이 서술되지 않는다. 우리는 단지 문장 82에서 그녀가 기도를 하는 동안이나 그 후에 바다에 뛰어 들었으리라고 추측할 수 있을 뿐이다. 이것은 독자들이 충격을 느끼도록 하는 기능을 가진다. 독자들은 여주인공에게 동질감을 느끼면서, 사건의 명백한 진행에 저항하려 할지도 모르기 때문이다.

에피소드 3(<표 4>)에서, 발단 부분을 나타내는 피크 전 에피소드는 심청이 연꽃에서 나타나 왕비가 되었다는 것을 두 문장으로 간단히 서술하고 있다. 피크 에피소드에서는 많은 사람들이 무대에 등장하고 심청이가 아버지와 기적적으로 재회하면서 이야기가 끝을 맺는다. 하지만 전체 이야기의 피크 부분(즉 에피소드 2의 피크 부분)과 달리, 이때 무대는 이야기의 주된 플롯과 직접적으로 관련이 없는 잔치에 온 사람들로 붐빈다.

이야기의 전체적인 구조는 <그림 2>의 프로필과 같이 나타낼 수 있다. 이 프로필은 세 개의 종속된 담화 내에 각각 하나의 피크가 있지만 에피소드 2의 피크가 다른 두 에피소드의 피크보다 높다는 것을 보여 준다.

<그림 2> 「효녀 심청」의 프로필

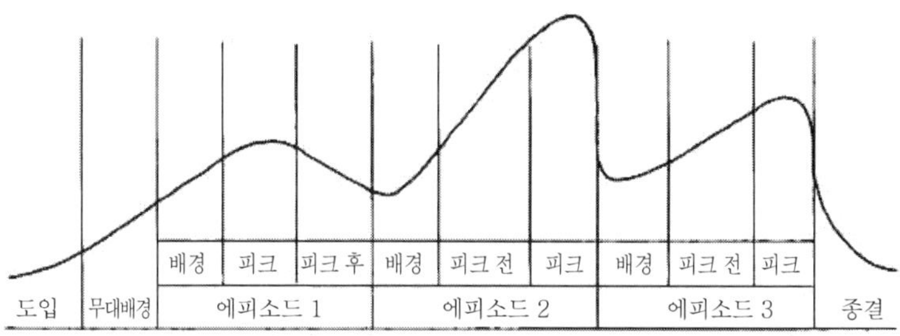

에피소드 1이 피크 전 에피소드 없이 피크 후 에피소드가 있는 반면에, 다른 두 개의 에피소드는 피크 후 에피소드가 없이 피크 전 에피소드만이 있다. 그러므로 그 프로필 곡선은 에피소드 2와 에피소드 3 뒤에서 급격하게 떨어진다. 프로필의 곡선은 뚜렷하게 파동 성격을 보인다. 이야기의 연결은 계속 이어지는 선을 통해서 알 수 있으며, 중요한 피크 부분은 프로필의 높이로 알 수 있다.

3.2.3. 「미녀와 스님」의 구조

「미녀와 스님」[11]의 전체적인 구조는 <표 5>에 나타나는 이중선을

11) 이 이야기는 직접화법이 없고 문장이 28개로 비교적 짧으면서 한국 문화를 잘 보여 주는 관계로 나는 여러 논문에서 샘플 텍스트로 사용했다(Hwang 1989, 2006, 2015; Longacre와 Hwang 2012, 7장).

〈표 5〉 「미녀와 스님」의 통합적 구조

표층 위치	플롯 위치	문장	문단	내용	시간/장소/접속사
프롤로그		1-2	1	오누이 탑에 관한 전설이 있다.	충청남도 동학사 뒤에
무대배경	설명부	3	2	스님이 혼자서 불공을 드리고 있다.	
에피소드 1 (피크 전)	발단	3-12		호랑이가 슬프게 운다. 스님이 호랑이의 목구멍에 있는 비녀를 뽑아 준다.	어느 날 깊은 밤
에피소드 2 (피크)	절정	13-27	3-4	호랑이가 한 여인을 스님에게 데려온다. 그녀는 자신을 구해 준 스님과 함께 지내고자 집으로 돌아가지 않는다.	이 일이 있은 지 며칠 후의 새벽이었다
종결	결말	27		그녀는 스님의 누이가 되어 불도에 정진한다.	그리하여
에필로그		28	5	뒷사람들이 그들을 기리기 위해 오누이탑을 세운다	

통해서 알 수 있듯이, 탑의 외부적인 설정과 이야기를 적절히 연결해 주는 프롤로그와 에필로그를 가지고 있다. 부록2의 문장 1과 문장 2는 전설을 지니고 있는 탑을 소개하고, 이것은 전체 이야기의 프롤로그의 역할을 한다. 마지막 문장 28은 이야기를 다시 그 탑으로 돌려 놓는 에필로그의 역할을 한다.

주요 등장인물인 스님은 문장 3에 소개되는데 이야기의 무대배경을 형성한다. 에피소드 1(문장 3-12)은 발단 부분으로서의 기능을 지니며 이야기에 첫 번째 힘을 실어 주는 부분이다. 이 에피소드에서 스님이 호랑이의 목구멍에 걸린 여자의 비녀를 뽑아준다. 에피소드 2(문장 13-27)는 문단 3과 4로 구성되어 있는 종속된 담화를 이룬다. 문장 27은 에피소드 2와 이 이야기를 동시에 끝내는 역할을 한다. 한 가지 요소(문장이나 문단)가 동시에 종속된 담화와 전체 담화의 무대배경이나 종결 기능을 하는 것은 특별한 것이 아니다. 다른 이야기들을 예를 들면 「물매미」(cf. 3.2.8)와 「이런 음악회」(cf. 3.2.9)에서도 이러한 점들을 발견할 수 있다.

〈표 6〉「미녀와 스님」 에피소드 2의 통합적 구조

표층 위치	플롯 위치	문장	문단	내용	시간/장소/접속사
무대배경	설명부	13-14	3	호랑이의 울부짖는 소리가 다시 들린다	이 일이 있은 지 며칠 후의 새벽이었다
피크 전 에피소드	발단	15-20		호랑이가 스님에게 여인을 데려온다. 스님은 그녀를 구해 준다.	
피크 에피소드	절정	21-26	4	그녀는 집으로 돌아가지 않고, 자신을 구해준 스님과 같이 지내기를 원한다.	
종결	결말	27		그녀는 스님의 누이가 되고, 불교에 정진한다.	그리하여

에피소드 2의 피크 전 에피소드에서 호랑이가 감사의 표시로 스님에게 한 여인을 데려다 준다. 스님이 호랑이로부터 자신을 구해 주었다고 생각한 처녀는 문단 4의 피크 부분에서 평생 스님과 함께 지낼 것을 결정한다. 그러므로 이 간단한 이야기의 세 문단(문단 2에서 4까지)은 시간적, 인과적으로 연결된다. 호랑이가 스님에게 은혜를 갚고 싶어하기 때문에 그 에피소드는 다음 에피소드의 원인이 된다. 그리고 이제 처녀가 스님에게 은혜를 갚고 싶어하기 때문에 에피소드 2에서 피크 에피소드와 종결 부분의 사건들은 피크 전 에피소드의 사건들 때문에 일어난다. 시간적 인과적 연결들은 다음과 같다. 시간적인 연결을 완성하기 위해 문단 4에 '바로 직후에'라는 표현을 괄호 안에 넣었다.

이 이야기는 호랑이가 여인을 스님에게 데려온 이유를 제시하지 않

시간		인과관계
어느 날	에피소드 1(문단 2)	원인1(스님이 호랑이를 도와줌)
↓	에피소드 2	↓
며칠 후의 새벽	피크 전(문단 3)	결과1(호랑이가 여인을 데려옴) (=원인2 스님이 여인을 도와줌)
↓		↓
(바로 직후에)	피크와 종결(문단 4)	결과2(여인이 스님의 누이가 됨)

는다. 반면에 문장 24는 문단 3과 4 사이의 인과관계를 에피소드 2에서 제시한다. 「미녀와 스님」으로 한 한 실험에서 미국인 실험 대상자와 한국인 실험 대상자들로 하여금 이 이야기를 요약해서 쓰라고 지시했다.[12] 미국인 다섯 명 중 두 명이 에피소드 1을 요약에 포함하지 않은 반면에 한국인들은 모두 그 내용을 포함하였다. 한 미국인은 나중 인터뷰에서 자신이 첫 번째 부분을 완전히 잊어버렸다고 말하면서 아마도 서구의 관례적인 스키마에 따른 자신의 기대에 맞지 않았기 때문인 듯하다고 했다. 한국인 실험 대상자들이 이 이야기가 인과적, 시간적인 연관이 잘 이루어졌다고 느낀 반면에 몇몇 미국인은 그 이야기의 구조가 잘 이루어지지 않고 느슨하다고 느꼈다고 말했다. 이것은 두 문화에

12) 이 실험에서, 나는 두 개의 한국 이야기(「미녀와 스님」과 「모자장수」)를 한국인 그룹과 미국인 그룹에게 각각 자기나라의 언어로 읽어 주었다. 미국 그룹에게는 영어로 한국 그룹에게는 한국어로 읽어 주고, 그 이야기들을 3-4개의 문장으로 요약하라고 지시했다. 그 실험 결과를 발표하는 <표 7>과 <표 22>에서 한 한국인 실험대상자의 요약을 생략했다. 왜냐하면 너무 상세하게 기록했기 때문이다. 모든 요약에서 나타나는 말들은 이야기에서 나온 것을 재생산하거나 줄인 것이라기보다는 오히려 재구성한 것이었다.

서의 스키마가 서로 다르다는 것을 보여 준다. Kintsch와 van Dijk (1975)은 아파치 인디언(Apache Indian)의 서술 방식이 영어로 말하는 학생들에게 친숙한 서술 방식과 다르기 때문에 그 학생들은 옥수수와 사슴의 기원에 관한 아파치의 신화가 구조적으로 매우 다르며 내용을 회상하거나 요약하기가 어렵다고 느꼈다고 보고했다.[13)]

인과관계를 형성하는 이유들은 직접적으로 이 이야기의 주제를 반영한다. 「미녀와 스님」 이야기는 우리가 감사할 줄 알고, 받은 호의에 대해서는 은혜를 갚아야 한다고 가르치고 있다. 심지어 동물인 호랑이도 이것을 알고 실행에 옮긴다. 그러므로 우리 인간들 또한 이렇게 해야 한다. 하지만 실험에 참가한 몇몇의 미국인 조사 대상자들에게는 이 주제가 명확한 것이 아니었다. 한 미국인 조사 대상자는, 호랑이를 도와줄 만큼 스님이 친절했고 그 여인과의 결혼을 위해 스님으로서 자신의 위치를 포기하지 않았다는 점에서 이 글의 주제를 스님의 친절함과 강인한 성격이라고 말했다. 이를 통해 실험이 이야기의 배경이 되는 문화적인 가정에 익숙한 사람들과 그렇지 못한 사람들 간에 주제와 인과관계를 인식하는 데 차이가 난다는 것을 보여 준다.

각각의 위치를 표시하는 표층적인 특징들을 살펴보면, 우선 프롤로그 부분에 현재시제가 사용되었다는 것을 알 수 있다. 프롤로그에서 탑

13) Kintsch(1977) 또한 알래스카인의 신화들을 사용해서 실험을 하였다. 그 신화들은 미국인의 관습적인 스키마와 맞지 않는 것이었다. 이 신화들은 네 개로 구성된 에피소드가 각각 밀착되어 있지만, 서구의 전통적인 이야기들처럼 어떤 인과적, 시간적인 면에서 서로 관련되어 있지 않다. 이 이야기들은 "'네 개의 원리(principle of fours)'에 의해 같이 일어난다"(51). 그 이야기들에서는 네 가지 도구를 사용하여 네 개의 에피소드와 네 명의 등장인물을 드러낸다. 비록 그 이야기들이 부족에게는 잘 구성되었다고 생각될지 몰라도, 미국 사람들에게는 잘 구성된 것이 아니다. 결과적으로 이야기를 요약할 때 하나의 에피소드 전체가 빠지게 된다.

이 아직까지 남아 있다고 언급한다. 그리고 난 후, 무대배경의 문장 3은 진행형을 띤 과거시제로 표현되어 있다. 이것은 「효녀 심청」의 첫 번째 문장과 같은 시제와 시상이다. 피크에서의 세 문장을 제외하고는 이야기가 주된 에피소드로 발전해 나감에 따라 에필로그까지 과거시제가 규칙적으로 사용되었다.

이 이야기의 특징은 에피소드 2에 종속된 담화의 피크 전 에피소드에서 발견된다. 이 발단 부분은 종속된 담화 내에서 가장 드라마틱한 부분이라고 해도 과언이 아닐 것이다. 이 부분에서 호랑이가 여인을 스님에게 데려오고 사라져 버리는 사건은 하나의 장황한 긴 문장으로 표현되어 있다(문장 16). 이 문장은 세 개의 비종결 등위절(non-final clause)과 한 개의 수식절(보문절), 한 개의 부사 종속절, 한 개의 종결 독립절(final clause)로 구성되어 있다.

(1) 스님 문장 16
큰 호랑이가 어떤 여인을 업고 와서/
울고 있다가/
스님이 나오는 것을 보자/
그 여인을 땅에 내려놓고는/
어슬렁어슬렁 사라져 버렸다.

이 문장은 텍스트에서 가장 긴 문장으로 절 수도 가장 많다. 게다가 독립절 말고 등위절이 중요한 정보를 제공한다. 이것은 흔히 독립절들이 중요한 정보를 제공하는 것에 대한(4장 참조) 예외적인 경우이다. 호랑이가 느리게 걷는 것은 의성어를 사용해서 '어슬렁어슬렁'으로 표현된다. 이것은 호랑이가 느리게 걷지 않고 꼬리를 휘저으며 사라지는 문장 10과 대조되는 것이다. 문장 16이 이러한 독특한 특징이 있어서 피크가 아닌가 생각할 수도 있다. 하지만 전체적인 구조에서 볼 때, 6개의 문장으로 구성된 이 에피소드에 하나의 긴 문장이 있다는 특징은 곧 이들 문장(15-20)이 에피소드 2의 발단 부분을 이루고 있기 때문이라고 생각한다.

절정을 나타내는 피크 부분에서는 갑자기 등장인물의 행동에 대한 이유를 듣게 된다. 게다가 각각의 이유를 나타내는 문장은 독립적이며 현재시제가 사용되었다.

과거시제				현재시제
스님은 … 권고했다	문장 21	←←←←	문장 22	… 때문이다
처녀는 … 거절했다	문장 23	←←←←	문장 24	… 겠다는 것이다
스님은 당황했다	문장 25	←←←←	문장 26	… 때문이다

이 이야기는 현재시제가 흔히 나타나는 직접 인용문을 사용하지 않는다. 그래서 과거시제 문장들 중간에 현재시제를 사용한 것은 작가의 의도라고 보인다. 왜냐하면 이 세 개의 이유 문장이 이야기 진행에 영향을 끼치지 않고 과거시제로 쓰일 수도 있기 때문이다. 또 다른 특징은 단지 이유를 나타내기 위해서 세 개의 독립적인 문장이 사용된 것이다. '… 걱정하고 있겠기 때문에 스님은 … 권고했다'라는 형식으로 이유와 결과가 한 문장에 종속절과 주절로 같이 나타나는 것이 통례일 것이다. 이유를 나타내는 독립절의 사용은 현재시제의 사용과 함께 이 에피소드를 두드러져 보이게 한다. 이것은 피크에 어울리는 것들이다.

피크 후에, 그 이야기는 전체 상황을 해결하는 문장 하나(문장 27)로 갑작스럽게 끝을 맺는다. 그녀는 스님의 누이가 되고, 자신 또한 여승이 된다. 문장 27은 두 개의 비종결 등위절과 하나의 종결절로 구성되어 있다. 이 절들은 정보의 중요성 정도(4장 참조)에서 상당히 높은 것이다.

(2) 스님 문장 27
그리하여 (스님은) 그 처녀를 누이로 삼고
머리를 깎아주고
불도에 정진하였다.

이 문장에서는 흔히 나타나는 현상과 달리 중요한 행위 정보들이 종결절보다 비종결절에 의해 많이 드러난다.

<표 7>은 이러한 독특한 표층적 특징들과 의미적 특색들 사이의 관계에 대하여 앞에서 언급했던 '요약 실험'에 관한 결과이다. <표 7>에서 숫자는 「미녀와 스님」을 요약한 실험 대상자들에 의해 포함된 문장들을 나타낸다. 예를 들면, 실험 대상자의 요약이 문장 3의 의미를 포함하고 있다면 표의 가로 줄에 '3'이라고 쓰인다.

<표 7>을 살펴보면 문장 16과 문장 27의 내용이 모든 요약에 포함되었다는 것을 알 수 있다. 두 문장의 독특한 특징은 앞에서 언급했다. 또한 피크 부분에서 현재시제를 사용하는 두 개의 이유 문장(문장 24와 문장 26)을 실험 대상자들이 중요한 것으로 선택했다. 이러한 결과는 문장에서의 독특한 특징들이 그 문장의 내용을 강조하는 역할을 한다는 가설을 뒷받침해 주는 듯하다.

<그림 3>은 이 민담의 개략적인 프로필이다(이중선은 프롤로그와 에필로그를 구분한다). 에피소드 2의 피크 전 에피소드의 돌출된 윤곽선은 문장 16이 피크 같은 특성을 지니고 있다는 것을 보여 준다. 종결(closure)은 전체 설화와 종속된 설화 양쪽 모두를 끝낸다는 것을 보여 주기 위해서 에피소드 2와 전체 이야기 두 부분 모두에 표시되었다.

〈표 7〉 한국인과 미국인의 「미녀와 스님」 요약에 관한 실험 결과

	미국인 그룹					한국인 그룹					
무대배경	3						3				3
에피소드 1	4 7 8 9			9	9	9	6 8 9	9	9	9	4 9
에피소드 2의 피크 전 에피소드	16	16	16 17 18	16	16	16	16	16	16	16	16 17 18 20
에피소드 2의 피크 에피소드	21 22 24 26	24 26	24 26	23	26	24 26	24 26	23 24 26	24	24	24
종결	27	27	27	27	27	27	27	27	27	27	27
에필로그	28	28		28	28		28	28	28	28	28

<그림 3> 「미녀와 스님」의 프로필

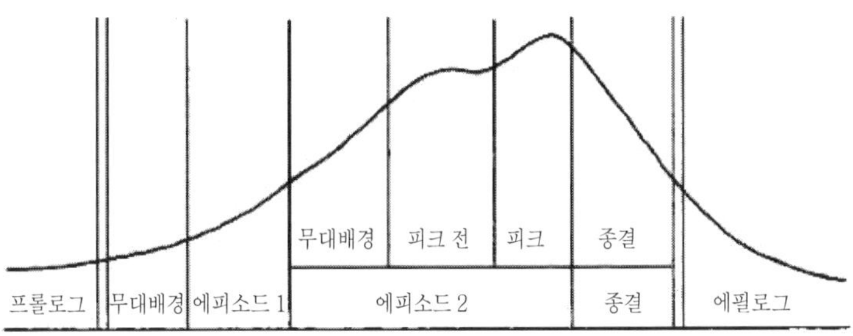

3.2.4. 「은혜 갚은 까치」의 구조

「은혜 갚은 까치」는 서울로 과거를 보러 가는 젊은이에 관한 내용이다. 그는 새끼 까치들을 잡아먹으려고 하는 구렁이를 죽이고 위험에 처

해 있던 까치들을 구한다. 나중에 그는 남편 구렁이의 원수를 갚으려 하는 아내 구렁이와 만나게 되고 그 구렁이는 종각에 높이 걸려 있고 올라갈 줄도 없는 종이 세 번 울린다면 젊은이를 살려 주겠다고 한다. 뜻밖에도 위기의 순간에 종이 울리고 젊은이는 목숨을 구하게 된다.

이야기의 주인공은 젊은이이고, 까치들은 시작과 끝에만 등장한다. 제목 「은혜 갚은 까치」는 '보은'이라는 교훈적인 주제를 암시한다. 부모 까치는 새끼들을 구해 준 젊은이를 위해 작은 머리와 몸으로 종을 울리고 죽는다. 이 결말을 통해 (젊은이에게)진 빚이나 친절을 갚는 일이 (구렁이의)복수보다 우선한다는 주제를 보여 준다.

<표 8>은 세 개의 에피소드로 구성된 이 이야기의 통합적인 구조 분석을 보여 준다.

〈표 8〉 「은혜 갚은 까치」의 통합적 구조

표층위치	플롯 위치	문장	문단	내용	시간/장소/접속사
무대배경	설명	1-2	1	과거를 보기위해 서울로 가는 젊은이가 숲속을 걷고 있다.	깊고 깊은 산중에
에피소드 1 (피크 전)	발단	3-8		그는 구렁이에게 잡아 먹힐려고 하는 새끼 까치들을 구해준다.	어느 날
에피소드 2 (피크)	절정	9-38 (16-21D)	2	그는 남편 구렁이의 원수를 갚으려 하는 아내 구렁이와 만난다. 그의 애원에 구렁이는 종이 울린다면 살 수 있을 거라고 말한다. 그는 종을 울릴 수 없었다. 구렁이가 그를 공격할 때, 뜻밖에도 종이 울린다.	얼마쯤을 가니까 날은 저물고 컴컴해서 잘 보이지를 않는데
에피소드 3 (피크 후)	대단원	39-43	3	그는 엄마 아빠 까치가 종을 치느라고 머리가 깨져 죽어 있는 것을 발견한다.	날이 새기가 바쁘게
종결	결말	44		그는 까치들을 위한 무덤을 만든다.	

이야기는 일정치 않은 길이를 가지고 있는 세 개의 문단들로 나뉜다. 절정부분을 나타내는 에피소드 2는 다른 두 문단들보다 훨씬 더 길다. 이 피크 에피소드에서 젊은이는 남편 구렁이의 원수를 갚으려는 아내 구렁이와 두 번 마주친다.

의미적으로, 문단 2는 세 부분으로 나누어진다.

> 문장 9-12
> 젊은이는 나중에 구렁이로 변하는 여인의 집에서 하룻밤을 보낸다.
> 문장 13-28
> 젊은이는 깨어나서 남편 구렁이의 원수를 갚기 위해 그의 몸을 칭칭 감고 있는 구렁이를 발견한다. 젊은이가 살려 달라고 간청을 하자, 구렁이는 종이 세 번 울린다면 살려 주겠다는 말을 남긴 채 사라져 버린다.
> 문장 29-38
> 종각은 그가 종을 울리기엔 너무 높이 있었다. 구렁이가 그에게 덤벼들 때 뜻밖에도 종이 울린다. 구렁이는 슬픈 표정을 지으며 사라진다.

이 세 부분은 문법적으로는 독립적인 문단으로 확실하게 구분 지을 수 있는 경계가 뚜렷하지 않다. 세 부분은 각각 작은 문단으로 하나의 긴 문단을 같이 형성하고 그 안에 종속되어 있다. 이것은 어떤 구조적인 층위에서의 한 단위가 그 길이나 크기에 따르지 않고, 보다 높은 층위에 있는 단위와 연관된 구조에 기초를 두고 있다는 사실을 반영한다.

하나의 문단 단위가 문장과 담화의 중간 층위의 것이라고 인식하는 기준을 기초로 하여, 에피소드 2가 하나의 긴 문단으로 구성되어 있다고 생각한다. 하지만 우리는 그 에피소드가 의미적으로 구분하여 세 개의 문단으로 구성되어 있다고 볼 수도 있다. 그렇다면 이 세 개의 문단은 에피소드 2를 설명하는 종속된 담화를 형성하는 것으로 볼 수 있다. Longacre(1996)가 지적했듯이, 어떤 층위에서의 한 단위는 그것과 인접한 층위들과 유사한 특징을 갖는다. 그러므로 문단은 문장(절들의 결합)과 담화(발단, 전개, 절정, 결말의 내부구조)와 유사한 특징들을 지닌다.

다음으로 우리는 각각의 위치(slot)에서 발견되는 언어학적인 특징들을 살펴보고자 한다. 무대배경에서의 두 문장은 각기 다른 동사 형태를 지닌다(4장 참조). 부록3 문장 1의 동사는 「효녀 심청」이나 「미녀와 스님」 이야기의 경우와 같이 전형적으로 무대배경에서 쓰이는 과거진행형식이다. 이 과거진행형은 그 다음의 상황으로 연결해 주는 역할을 한다. 반면 문장 2는 젊은이가 깊은 산중에 들어오게 된 이유를 설명하는 데 현재형 동사를 사용하고 있다.

에피소드 1에서는 발단 부분의 긴장(새끼 까치의 위험)을 반영하는 언어적인 특징들이 나타난다. 예를 들어 문장 5는 까치들의 울음소리인 '깍깍깍'이 사용된다. 문장 7은 두 부분을 합쳐 놓은 복합문장으로 각각 복잡한 구조를 지니고 있으며 상황의 촉박함을 나타내는 진행형 동사를 지니고 있다.

(3) 까치 문장 7

부분1	부분2
나무 위 까치집에 커다란 구렁이가 새끼 까치들을 잡아먹으려고 혀를 날름 '-고' 거리	엄마 아빠 까치는 새끼들을 살려달라고 아래위로 나르며 울부짖고 있었어요.

이 에피소드의 마지막 문장(다섯 절로 구성된 긴 문장 8)에서 상황은 갑자기 해결된다.

(4) 까치 문장 8
젊은이는 차마 그냥 지나갈 수가 없어서
구렁이를 활로 쏴서
떨어뜨리고
새끼 까치들을 살려주고는('-는': 문장연결 접사)
다시 길을 떠났어요.

가장 중요한 정보가 독립절에 의해 나타난다는(4장 참조) 보편적인 상황에 어긋나게, 또 다시 종속절들이 보다 중요한 정보를 나타내고 있다는 것을 발견할 수 있다. 젊은이가 구렁이를 쏘고 새끼 까치들을 구하는 것이 길을 떠나는 것보다 중요한 정보인 것은 틀림없다. 하지만 독립절로 표현된 여행의 재개는 다음 에피소드와 사건들을 밀접하게 연결하는 역할을 한다. 또한 네 번째 절에서의 문장연결 기능의 주제조사 '는'이 중요한 것을 나타내는 것처럼 역할한다. (4장에서 정보의 중요성 순위에서의 주제조사 기능을 다룬다.) 이러한 독특한 특징들은 에피소드 1을 이야기의 발단 부분으로 만든다(<그림 4> 에피소드 1 부분 참조). 흔히 언어적인 반영과 의미적인 긴장감은 주목할 정도로 나란히 진행된다.

에피소드 2에서는 젊은이의 위기를 보여 주는 피크의 특징들을 찾아 볼 수 있다. 문장 13은 첫 번째 위기를 나타낸다.

(5) 까치 문장 13
그런데 잠결에 하도 숨이 막히는 것 같이 답답해서

눈을 떠보니
아 기둥같이 굵은 구렁이가 몸을 칭칭 감고
그 새빨간 혓바닥을 널름거리고 있지 않겠어요?

이 문장의 마지막 동사는 현재시제이며, 진행형, 추정적인 형태, 그리고 부정형, 의문형 양식을 가지고 있다. 이러한 접사들을 반영하여 영어로 올바르게 옮기는 것은 힘들지만, 아마도 다음과 비슷할 것이다. '… ah, isn't it that a thick snake like a pillar has coiled tightly around (his) body and is rolling (its) bright red tongue in and out?' 마지막에 동사에 붙어 있는 이러한 모든 접미사들은 보통 주된 정보가 아니라 보충해 주는 역할을 하지만, 피크에서 이 접미사들은 정반대의 기능을 한다. 이러한 특징들은 사건을 중요하지 않게 만드는 것이 아니라, 마치 이 중요한 일들이 우리들 눈앞에서 일어나는 것처럼 보이게 한다.

피크의 후반부에 있는 문장 30의 동사 또한 현재시제를 띠고 있다. '시간은 자꾸 가는데 어떻게 종을 칠 방법이 있어야지요.' 이것은 생생함을 더하는 기능을 한다. 이미 문장 29(젊은이는 후우 한숨을 쉬고 절간을 돌아보니 종각에 종이 있는 듯하나 잡아당길 줄도 없고 높아서 올라갈래야 올라갈 수도 없었어요.)에서 제시된 사실을 되풀이하여 말하고 있지만, 시간의 경과를 언급함으로써 긴장감을 높이는 역할을 한다.

이 이야기에서 문장 16부터 21까지는 유일하게 드라마 기법으로 진행된다. 남은 부분은 인용형식을 쓰는 대화체로 진행된다. 그래서 문장 22의 서술적인 부분과 대화가 섞인 형식으로 되돌아간다. 그 문장은 사건이 새로운 국면으로 접어드는 곳인데, 즉 구렁이가 젊은이에게 종이 세 번 울려야 살려 주겠다고 하는 부분이다. 구렁이가 다시 나타나

젊은이를 향해 달려드는 장면에서, 종이 울리는 것이 의성어(땡그렁 땡그렁 땡그렁)와 함께 서술문장(문장 35)으로 나타난다. 이 종소리가 상황을 반전시키고, 구렁이는 남편 구렁이의 원수를 갚지 못하고 사라진다.

요약하면, 피크 에피소드는 다음과 같은 특징을 지닌다. (1) 젊은이의 첫 번째 위기를 나타내는 부분에서의 특이한 동사의 시상과 양태, (2) 문장 13과 30에서의 현재시제, (3) 젊은이와 구렁이 사이의 드라마 기법과 대화체 형식의 사용, (4) 의성어로 표현된 종소리, (5) 문장 32-33과 문장 37에서의 구렁이의 독백이다.

<그림 4> 「은혜 갚은 까치」의 프로필

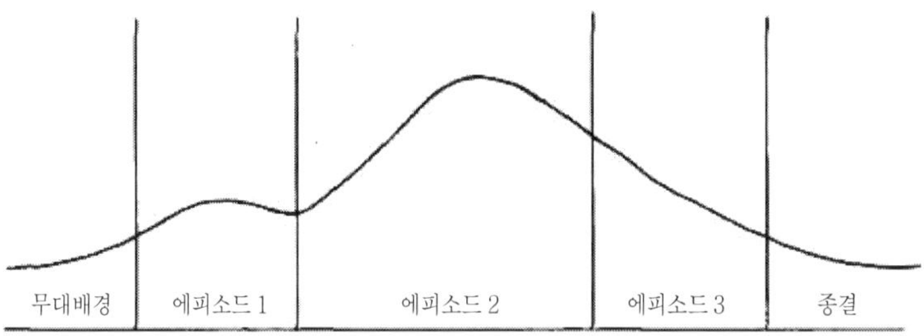

<그림 4>는 이 이야기의 프로필이다. 에피소드 1에서는 낮은 언덕 모양이, 에피소드 2에서는 높은 피크가 나타나고, 그 이후의 에피소드는 하강 곡선을 보인다.

3.2.5. 「은혜 모르는 호랑이」의 구조

「은혜 모르는 호랑이」는 함정에 빠진 호랑이를 구해 준 나그네에 대한 이야기이다. 구해 주고 나자 호랑이가 그 나그네를 잡아먹으려 한다. 나그네는 황소와 소나무에게 그들의 생각을 물어본다. 그들은 사람들이 나쁘다고 말한다. 마침내 그것을 재판하는 토끼가 호랑이에게 그 사건을 재현해 보라고 하고, 호랑이는 다시 함정으로 들어간다.

이 이야기는 「미녀와 스님」이나 「은혜 갚은 까치」 이야기에서처럼 다른 사람의 도움을 받았으면 은혜를 갚아야 한다고 가르친다. 더 나아가 만약 감사할 줄 모르고, 받은 친절에 대해 보답하지 않는다면 벌을 받게 된다는 사실을 깨우쳐 준다. 또한 인간의 관점에서 본다면, 남의 일에 쓸데없이 참견하지 말라고 하는 것으로도 볼 수 있다. 혹자는 나그네가 자신을 잡아먹을 호랑이를 믿을 정도로 어리석다고 말할 수도 있다. 더불어 이 이야기는 인간 세계와 동식물 세계가 갈등 관계에 있다는 것을 보여 준다. 황소와 소나무는 인간이 자신들의 이익을 위해서 그들을 이용한다고 비난한다.

「은혜 모르는 호랑이」는 흥미진진한 민담이다. 이 이야기에서는 인간뿐만 아니라 동물들도(호랑이, 황소, 토끼, 심지어 소나무도) 말을 한다. 이야기 전체가 드라마 기법으로 되어 있고, 어떤 것 하나도 인용 형식을 지닌 대화체로 진행되지 않는다. 실제로 존재하는 서술체의 문장은 56개의 문장들 중에 단 7개(문장 1-3, 문장 11-12, 55-56)에 불과하다. 따라서 이야기에서 시간이나 장소를 나타내는 표현들이 거의 존재하지 않는다. 오로지 문단의 경계 부분(문장 3)에서 나타나는 '이때에'라는 표현뿐이다.

분석해 볼 때 이 이야기는 앞의 이야기들과 상황이 다르다. 예를 들면 모든 에피소드들이 드라마 형식을 띠고 있기 때문에 어떤 곳이 피크인지 명확하게 구분하는 것이 어렵다. 이에 말미암아, 등장인물들의 관계 변화들을 알아내기 위해 그들이 말한 대화의 내용에 의존해야 한다.

이러한 것이 문단을 구분하는 데 중요한 단서를 제공한다.

〈표 9〉「은혜 모르는 호랑이」의 통합적 구조

표층 위치	플롯 위치	문장	문단	내용	시간/장소/접속사
도입		1	1	사람을 자주 잡아먹는 호랑이가 있다.	옛날 어느 깊은 산속에
무대배경	설명	2		사람들이 함정을 파서 호랑이가 빠진다.	그래서
에피소드 1 (피크 전) <표 10>	발단	3-20D (4-10D; 13-20D)	2-3	나그네가 호랑이를 보고 구해 준다. 그러자 호랑이가 그를 잡아먹으려 한다.	이때에
에피소드 2 (피크) <표 11>	절정	21-55 (21-54D)	4-6	황소와 소나무가 사람들이 나쁘다고 말한다. 토끼가 호랑이를 다시 함정 안으로 들어가게 한다.	
종결	결말	56		호랑이가 함정 안에서 울고 있다.	

〈표 10〉「은혜 모르는 호랑이」 에피소드 1의 통합적 구조

표층 위치	플롯 위치	문장	문단	내용	시간/장소/접속사
무대배경	설명	3	2	나그네가 함정의 호랑이를 본다.	이때에
피크 전 에피소드	발단	4-12 (4-10D)		나그네가 호랑이를 빼내 준다. 호랑이가 애원하면서 사람을 해치지 않을 것이라고 약속하기 때문이다.	
피크 에피소드	절정	13-20D	3	호랑이가 나그네를 잡아먹으려 한다.	

〈표 11〉「은혜 모르는 호랑이」 에피소드 2의 통합적 구조

표층 위치	플롯 위치	문장	문단	내용	시간/장소/접속사
무대배경	발단	21-30D	4	황소가 인간들이 나쁘다고 말한다.	
피크 전 에피소드	전개	31-38D	5	소나무도 인간들이 나쁘다고 말한다.	
피크 에피소드	절정	39-55 (39-54D)	6	재판을 하는 토끼가 사건을 재현시켜 호랑이를 다시 함정 안으로 들어가게 한다.	

<표 9>는 이 이야기가 두 개의 에피소드로 구성되었다는 것을 보여 준다. 그리고 각각의 에피소드들은 종속된 담화를 가지고 있는데, 이들 종속된 담화의 구조는 <표 10>과 <표 11>에서 보여 준다. 등장인물들의 변화에 따라 두 개의 에피소드를 설정했다. 에피소드 1에서는 호랑이와 나그네가 상호작용을 일으키고 에피소드 2에서는 황소, 소나무, 토끼가 새롭게 등장한다.

이 이야기에서 호랑이가 함정에 빠진 사건이 무대배경에서 하나의 긴 문장(문장 2)으로 나타난다. 이 문장은 사건의 전말을 보여 주고, 전체 문단과 하나의 에피소드로서의 역할도 할 수 있다.

(6) 호랑이 문장 2

그래서, 그 산 아래에 살고 있는 마을 사람들이 하루는 산에 올라가서
호랑이가 잘 다니는 길목에 깊은 함정을 여러 개 파 놓았더니만,
그날 밤으로 호랑이 한 마리가 함정에 빠지고 말았어요.

비록 마지막 동사가 완료형이고 과거시제를 띠고 있지만 이 짧은 문단은 설명 부분에 해당하는 배경을 나타낸다. 다시 말하면, 이 문장은

에피소드를 이어가는 발판을 만드는 것이다. 그리고 그 후에 우리는 등장인물 간의 드라마 형식으로 된 상세한 대화들을 들을 수 있다.

에피소드 1의 발단 부분에 해당하는 피크 전 에피소드, 곧 문단 2에서, 나그네는 호랑이의 말을 듣고 함정에서 호랑이를 빼내 준다. 그리고 난 후, 표층적으로 피크 그리고 개념상으로는 이 짧은 에피소드의 절정에 해당하는 문단 3에서, 함정에서 빠져 나온 호랑이가 그를 구해 준 나그네를 잡아먹으려 한다. 이러한 역할의 반전 외에, 서술 부분 없이 드라마 형식으로만 구성된 이 문단에서 감사하는 마음으로 친절을 갚아야 한다는 이 이야기의 주제대로 호랑이와 논쟁을 벌임으로써 자신을 방어하고자 하는 나그네를 볼 수 있다.

에피소드 2에서는 마지막이 피크 에피소드인 반면에, 앞의 두 부분은 무대배경과 피크 전 에피소드에 해당한다. 이 피크는 전체 이야기의 피크이기도 한데 다음과 같은 특징이 있다. (1) 이 부분은 에피소드 1이 시작되기 전에 있던 상황으로 등장인물들의 역할이 다시 반전되는 이야기의 절정이다. (2) 지금까지 어떤 도움이라도 받기 위해 필사적이었던 나그네가 토끼를 두 번 부른다. '토끼야, 토끼야. 이럴 수가 있느냐?'(문장 44). (3) 황소와 소나무가 인간에 대한 그들의 생각을 말하는 피크 전 에피소드에서와는 반대로 나그네는 모든 일이 어떻게 일어났는지 토끼에게 설명하면서 도움을 요청한다(문장 45). 이에 대하여 호랑이는 자기의 입장을 말한다(문장 46). 그리고 (4) 문장 55에서 토끼의 웃는 모습을 나타내는 '방긋'과 뛰는 모습을 나타내는 '깡충깡충'이라는 두 개의 의성어가 사용된다.

무대배경에서의 호랑이와 나그네 둘의 본래 상태가 종결 부분에서 어떻게 원상태로 돌아가는지 관찰해 보자.

	호랑이	나그네
무대배경	함정 안에	길을 걷고 있다(위험하지 않음)
에피소드	함정에서 나옴	위험에 처함
종결	함정 안에	위험에서 벗어남

<그림 5>「은혜 모르는 호랑이」의 프로필

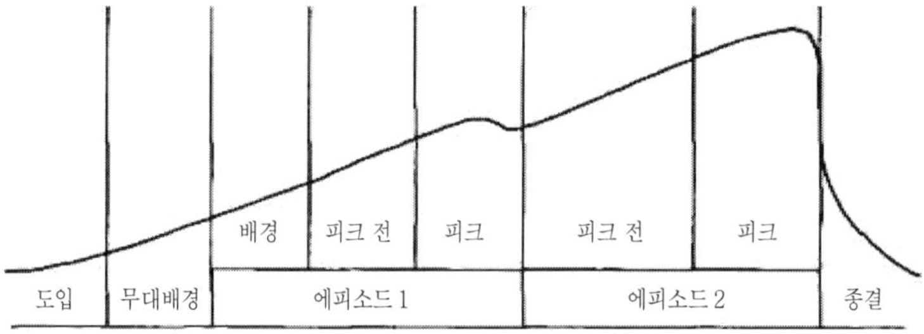

이 민담의 프로필은 <그림 5>에서 보다시피 에피소드 2의 피크까지 꾸준히 오르다가 종결 부분에서 갑자기 떨어진다.

3.2.6.「해와 달이 된 오누이」의 구조

「해와 달이 된 오누이」는 한 오누이가 호랑이를 피해 달아나던 중에, 인간에게 중요한 해와 달이 되는 이야기이다. 오누이의 어머니가 일을 마치고 아이들에게 줄 떡을 가지고 집으로 가는 길에 호랑이가 나타나 떡을 다 빼앗아 먹고 마치 자기가 어머니인 양 변장을 한다. 오랜 대화 후에, 오누이는 속아서 호랑이에게 문을 열어 주고 나무 위로 올라간다. 호랑이에게 결국 나무에 오르는 법을 가르쳐 주게 된다. 다급해진 오누이는 하느님에게 기도하고 하늘에서 내려온 동아줄을 타고 하늘로 올라간다. 호랑이 역시 똑같이 기도하지만 하늘에서 내려온 것은 썩은 동아줄이었고 호랑이는 떨어져 죽는다. 하늘로 올라간 오빠는 달이 되고 누이는 해가 되어 온 세상을 밝게 비춘다.

3.2.1에서 언급했다시피, 이 이야기는 앞에서 논의했던 다른 네 개의 민화보다 한국적 문화양식이 덜 드러난다. 게다가 이 이야기는 한국 민화인지 아니면 서양의 민화를 개작한 것인지 확실치 않다. 나는 후자 쪽이 아닌가 생각한다. 첫 번째 이유는 이 이야기의 서술상 특징과 이야기 구조가 실질적으로 서양의 이야기인 「늑대와 일곱 아기 염소」(The Wolf and the Seven Little Kids) 혹은 「빨간 모자」(Little Red Riding Hood)와 크게 다를 바 없다(하지만 이 이야기들은 천체에 대한 언급이 전혀 없다). 두 번째 이유는 남성과 달의 관계와 여성과 해의 관계가 일반적인 예상과 반대라는 점이다.

Lévi-Strauss(1976)는 "해와 달의 성(性)"이라는 장에서 많은 언어와 신화 속에서 해와 달을 의미하는 단어들의 성별에 대해 살펴보았다. 몇몇 문화에서는 해를 남성으로 간주하고 달을 여성으로 간주하였지만 그 반대의 경우인 문화들도 있었다. 해와 달이 뚜렷한 성별을 가지고 있을 때, 그것들은 오빠와 누이, 남편과 아내, 혹은 두 가지 의미를 동시에 가질 수도 있고 전혀 관계없는 경우도 있다.

이 민화에서는 오빠가 달이 되고 누이가 해가 되었다. 그러나 한국 문화의 배경과 내가 알고 있던 바에 의하면 남성이 해와 관련 있고 여성이 달과 관련 있는 것이 더 자연스럽다. 중국철학에서 비롯된 동양의 음양오행설은 여성-남성, 어둠-빛, 달-해, 수동적-능동적, 밤-낮 혹은 그 밖의 것들과 상호관계가 있는 질서 있는 두 힘에 대해 다루고 있다. 여기서도 남성과 해, 여성과 달의 관계를 지적하고 있다. 또한 「해와 달이 된 오누이」라는 제목에 내포된 관계는 남성과 해 그리고 여성과 달의 관계에 대한 나의 예상과 일치한다. 아마도 제목에 내포된 관계는 '누이와 오라비'가 아닌 '오라비와 누이'(오누이)라는 합성어에서 기인했을 것이다. 아마도 이 이야기가 한국어로 민담화되는 과정 중에 이야기의 종결은 그대로 유지한 채, 제목은 오누이라는 합성어로 쓴 게 아닌가 생각된다(이에 대한 색다른 설명을 연장자 한국 분에게 들었는데, 누이는 낮 동안 빛을 비추기 위해 해가 되었고, 오라비는 어둡고 으스스한 밤에 빛을 비추기 위해 달이 되었다는 것이다).

<표 12>는 이 이야기의 통합적 구조를 보여 주는데, 세 가지 주된 에피소드가 있다. 처음의 두 에피소드 속에 각각 두 문단으로 이루어진

〈표 12〉「해와 달이 된 오누이」의 통합적 구조

표층 위치	플롯 위치	문장	문단	내용	시간/장소/접속사
도입		1	1	어머니와 오누이가 사는 한 가족이 있다.	옛날 어느 깊은 산골에
무대배경	설명	2		홀어머니는 오누이를 먹여 살리기 위해 고개 너머 일하러 다닌다.	
에피소드 1 (피크 전) <표 13>	발단	3-15 (5-9D)	2-3	일하러 가면서 어머니는 오누이에게 문단속 주의를 준다. 어머니는 집으로 돌아가는 길에 호랑이에게 아이들에게 줄 떡을 모두 빼앗긴다.	하루는
에피소드 2 (피크) <표 14>	절정	16-47 (18-37D; 39-47D)	4-5	호랑이는 어머니처럼 변장하고 오누이는 결국 문을 열어 준다. 나무로 올라간 오누이는 호랑이에게 나무에 오르는 법을 일러 주고 만다.	이럴 때
에피소드 3 (피크 후)	대단원	48-55	6	오누이는 하느님에게 기도하여 동아줄을 타고 하늘로 올라간다. 호랑이도 빌었지만 썩은 동아줄을 타다 떨어져 죽는다.	
종결	결말	56		오빠는 달이 되고 누이는 해가 되어 세상을 비추어 준다.	

두 담화가 종속되어 있다.

에피소드 1은 '하루는'이라는 시간적 표현으로 시작하고, 에피소드 2는 '이럴 때'라는 표현으로 시작한다. 이 두 에피소드 사이에 어머니와 호랑이와의 대화에서 아이들과 호랑이와의 대화로 참여자의 등장이 변한다. 에피소드 2와 에피소드 3 사이에서도 호랑이와 아이들 간의 대화에서 아이들이 하느님께 하는 기도로 바뀌며 호랑이 역시 하느님께 기도한다. 대화를 나누는 참여자들의 관계에 따라 이 세 가지 에피소드는 모두 다르다.

에피소드 3에서 호랑이와 아이들 간의 역동적인 대화가 갑자기 사라진다. 새로운 수신인인 하느님에게 호소하는 아이들의 기도가 전부이다(문장 48-49).

에피소드 2와 에피소드 3 사이에서는 아이들의 호칭에도 변화가 생긴다. 처음엔 홀어머니의 자식으로서 '아들'과 '딸'로 소개되지만, 후엔 반복적으로 '아이들'이라는 집합적 명사로 불리다가 '오누이'로 바뀐다(문장 38). 그러다 갑자기 에피소드 3에서는 아이들이 기도하는 자신들을 '남매'라고 부른다(남매는 중국어에서 온 한자 합성어로 오누이라는 자국어와는 대조된다). 문장 51에서 이야기 서술자는 오누이를

〈표 13〉「해와 달이 된 오누이」에피소드 1의 통합적 구조

<table>
<tr><th>표층 위치</th><th>플롯 위치</th><th>문장</th><th>문단</th><th>내용</th><th>시간/장소/접속사</th></tr>
<tr><td>무대배경</td><td>설명</td><td>3</td><td>2</td><td>어머니가 일을 하러 가면서 오누이에게 문단속 주의를 준다.</td><td>하루는</td></tr>
<tr><td>피크 에피소드</td><td>절정</td><td>4-14 (5-9D)</td><td rowspan="2">3</td><td>어머니는 집으로 돌아가는 길에 아이들에게 줄 떡을 호랑이에게 모두 빼앗긴다.</td><td>날이 저물자</td></tr>
<tr><td>종결</td><td>결말</td><td>15</td><td>어머니는 빈손으로 집으로 돌아간다.</td><td></td></tr>
</table>

〈표 14〉「해와 달이 된 오누이」 에피소드 2의 통합적 구조

표층 위치	플롯 위치	문장	문단	내용	시간/장소/접속사
무대배경	설명	16-17	4	호랑이는 사람으로 변하여 아이들에게 간다.	이럴 때
피크 전 에피소드	발단	18-37D		아이들은 호랑이의 거친 손을 보고 문을 열어주지 않지만 호랑이가 내민 어머니의 버선을 보고 문을 열어준다.	
피크 에피소드	절정	38-47 (39-47D)	5	아이들은 나무 위로 올라가고 호랑이를 속이려고 애쓰다가 결국 어떻게 나무에 오르는 지 알려주고 만다.	

에피소드	인물
에피소드 1	어머니와 호랑이
에피소드 2	아이들과 호랑이
에피소드 3	아이들과 하느님 호랑이와 하느님

'두 남매'라고 일컫는다. 이렇게 호칭이 변하는 과정은 아마도 그들의 운명과 관계되면서 점차적으로 거리감을 나타내는 것 같다.

「효녀 심청」에서와 비슷하게 자연 세계와 초자연적인 세계로 분리가 되는 뜻밖의 변화가 있다. 두 이야기 모두 에피소드 2에서 절정에 달하는 갈등이 너무도 커서 그 해결이 마법 같다. 또한 두 이야기 모두 절정에서 높아질 대로 높아진 긴장감이 절정 뒤에 오는 고요함으로 갑자기 해소되는 것을 볼 수 있다. 에피소드 2와 에피소드 3 사이의 거울 이미지는 '호랑이의 우세' 대 '호랑이의 죽음', '호랑이에게 쫓기는 아이들' 대 '호랑이에게서 벗어난 아이들'로 반전된 역할을 보여 준다. 이야기에 사용된 위치를 나타내는 명사들은 '숲'과 '집 뒤뜰'(땅에 고착되어 있는 성질의 것들) 대 '하늘'과 '공중'이다. 이것으로 보아 거울 이미지는 더 나아가 "혼돈 대 질서"와 "땅 대 하늘"을 의미할 수도 있겠다.

에피소드 3에서 재미있는 부분은 '하늘'과 '공중'이라는 명사의 사용이다. 아이들과 관련될 때는 '하늘'이라고 하지만 호랑이가 관련될 때는 '공중'이라고 한다. 하늘과 하느님의 관계는 매우 명확해 보인다. 하늘이라는 개념은 하느님이 존재하는 곳이지만 나쁜 호랑이에겐 그저 '공중'에 불과할 뿐이다.

각각 다른 기능적 위치 부분의 언어적인 특징을 보자면, 무대배경에서의 두 문장은 다른 이야기들에서 살펴본 바와 같이 전형적인 과거 진행형이다. 에피소드 1(심층구조의 발단)에서는 보통 쓰이는 대로 과거 시제 동사가 사용된다. 그리고 에피소드 1에는 문장 5의 어머니의 외침('아이구머니나! 아이구 저! 아이구 저…')으로 시작하여 다섯 문장(5-9)의 드라마 형식이 있다.

에피소드 2의 시작은 이야기를 설명하는 두 개의 문장으로 드라마 속으로 이끈다. 드라마는 아이들이 문을 열었을 때 어머니 대신 서 있는 호랑이를 보며 지르는 극적인 외침(문장 37, '어 어머나! 엄마 아니야, 엄마가 아니야!')으로 끝이 난다. 이러한 특징들은 전체적인 이야기를 위해 에피소드 2의 분위기를 고무하는 역할로 피크 전 에피소드인 네 번째 문단을 만들어 낸다.

에피소드 2의 피크를 이루는 다섯 번째 문단은 부록5의 문장 38로 시작하는데, 이 문장은 두개의 삽입절([ ] 안에 관계절을 표시)과 두 개의 비종결 등위절과 마지막 종결 독립절로 이루어져 있다.

(7) 오누이 문장 38

[[집 뒤뜰에 있는] 나무 위로 간신히 올라간] 오누이는 나무 가지에 걸터앉아서

숨을 죽이고
호랑이의 거동을 살피고 있었습니다.

아이들이 나무 위로 올라가는 행동은 관계절로 표현되어 있는 반면에 마지막 독립절은 진행형으로 쓰여서 아이들의 상태를 보여 주고 있다. 나무에 올라가는 완료적 행위를 분리된 독립 문장으로 표현하지 않고 저자는 관계절을 사용해 종속함으로서 뒤에 일어나는 행위와 함께 한 문장으로 표현했다. 더 중요한 정보는 마지막 절에서 일러주는 일반적인 관례와는 달리 이 문장은 그 반대의 형상을 띤다. 관계절이 중요한 사건 라인을 표현하는 것이다. 다섯 번째 문단의 나머지 문장들은 드라마 기법으로 생동감이 있다.

<표 14>에서 보는 것 같이 에피소드 2는 두 문단으로 되어 있다. 무대배경을 설명하는 처음 두 문장을 제외한 네 번째 문단은 플롯구조의 발단을 형성하는 위치로 피크 전 단계이다. 다섯 번째 문단은 플롯의 절정을 이루는 피크이다. 에피소드 2는 그 자체가 전체 이야기의 피크로, 이것을 구성하는 두 문단 속에서 피크 특징을 찾을 수 있다. 더 나아가 우리는 발단 역할을 하는 에피소드에서 종종 피크 특징과 비슷한 언어적 요소를 발견할 수 있다. 이러한 에피소드들은 이야기의 프로필에서 작은 봉우리로 나타난다. 이 이야기에서는 에피소드 2(문단 5)가 전체 이야기의 피크이자 종속된 이야기의 피크이기 때문에 프로필에서 가장 높은 봉우리를 보인다.

피크 후 에피소드 3에서 발견되는 자연적인 부분과 초자연적인 부분의 갑작스런 변화에 대해서는 이미 설명한 바 있다. 예를 들어 드라마없이 서술을 통한 사건의 빠른 전개라든가 주인공들을 언급하는 용

<그림 6> 「해와 달이 된 오누이」의 프로필

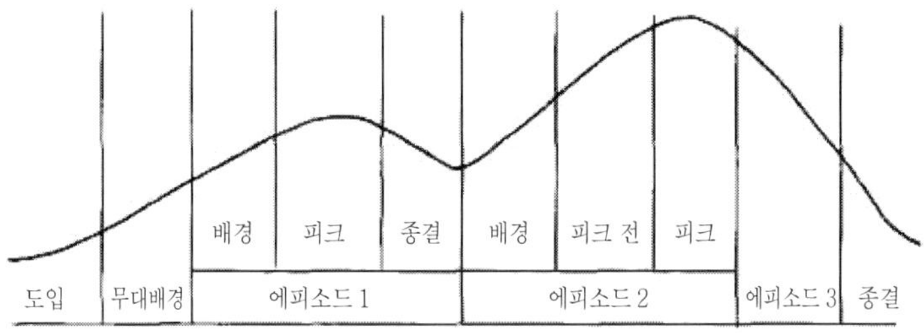

어의 변화도 급작스럽다.

이 이야기의 프로필은 <그림 6>처럼 수위가 낮은 봉우리는 에피소드 1 에서 표현되었고 전체 구조상으로 볼 때 에피소드 2의 피크 전과 피크에 해당하는 더 높은 봉우리가 그려져 있다. 이 프로필은 「은혜 갚은 까치」의 프로필과 매우 흡사하다.

3.2.7. 「모자장수」의 구조

외국으로부터 전해진 이야기로 생각되는 「모자장수」는 뚜렷한 종결이 없는 유일한 이야기다. 또한 18문장으로 이루어진 가장 짧은 이야기이기도 하다. 「모자장수」는 원숭이들보다 한 술 더 뜨는 지혜를 가진 영리한 모자장수를 다룬 이야기이다. 모자장수가 잠들어 있는 사이에 모자장수의 모자를 가져가 쓴 원숭이들에게 모자를 되찾기 위해 모자장수는 흉내 내기 좋아하는 원숭이의 성향을 이용하여 자신의 모자를 땅에 던져 버림으로써 빼앗겼던 모자를 되찾게 된다.

<표 15>에서 볼 수 있듯이 이 이야기는 네 개의 에피소드로 나뉜다. 이 이야기는 세 개의 피크 전 에피소드와 하나의 피크 에피소드 구조로 피크 후의 에피소드가 전혀 없다. 무대배경과 에피소드 1은 개념상 하

〈표 15〉 「모자장수」의 통합적 구조

표층 위치		플롯 위치	문장	문단	내용	시간/장소/접속사
도입			1	1	모자장수 한 사람이 있다.	옛날 어떤 곳에
무대배경		설명	2		모자장수는 모자를 팔러 나간다.	어떤 여름날
피크 전	에피소드 1		3-4		장사는 신통치 못하고 모자장수는 피곤해서 모자를 쓴 채 나무 아래에서 잠들어 버린다.	
	에피소드 2	발단	5-7	2	모자장수가 잠든 후 원숭이들이 그의 상자 속에 있는 모자를 꺼내 쓰고 나무 위로 올라가 버린다.	그 나무 위에는
	에피소드 3	전개	8-13	3	잠에서 깨어난 모자장수는 모자가 사라진 걸 알고 곧 원숭이들이 모자를 쓰고 있는 걸 발견한다.	한참 자고 일어나서
에피소드 4 (피크)		절정	14-18	4	모자를 되돌려 달라고 말한 것이 헛수고임을 안 모자장수는 자신의 모자를 집어던지고 원숭이들은 그 행동을 따라한다.	한참 있다가

〈표 16〉 「모자장수」의 설명부

문단 1	설명	무대배경	문장 2	모자장수가 모자를 팔러 나간다.
		에피소드 1	문장 3-4	장사는 신통치 못하고 그는 쉬는 동안 잠이 든다.

나의 설명부를 이룬다. 이렇게 특이한 구조를 이룬다고 보는 것은 다음과 같은 이유에서이다.

1. 한 문단이 무대배경과 에피소드 1을 모두 포함하고 있다.
2. 직접 화법과 인용문을 포함하는 에피소드 1은 그것 자체로 하나의 에피소드를 구성하기에 충분할 만큼 자세하다.
3. 그러나 첫 문단에는 분위기를 고무시킬 만한 어떠한 발단사건도 없을 뿐더러, 이야기의 중심적인 내용에 앞선 예비적인 성질의 것으로 보인다. 설명부에 대한 분석은 <표 16>을 통해 볼 수 있다.

이 설명부는 「은혜 모르는 호랑이」의 첫 부분과 대조를 이룬다. 부록 4의 문장 2에서 호랑이가 함정에 빠지는 중요한 사건을 다루지만 (<표 17>) 독립된 에피소드라기보다 무대배경 부분에 속한다고 본다. 문장 3부터 주로 드라마 형식의 에피소드 1이 시작된다(3.2.5 참조). 두 이야기 모두 사건이 설명부에서 일어난다는 점이 비슷하다.

〈표 17〉「은혜 모르는 호랑이」의 설명부

문단 1	설명	무대배경	문장 2	사람들이 호랑이를 잡으려고 함정을 파서 호랑이가 함정에 빠진다.

발단의 극적 순간을 형성하는 「모자장수」의 에피소드 2는 원숭이들의 관점에서만 서술되어 매우 독특한 면이 있다. 부록6의 문장 5에서 그들을 소개하고, 문장 6에서 그들의 희망을 설명하고, 그리고 문장 7에서 그들의 행동에 대해 말한다. 특히 문장 7은 이야기의 피크에 가까운 특징을 나타내고 있다.

(8) 「모자장수」 문장 7
그래서 가만가만히 나무 밑으로 내려와서
모자 상자를 열고
하나씩 쓰고
다시 가만가만히 위로 올라가
자는 모자장수를 내려다보고 있었습니다.

복잡한 행동을 네 개의 비종결 등위절로 표현하고 있는 반면, 종결 독립절은 원숭이들이 잠이 든 모자장수를 바라보고 있는 상황을 진행형으로 말하고 있다. 이와는 대조적으로 대개의 표현 방식은 사건을 더 두드러지게 만들기 위해 독립절을 사용한다. 또한 '가만가만히'와 같은 의성어를 반복하여 사용하고 있다. 이 에피소드에서의 세 문장들(5, 6, 7) 외에는 마지막 문장(18)만이 '위에서 보고 있던 원숭이들은 기다리지 않고 꼭 같이 모자를 벗어서 땅에 던졌습니다'라고 말하여 유일하게 원숭이의 측면에서 서술하고 있다.

이러한 관찰들을 통해 발단의 역할을 하는 이 에피소드가 피크와 같은 특징을 지닐 수 있다는 것을 알 수 있다. 유사하게, 「효녀 심청」(3.2.2)과 「해와 달이 된 오누이」(3.2.6)에서도 발단 부분의 생동감 있는 극적 드라마를 보았다.

그럼 이 이야기의 실질적인 피크는 어느 부분인가? 에피소드 3은 잃어버린 모자를 쓰고 있는 원숭이들을 발견한 모자장수의 관점에서 사건을 다시 진전시킨다. 문장 11은 대답을 구하지 않는, 모자장수의 수사학적인 질문을 포함하고 있다. 모자장수의 시각에서 볼 때 에피소드 3을 긴장감이 가장 높은 절정으로 볼 수 있지만 그렇게 보기를 주저한다. 왜냐하면 독자의 입장에서는 원숭이들이 모자를 빼앗아간 사실을 이전 에피소드를 통해 이미 알고 있기 때문이다. 그러므로 에피소드 4를 이 이야기의 절정으로 봐야 한다고 생각한다. 다시 말해, 문장 18에서 갈등이 해결되기까지 그 긴장감과 좌절감이 최고조를 이루기 때문이다. 뿐만 아니라 에피소드 4는 피크와 같은 특징들을 갖고 있다. 이 에피소드는 절정의 순간에 생동감을 높이는 두 개의 독백 대사를 포함하고 있다. 문장 14는 아무런 반응이 없는 원숭이들에게 말하는 것이고, 문장

17은 모자장수의 생각을 독자가 들을 수 있게 표현한 것이다. 또한 모자장수가 그의 모자를 땅에 던지는 행위를 표현한 문장 17과 그와 똑같은 행동을 하는 원숭이들을 표현한 문장 18은 유사하게 병행구조(parallelism)를 이룬다. 여기에서 모자장수가 원숭이로부터 빼앗긴 모자를 되찾게 된다. 그러나 이 이야기가 워낙이 짧아서 이 이야기의 표층구조가 긴장감이 많은 절정을 충분히 반영하지 않는다고 볼 수도 있다.

「미녀와 스님」처럼 「모자장수」의 요약 실험을 했는데 그 결과로 이 이야기의 표층구조의 언어적 특징과 심층구조의 의미적 특징 사이에 상호 연관성이 있음이 드러났다.

모든 개요는 17, 18번째 문장의 의미를 포함하고 있다. 즉 모자장수가 자신의 모자를 땅바닥에 집어 던지고 그 행위를 원숭이들이 따라하

〈표 18〉 한국인과 미국인의 「모자장수」 요약에 관한 실험 결과

(+는 모자장수가 모자를 어떻게 되찾는가에 대한 종결을 추가한 경우)

	미국인 그룹					한국인 그룹					
도입	1	1			1					1	
무대배경	2				2		2			2	
에피소드 1	3 4	3 4	4	4	3 4	3 4		3	3 4	3 4	3 4
에피소드 2	7	5 6 7	7	5		7	7	7	7	5 6 7	7
에피소드 3	8 13	8 11 13		8 13	8 13					8	8 13
에피소드 4	17 18	17 18	17 18	16 17 18	17 18	17 18	17 18	17 18	17 18	17 18	17 18
종결		+	+			+			+	+	

는 절정을 함유하고 있다는 것이다. 한국인들은 긴장감이 고무되는 순간인, 원숭이가 모자를 가져가는 긴 문장 7을 모두 포함했지만 미국인들은 다섯 중에 셋만이 포함하였다. 그러나 문장 7을 포함하지 않은 사람들은 모자장수의 관점에서 문장 7을 재진술하는 문장 13(원숭이들이 모자를 다 쓰고 있는 까닭이었습니다)을 포함하였다. 모든 한국인이 서술상의 표층적 특징으로 인하여 문장 7의 의미를 중요하게 여긴 것인지는 알 수 없으나, 위와 같은 특징들이 그들의 결정에 영향을 끼쳤을 거라고 추측해 볼 수는 있다. <표 18>을 통해 알 수 있는 또 다른 재미있는 사실은 11개의 결과 중에 5개의 요약에서 에피소드 3이 언급되지 않았다는 것이다. 원숭이가 모자를 가져간 사실을 아는 한, 모자장수가 그것을 발견하는 과정이 요약에 포함될 만큼 중요하다고 생각하지 않는다는 것을 알 수 있다. 종결을 추가하는 것은 분명히 원문과는 거리가 있는 일이지만 전형적인 이야기 스키마가 어떠한가를 알 수 있게 해 준다.

짧고 재치 있는 「모자장수」 이야기의 프로필을 <그림 7>을 통해 볼 수 있다.

<그림 7> 「모자장수」의 프로필

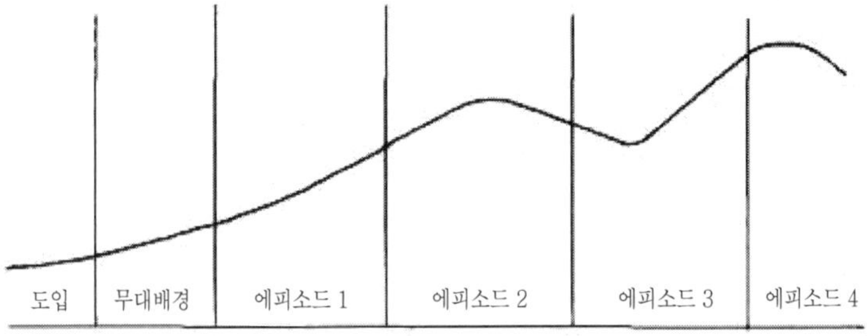

피크 후에 어떠한 에피소드나 종결도 없이 피크 후의 굴곡은 갑자기 끝이 난다. 다른 이야기들과는 대조적으로 이 이야기의 프로필은 두 곳의 정점 사이에 있는 에피소드 3에 골을 가지고 있다.

3.2.8. 「물매미」의 구조

지금까지 작자 미상의 민화 여섯 개에 대한 총체적인 구조를 보았다. 이 이야기들은 전형적으로 작자가 알려지지 않은 채 사람들의 입을 통해 구전되어 왔다. 이제는 특정한 작가에 의해 쓰인 「물매미」 이야기를 통해 짧은 이야기 단편의 구조를 살펴보겠다. 이런 민화들이나 단편 역시 이야기의 유형이며, 이야기는 설화에 포함되어 있는 유형이다.

1950년에 계용묵이 발표한 단편 「물매미」는 사회적 문제를 제시하고 있다. 이 이야기는 생계를 위해 아이들을 꾀어 물매미 노름을 하게 하는 늙은 아버지에 대해 서술하고 있다. 이야기는 물매미 노름이 아침보다 아이들이 학교가 파하고 집으로 돌아가는 오후에 인기가 더 많다는 표현으로 시작된다. 노인의 시범 후에 한 소년이 게임에 임하지만 적잖은 돈을 잃은 후 울고 만다. 이때 노인의 내면 생각을 듣게 된다. 노인은 어린 아이들을 부추겨 노름을 하게 만드는 것에 부끄러워하며 그의 어린 자식을 떠올린다. 하지만 노인에게 이 물매미 노름은 불가피한 선택이었다. 노인은 하는 수 없이 마음을 굳게 다잡고 더 아이들을 꾀려 애쓰지만 이제 아무도 노름을 하려 들지 않는다. 시간이 흐르고 노인은 자리를 뜬다. 집에서는 어머니가 학교에서 돌아오지 않은 아들을 기다리고 있다. 노인은 저녁을 먹고 학교로 아들을 찾으러 갔다가 그날 아들이 학교에 가지 않았다는 것을 알게 되고 걱정이 되기 시작한다. 그날 늦은 밤에 군밤 장수 권 서방이 아들을 집으로 데리고 온다.

〈표 19〉「물매미」의 통합적 구조

표층 위치	플롯 위치	문장	문단	내용	시간/장소/접속사
무대배경	설명	1-4	1	물매미 노름은 아이들이 집으로 돌아갈 무렵에 성행한다.	
에피소드 1 (피크 전) <표 20>	발단	5-58	2-6	노인은 아이들을 노름을 하도록 꾄다. 두 소년이 시도하다 돈을 잃고, 노인은 그 일에 회의를 느끼지만 살아가기 위한 유일한 방편이었다. 그는 짐을 꾸려 자리를 뜬다.	지금도
에피소드 2 (피크) <표 21>	절정	59-101	7-9	노인은 집으로 돌아오지 않은 아들에 대해 걱정한다. 늦은 밤에 권 서방이 아들을 데리고 와서 아들이 물매미 노름을 하다가 돈을 잃은 사실을 일러 주자 노인은 부끄러워한다.	집에서는
종결	결말	102		달빛이 노인과 아들을 비춘다.	

노인은 아들이 자기가 아이들을 부추겨 하던 물매미 노름을 하다가 학교에 낼 많은 돈을 잃었다는 것을 알게 된다. 이 얄궂은 상황 속에서 노인은 권 서방에게 인사도 제대로 하지 못한다.

이 이야기는 <표 19>에서 이중선으로 구분된 두 개의 에피소드 사이에 드러나는 양자 간의 흥미로운 차이를 나타낸다. 에피소드 1은 학교에서 그다지 멀지 않은 노상에서 물매미 노름 장사를 하는 노인을 보여 주는 데 반해 에피소드 2는 가정에서 아버지로서의 노인의 모습을 보여 준다. 표층구조상 에피소드 2의 무대배경이 시작되는 문장 59에서 '집에서는' 이라는 새 위치를 알리는 표현과 새로운 등장인물인 '마누라'가 소개된다. 또한 문장 58에서 '… 노인은 그만 짐을 싸가지고 일어섰다'라고 서술함으로써 시간과 장소가 변할 것이라는 것을 암시하고 있다.

에피소드 1에서 노인이 일반적이고 추상적인 문제로 자신의 일을 부끄러워하는 갈등을 보지만, 에피소드 2에서는 노인이 자기가 하는 일로 인해 아들이 피해를 본다는 좀 더 구체적이고 특별한 가족 문제 때문에 갈등하는 것을 본다. 그 구분이 분명하여 두 개의 분리된 이야기처럼 느껴진다. 그러나 두 에피소드는 "나-너-지금-여기"라는 4개의 주요 지시 사항(Erickson과 E. Pike, 1976)뿐만 아니라 물매미 노름이라는 매개체를 통해 명백히 연속성을 띠고 있다. 즉 두 이야기는 노인과 그의 아들이라는 같은 등장인물과, 늦은 오후부터 밤까지라는 시간적 구성, 거리에서 집까지라는 장소를 통해 서로 연결되어 있다. 이 두 에피소드 사이의 차이점은 다음을 통해 알 수 있다.

에피소드 1	에피소드 2
일반적 추상적 주제 부각 일하는 노인	특정적 구체적 행위 부각 집에서의 노인

〈표 20〉「물매미」 에피소드 1의 통합적 구조

표층 위치	플롯 위치	문장	문단	내용	시간/장소/접속사
무대배경	설명	1-4	1	물매미 노름은 아이들이 집으로 돌아갈 무렵에 성행한다.	
피크 전 에피소드 <표 22>	발단	5-36	2-4	노인은 노름을 하도록 아이들을 꾀고 두 소년이 시도하다가 실패한다. 적잖은 돈을 잃은 두 번째 소년은 눈물을 흘린다.	지금도
피크 에피소드	절정	37-48	5	노인의 내면 생각: 그는 일에 수치스러움을 느끼지만 생계를 위한 유일한 수단이기에 마음을 굳게 다잡는다.	
피크 후 에피소드	대단원	49-58	6	노인의 꾐에 아이들이 아무런 반응도 없어 노인은 짐을 싸 가지고 일어선다.	지금도

〈표 21〉 「물매미」 에피소드 2의 통합적 구조

표층 위치	플롯 위치	문장	문단	내용	시간/장소/접속사
무대배경	설명	59-61	7	노인과 아내가 아들을 기다린다.	집에서는
피크 전 에피소드	발단	62-73	8	노인은 아들을 찾으러 학교로 갔다가 아들이 학교에 오지 않은 것을 알고 걱정하기 시작한다.	
피크 에피소드	절정	74-101	9	아들은 밤늦게 권 서방과 함께 집으로 돌아오고 노인은 물매미 노름을 하다가 아들이 돈을 잃었다는 것을 알고 부끄러움을 느낀다.	밤이 이슥해서다
종결	결말	102		달이 노인과 아들을 비춘다.	

〈표 22〉 「물매미」 에피소드 1의 피크 전 에피소드의 통합적 구조

표층 위치	플롯 위치	문장	문단	내용	시간/장소/접속사
피크 전 에피소드	발단	5-7	2	노인은 시범을 보여 아이들이 노름을 하도록 꾀려고 애쓴다.	지금도
	전개	8-20	3	한 소년이 여러 번 시도했지만 한 번도 성공하지 못한다.	
피크 에피소드	절정	21-36	4	많은 시도 중에 단 한 번 성공한 다른 소년은 마지막 시도에서 20개 중에 10개의 구멍에 돈을 걸었으나 다 잃고 울게 된다.	

정교함에서 보자면 두 이야기는 많이 다르다. 에피소드 1은 여섯 문단으로 이루어져 전체 이야기의 3분의 2를 이루고 있지만 에피소드 2는 그 절반에 불과한 세 문단으로 이루어져 있다. 비록 두 이야기가 문장 수(에피소드 1: 58문장, 에피소드 2: 44문장)로는 크게 다를 바가 없지만 에피소드 1은 문장 길이가 에피소드 2보다 길다. 반면에 에피소드 2는 직접화법의 문장을 많이 포함하고 있다. 본문 분량이 에피소드 1은 두 쪽에 걸쳐 적힌 것에 비해 에피소드 2는 한쪽에 적혀 있을 뿐이다.

<표 19-22>는 전체 담화와 종속된 담화들의 통합적 구조를 나타내고 있다. 문단 1은 에피소드 1과 전체 담화의 무대배경을 동시에 보여주고 문장 102 역시 비슷하게 에피소드 2와 전체 담화의 종결을 보여주고 있다. 에피소드 1은 그것 자체가 종속된 담화인데 그 안의 피크 전 에피소드에 또 다른 이야기를 포함하고 있다. 그래서 에피소드 1은 다음과 같이 이중으로 삽입된 이야기들을 포함하고 있다.

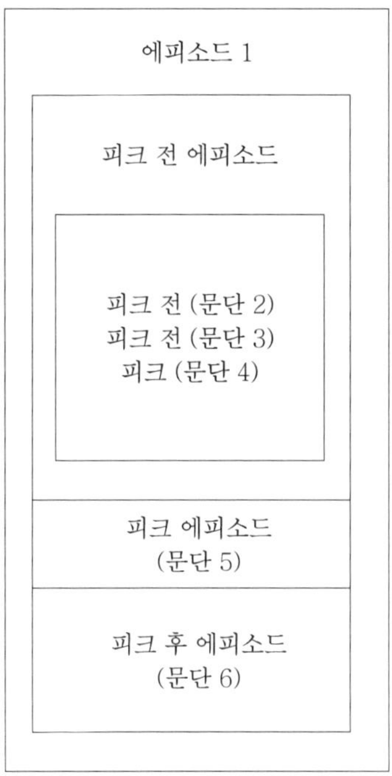

에피소드 1의 피크 전 에피소드에는 노인이 소년을 물매미 노름을 하도록 꾀어 내기 위해 시범을 하는 것(문단 2)에서부터 한 소년이 이기기 위해 힘들게 노력하는 것(문단 3)과 결국엔 다른 소년이 20개 중

에 10개의 구멍에 걸고서도 지고 말아 절망(문단 4)하기까지의 극적인 진행 과정이 드러나 있다. 문단 2의 첫 번째 문장(부록 7의 문장 5)은 매우 복잡한 문장이다.

(9) 물매미 문장 5

5 지금도 [어울려 오던] 한 패가 새로이 쭈욱 몰려들자,
물매미를 [[물에 띄운] 양철 자배기 가장자리로 돌아가며 간을 무수히 두고 간마다 번호를 써 넣은] 그 번호와 [꼭 같은] 번호를 [역시 1에서 20까지 쭉 일렬로 건너 쓴] 종이 위에 [아무렇게나 놓았던] 미루꾸 갑을 집어들고,

5a. "자, 과잔 과자대루 사서 먹구두,
잘만 대서 나오면
미루꾸나, 호각이나, 건, 소청대루 거저 가져가게 된다.

5b. 자, 누구든지?"
하고
노인은 미루꾸갑을 도로 놓고
조리를 들어
물매미를 건져서
자배기 한복판에 [[굵다란] 철사로 동글하게 휘어 공중 달아놓은] 그 동그라미 속으로 몰아넣었다.

이 문장의 가운데 부분(5a와 5b)은 인용된 직접 화법인데 그 부분을 빼고 나머지 문장이, 하나의 종속절(부사절)과 여덟 개의 삽입 수식절, 다섯 개의 비종결 등위절 그리고 마지막 하나의 종결 독립절로 이루어져 있다. 이 문장 하나의 의미를 모두 담아내려고 영어로 네 개의 문장으로 다음과 같이 번역해 보았다.

(10) 물매미 문장 5 영어 번역

1 And just now, as a group (of fellows) storm in together all in a row, (he) picks up a box of milk candy which had been left on the paper where the numbers 1 to 20 were written.

2 These numbers matched the numbers for all of the slots around the edge of the large metal tank, where a water cicada was floating in water.

3 And he says, 5a. "You will buy and eat cookies, and if you bet well and win, you will get to choose one of these milk candies or a whistle as well. 5b. So who wants to play?"

4 The old man put the box of milk candy back down, picked up a strainer, scooped up the water cicada, and dropped it through a loop, which had been made by bending a thick wire and hanging it in the air over the middle of the tank.

'칙칙 폭폭 기차'와 같이 절들이 연쇄(clause chaining)를 이루는 한국어의 특징은 파푸아뉴기니의 많은 언어처럼 여러 개의, 때로는 많은 절들이 합쳐져 하나의 긴 문장으로 만들어 질 수 있다(Longacre 1972, 2007; Longacre와 Hwang 2012: 7장). 종결절에서 동사의 시제(tense)와 시상(aspect)과 양태(modality)가 모두 나타나고 비종결절에서는 시제나 양태가 생략되거나 제한된 표현을 보인다. 그러나 영어나 다른 인구어는 동사의 굴절(inflection)에서 절이 합성될 때 대개 비종결절과 종결절의 차이를 보이지 않고 등위(co-ranking) 현상을 보인다. 이 두 유형의 언어 간 차이점은 내가 문장 5를 하나의 영어 문장으로 번역하려 했을 때 무척 흥미로웠다. 이해할 수 있는 문장 하나를 만드는 데는 결국 실패하고 문장 5 영어 번역과 같이 네 개의 문장으로 번역하였다. 이 길고 복잡한 문장은 전체 이야기 구조와 관련해서 앞으로의 갈등과 긴장을 암시하는 발단을 형성해 가는 피크 전 에피소드에서 드러난다.

에피소드 1의 피크 전 에피소드의 피크를 이루는 문단 4에서 작가는 물매미의 움직임을 기다리며 가슴이 두근거리는 아이들의 모습을 묘사하였다. 또한 문단 4에서 설명된 배경 정보들은 모두 과거시제로 기술된 반면에 주요 사건은 현재시제으로 표현되었다. 배경 정보인데 현재형인 문장 32만은 이러한 패턴의 예외이다. 시제 간의 차이점은 다음과 같다.

과거형 (배경 정보)		현재형 (주 정보)	
문장 29	…훔칠훔칠 마음들을 놀랬다.	문장 30	물매미는 … 엉뚱한 구멍에 수염을 처박고 넓주룩이 뜨고 만다.
문장 31	소년은 그게 마지막 태였다.	문장 32	더는 밑천이 없다. (배경 정보)
		문장 33	그만 울상이 되어 일어선다.
문장 35	소년은… 부아가 돋귀었다.	문장 36	"킹" 하더니 손잔등이 눈으로 울라간다.

이러한 특징들은 문단 4가 발단에 해당하는 종속된 담화의 피크 에피소드로 두드러지게 한다.

에피소드 1의 피크인 문단 5는 두 부분으로 구성되어 있다. 첫 부분은 노인이 아들을 떠올리며 자기 일에 대해 회의를 갖는 데 대한 얘기이고 뒷부분은 생계를 위해 불가피하게 이 일을 계속하기로 하는 노인의 결정에 대한 얘기다. 피크로 여기는 특징들은 다음과 같다.

1. 다른 에피소드들과는 달리 문단 5에는 사건 라인, 곧 주 정보를 보이는 종결 동사가 하나도 없다(4장 참조). 과거시제로 표현된 6개의 동사들은 구조적으로 중요성을 낮추는 것으로 이루어졌다. 즉 등식형(equative) '~이다'가 네 번, 반복형(repetitive)인 '~하곤 하다'가 한 번, 그리고 '~같다'와 같은 동사가 한 번 쓰였다. 이같이 정보의 중요성을 낮추는 특징들(등식형, 의문형, 진행형, 추정형(presumptive))은 현재시제의 동사에서도 비슷하게 나타난다.

과거형	현재형
등식형 4 반복형 1 '~같다' 1	등식형 3 등식형/진행형 1 의문형 1 추정형 1

위의 표는 문단 5에서 피크 에피소드를 이루며 갑자기 사건 라인의 주 정보를 나타내는 동사형에서 배경 정보를 나타내는 동사형으로 바뀌는 것을 보여 준다.

2. 다른 에피소드에는 대화가 많이 끼어 있는 반면에 이 부분에서는 대화가 전혀 등장하지 않는다. 대신 문장 44에 표현된 주인공의 내면의 생각을 대화 형식으로 들을 수 있다. 그는 '밥을 굶어두…' 하고 생각하다가 '정말?' 하고 다시 반문한다. 이 내면의 대화를 통해 노인의 생각을 알게 되는데, 노인이 자신의 일을 싫어하고 부끄러워하는 감정을 다스리고 현실과 타협하는 전환점이 된다.
3. 노인은 이 에피소드에서부터 이야기가 끝날 때까지 독자의 주의를 끄는 핵심이다. 그래서 뒤이은 에피소드에서 다양한 관점으로 노인의 내면생각을 들을 수 있다(문장 69-72, 83, 101참조).
4. 문장 45는 노인이 현실과 타협하게 되는 배경에 대한 정보를 독자에게 제공한다. 생계를 꾸려 나가기 위해 할 수 있는 일을 다 해 보았지만 모두 시원찮아서 노인은 안정적인 이 일을 그만둘 수가 없었다. 이 문장이 무척 긴 편이긴 하지만 문단 2의 문장 5처럼 복잡하진 않다.

에피소드 2의 피크(문단 9)가 보여 주는 특징들은 다음과 같다.

1. 이 부분에서는 다른 부분에서보다 직접인용 발화가 많이 들어 있다. 이 특징은 특히 에피소드 1의 절정과 대조적이다. 에피소드 1에서는 위에서 언급했다시피 대화가 전혀 등장하지 않는다. Larson(1978)이 지적한 것처럼 서술과 대화의 매개변수 변화가 이야기의 절정을 나타낼 수 있는데, 서술에서부터 유사대화, 대화, 드라마 기법으로 변하든지 아니면 반대로 드라마 기법에서부터 서술로 가든지 어느 방향으로도 갈 수 있다.
2. 역할의 반전이 대화를 통해 여실히 드러난다. 처음에 노인은 권 서방에게 무슨 일이 일어났는지, 그가 아들과 무얼 했는지에 대해 추궁한다. 하지만 권 서방은 노인이 부끄러워하기 시작한 이후로 대화를 주도적으로 이끌어 권 서방이 돌아갈 때즈음엔 노인은 권 서방에게 인사도 건네지 못할 지경이 되고 만다.
3. 에피소드 2 절반 이후에는 노인과 권 서방의 대화에서 권 서방의 독백으로 변한다.
4. 문장 87-93 사이의 가장 긴 직접인용은 인용 형식(quotation formula) 없이 또 뒤이은 문장에서 누가 화자인지 어떠한 암시도 없이 표현된다. 바로 이 부분에서 권 서방이 노인의 아들이 학교 가는 길에 무엇을 했는지를 일러 준다. 노인이 돈을 벌던 바로 그 물매미 노름으로 아들이 돈을 잃은 극적인 아이러니를 보여 준다. 노인은 그 노름으로 돈을 벌어서 학교 부담금을 모았는데 아들은 바로 그 돈을 잃었던 것이다.
5. 노인의 생각이 권 씨의 긴 이야기 사이에 설명되고 노인은 너무 부끄러워 말도 제대로 못한다.

권 서방의 독백	노인에 대한 묘사
문장 87-93 문장 97-100	문장 94-96 문장 101

두 피크의 특징은 확실히 대비된다. 이 차이점은 행동적 측면에서의 피크와 주제적 · 교훈적 측면에서의 피크 간 특징들을 잘 나타낸다. Woods(1980)와 Longacre(1979b, 1985)는 할비(Halbi) 신화와 창세기 대홍수 이야기에서 주제(교훈적) 피크가 행동 피크 뒤에 오는 것을 지적했다. 이것을 「물매미」 이야기와 비교해 본다면 「물매미」 이야기의 경우엔 주제 피크가 행동 피크보다 앞서 있음을 알 수 있다. 이 두 종류의 피크에 대한 비교는 다음과 같다(Woods 1980 참조).

주제 피크	행동 피크
시간적 진행이 거의 없음 대화 없이 내면의 생각 표현 역할 반전 없음 사건 라인 동사 없음 긴 문장 한 사람의 참여자 (배경으로 몇몇 아이들이 등장)	시간적 진행 대화와 독백 모두 존재 역할 반전 있음 사건 라인과 비사건 라인 동사 모두 짧은 문장 두 사람의 참여자 (근처에 서 있는 제 삼자 등장)

이 비교는 어디까지나 「물매미」 이야기에 국한된 것이므로 이 이야기처럼 두 가지 피크로 나뉘는 다른 한국 이야기들에 대해 일반적으로 해당된다고 할 수는 없다.

에피소드 2의 피크 뒤에, 달빛이 노인과 아들을 비추고 있다는 종결(문장 102)이 옴으로써 모든 서스펜스의 결말을 알린다. 작가는 어떠한 해결책도 제시하지 않는다. 우리는 노인이 결국은 자기 일을 그만뒀다든지 혹은 계속 그 일을 했다든지 하는 이야기를 들을 수가 없다. 노인의 다음 행위는 독자들에게 중요성을 갖지 않고, 다만 독자는 그 상황 속에서 사회적 문제의 영향에 대해 생각해 보게 된다.

이 프로필은 독특하게, 두 곳의 높은 피크와 그 사이에 깊은 골이 있

〈그림 8〉「물매미」의 프로필

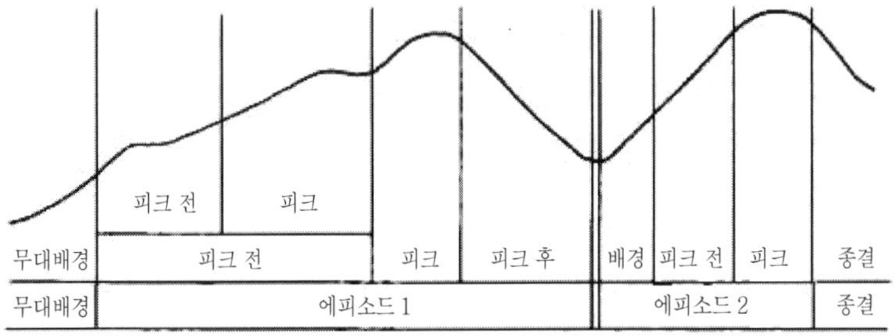

어서 이제까지 본 프로필과 대조된다. 에피소드 1의 피크는 꽤 높아서 거의 에피소드 2의 피크만큼 올라간다. 첫 번째 피크 전에 두 번의 돌출이 있는 것에 반해 두 번째 피크 전에는 그러한 돌출이 없고 급격하게 올라가는 곡선을 보인다.

3.2.9.「이런 음악회」의 구조

「이런 음악회」는 1936년에 김유정이 쓴 1인칭 서술 지점의 이야기이다. 다음은 요약한 내용이다.

> 항상 응원단장이 되고 싶어 했던 황철은 바이올린을 연주하는 학급 동료를 위해 응원부의 멤버로 나를 연주회에 데리고 갔다. 그는 나중에 만두를 사 주기로 약속했다. 행사가 시작하자 나는 지루함을 느꼈고 곧 잠이 들어 버렸다. 황철은 우리의 친구가 무대 위에 올라서자 나를 깨웠고, 우리 모두는 박수를 치며 미치게 "앵콜"이라고 외쳤다. 하지만 공연장이 너무 커서 네 곳의 후미진 곳에 있던 우리 15명으로는 다른 관람객들을 흥분시키지 못했다. 다음으로 한 신사가 무대 위에 올라왔다. 그는 바이올린 연주를 매우 잘 하였고, 위층에 있던 30-40 명가량의 응원 모임의 힘으로 큰 갈채를 받았다. 결국, 나도 그들과 함

께 발을 동동 구르며 앵콜이라고 외치면서 그를 응원했다. 그때, 황철이 나를 데리고 나가서 내가 우리 친구들 모두의 명예를 더렵혔다고 화를 냈다. 나는 만두 안 먹으면 그만이라고 약이 올라서 서둘러 층계를 내려와 버렸다.

이 이야기에서 어떤 의미와 주제를 도출해 낼 수 있을까? 애매모호한 제목 「이런 음악회」 자체가 암시하듯이 이 글에서는 여러 민담이 지니고 있는 교훈적인 주제나 가르침도 없고, 또한 「물매미」에서처럼 사회적인 주제도 나타나지 않는다. 하지만 이 글은 자신이 응원하던 연주자가 못했을 때 다른 사람을 응원하게 된 설화자의 충동적이고 돋보이는 행동에 대하여 말하고 있다. 이야기가 다른 등장인물들이 받아들일 수 없는 행동을 하는 설화자의 관점에서 쓰였기 때문에 우리는 설화자에게 동정심을 느끼게 되고, 그가 왜 그렇게 행동했는지 이해하려고 노력한다. 어쨌든 응원 받을 자격이 있는 사람이면 누구나 응원할 수 있어야 하지 않겠는가.

<표 23>은 「이런 음악회」의 세 개의 에피소드에 무대배경과 종결을 더한 구조를 보여 준다. 에피소드 1은 문단 1로 구성되어 있고, 문단 1에는 사건의 진행이 멈추고 황철이에 대한 배경 정보가 나오는 종속된 문단(문장 5-9)이 있다. 이 배경 정보를 주는 부분에서의 현재시제는 황철의 습관을 드러내고, 잠시 동안 사건 진행이 끊긴다는 것을 보여 준다. 발단 부분을 나타내는 에피소드로, 여기에서 대화체가 사용되고 이 대화체가 드라마 기법으로 두 번 발전된다.[14)]

---

14) 이 경우에 드라마라는 용어는 제한적인 의미로 사용된다. 왜냐하면 이 이야기에서는 부록(8의 문장 4 같이) 하나의 문장 범위 내에서 인용 형식 없이 말하기가 서로 번갈아 일어나기 때문이다.

4 번히 성미가 겁겁한 놈인 줄은 아나 그래도 이토록 씨근거리고 긴 달려듦에는, 하고,

〈표 23〉「이런 음악회」의 통합적 구조

<table>
<tr><th>표층 위치</th><th>플롯 위치</th><th>문장</th><th>문단</th><th>내용</th><th>시간/장소/접속사</th></tr>
<tr><td>무대배경</td><td>설명</td><td>1</td><td rowspan="2">1</td><td>저녁 식사 후 밖으로 나온다.</td><td>여섯점 반이 넘었다</td></tr>
<tr><td>에피소드 1
(피크 전)</td><td>발단</td><td>2-14</td><td>응원하는 것을 좋아하는 황철은 나를 멈춰 세우고 음악 대회에 응원하러 가자고 설득 한다. 그는 만두를 사 주겠다고 약속한다.</td><td></td></tr>
<tr><td>에피소드 2
(피크 전)
<표 24></td><td>전개</td><td>15-42</td><td>2-4</td><td>그는 나와 우리 친구들에게 응원 전략을 설명한다. 그런 후 우리는 안으로 들어가네 구석에 자리를 잡는다. 나는 행사가 진행되자, 지루해서 잠이 들어 버린다. 황철은 우리가 응원하는 바이올린 연주가가 나올 때 나를 깨운다. 우리는 박수를 치고 "앵콜"을 소리 지르지만 우리의 응원은 실패로 돌아간다.</td><td>음악회장 입구에</td></tr>
<tr><td>에피소드 3
(피크)
<표 25></td><td>절정</td><td>43-58</td><td rowspan="2">5-6</td><td>그리고 나서 다음 신사가 바이올린을 매우 잘 연주하고 큰 갈채를 받는다. 그 남자를 응원하는 사람들의 성공적인 응원에 감명하여 나도 그들의 응원에 동참한다. 황철은 나를 데리고 나가서 화를 낸다. 그래서 나는 만두 먹지 않으면 그만이라고 말한다.</td><td>그뿐 아니라</td></tr>
<tr><td>종결</td><td>결말</td><td>59</td><td>화가 나서 나는 층계로 내려온다.</td><td></td></tr>
</table>

에피소드 2는 세개의 문단들로 구성된 종속된 담화에 의해 이뤄진다(<표 24>). 문단 2는 뒤따라오는 평범한 사건(응원 계획을 짜는 것)을 말하고 있다. 이 문단 2에서도 다른 부분들에서와 마찬가지로 현재 시제와 과거시제가 혼합되어 사용된다. 전개 부분을 나타내는 다음 짧은 문단에는 대화체가 사용되지 않는다. 여기에서 설화자가 연주회 도

4a "왜 그러니?"
4b "너 오늘 콩쿨음악대횐 거 아니?"
4c "콩쿨음악대회?" 하고 나는 좀 떠름하다가 그제서야 그 속이 뭣인 줄을 알았다.

〈표 24〉「이런 음악회」 에피소드 2의 통합적 구조

<table>
<tr><th>표층 위치</th><th>플롯 위치</th><th>문장</th><th>문단</th><th>내용</th><th>시간/장소/접속사</th></tr>
<tr><td>무대배경</td><td>설명</td><td>15-16</td><td rowspan="2">2</td><td>우리가 도착했을 때, 반 친구들이 기다리고 있다.</td><td>음악회장 입구에</td></tr>
<tr><td rowspan="2">피크 전 에피소드</td><td>발단</td><td>17-25</td><td>황철은 그의 전략을 우리에게 설명하고 우리는 안으로 들어가서 네 곳의 가장자리에 자리를 잡아 앉는다.</td><td></td></tr>
<tr><td>전개</td><td>26-32</td><td>3</td><td>나는 프로그램이 진행되자 지루함을 느끼고 잠이 들어 버린다.</td><td>일곱 점 정각이 되자</td></tr>
<tr><td>피크 에피소드</td><td>절정</td><td>33-40</td><td rowspan="2">4</td><td>황철은 우리의 바이올린 연주가가 무대에 나올 때 나를 깨운다. 우리는 박수를 치고 "앵콜"이라고 외친다.</td><td></td></tr>
<tr><td>종결</td><td>결말</td><td>41-42</td><td>그는 우리의 응원이 실패했기 때문에 시무룩한 기색이다.</td><td></td></tr>
</table>

중에 잠이 들어 버리는 것은 받아들여질 수 없는 첫 번째 행동이다. 응원부와 관련된 그 갈등은 큰 공연장 안에서 네 구석에 나뉘어 있던 15명의 응원이 다른 사람들을 고무하지 못하는 문단 4(종속된 담화의 피크 에피소드)에서 최고점에 다다른다.

에피소드 3(<표 25>)은 이야기의 절정 부분에 해당한다. 이 에피소드에서 다른 바이올린 연주자와 실패한 우리 연주자, 다른 응원부와 실패한 우리 응원부가 대조되어 나타난다. 그 뒤에 설화자와 황철 사이에서의 대화 문단은 이 에피소드의 피크 부분을 나타낸다. 마지막 문장인 문장 59는 에피소드 3과 전체 이야기 모두를 끝마치는 종결 역할을 한다. 그러므로 앞서 소개했던 작품 「물매미」와 유사하게 미완성인 결말을 갖는다.

이 피크 에피소드를 표시하는 표층적 특징들은 시제와 대화를 매개변수로 갖고 있다. 현재시제는 피크에 널리 사용된다. 종결절들에서 시제의 사용이 어떻게 분배되었는지 다음의 표를 주목해 보자. 대화 부분에서 인용 부호 안에 있는 직접인용은 포함하지 않았다(이 이야기에서 현재시제의 정보의 중요성에 관한 논의는 4장의 4.2.1.2를 참조).

〈표 25〉「이런 음악회」 에피소드 3의 통합적 구조

표층 위치	플롯 위치	문장	문단	내용	시간/장소/접속사
무대배경	설명	43	5	다른 신사 한명이 바이올린을 가지고 무대에 등장한다	그뿐 아니라
피크 전 에피소드	발단	44-52		그는 연주를 잘하고 큰 갈채를 받는다. 그를 응원하는 사람들의 성공적인 응원에 감명해서 나도 그들에게 동참한다.	
피크 에피소드	절정	53-58	6	황철은 나를 데리고 나가서 화를 낸다. 그래서 나는 만두를 먹지 않겠다고 말한다.	그랬더니
종결	결말	59		화가 나서 나는 계단을 내려온다.	

에피소드	1	2			3	
문단	1	2	3	4	5	6
현재	8	5	4	5	8	4
과거	4	5	3	5	2	1

이러한 시제의 빈도에 관하여, 에피소드 1에 황철을 묘사하는 데 현재시제가 네 번 사용된 종속된 문단이 있다는 것을 앞서 언급했다. 문단 1에서 이 네 개의 동사들을 배제한다면 현재와 과거시제의 비율은 1:1이 되는데 문단 2에서부터 문단 4까지의 비율도 비슷하다. 하지만 이 비율은 마지막 두 문단(문단 5와 6)에서 현재시제를 선호하는 4:1로 변하는데 그 부분이 전체 이야기의 피크에 해당되는 에피소드이기 때문이라고 본다.

에피소드 3 피크의 두 문단은 대화의 사용이 서로 대조된다. 문단 5에서는 대화체가 사용되지 않는다. 대신에 서술 형식으로 되어 있는 문장 45 '그는 제멋에 질리어 팔 뿐 아니라 고개며 어깨까지 바이올린 채를 따라다니며 꺼덕꺼덕하는 모양이 얘, 이놈 참 진짜로구나, 하고 감탄 안 할 수 없다'에 말들이 인용부호 없는 형태로 삽입되어 있다. 또 다른 삽입은 한국어 텍스트의 문장 48의 괄호이다. '위층에서 (한 삼사십 명 되리라) 떼지어 악을 쓰는 것이 아닌가'. 괄호는 황철에 대해 말하고 있는 에피소드 1의 문장 7에서도 사용된다. 「물매미」에서 첫 번째 종속된 담화의 피크에서처럼 여기에서 서술, 유사대화, 대화, 드라마 기법으로 발전하는 생생함의 정도를 반대로 적용시킬 수 있다. 대부분의 이야기들이 피크에서 대화체나 드라마 기법을 많이 사용하는 반면에, 「이런 음악회」의 피크 에피소드에서는 대화체나 간접화법 표현이 전혀 존재하지 않는다.

이와는 대조적으로 문단 6에서는 이 이야기의 다른 문단들보다 대화체나 드라마 기법이 많이 사용되었다. 대화의 교류가 한 문장 안에서 자유롭게 일어나는데 예를 들어 문장 55에는 55a부터 55e까지 인용문이 다섯 개가 있다. 반면 전체 이야기의 피크 에피소드인 에피소드 3의 피크 부분인 이 문단에서 문장 56만이 인용문을 지니고 있지 않다. 간략하게 말하자면, 대화체가 널리 사용된 것이 절정 부분을 나타내는 피크 자체를 표시하는 반면에, 대화체의 부재는 발단 부분을 나타내는 피크 전 에피소드를 특징짓는다. 같은 에피소드 내에서 대화 매개변수에 따라 양쪽 방향으로 변화하는 것은 에피소드 3이 전체 이야기에서 피크 에피소드라는 것과 상관성이 있다.

이 이야기의 프로필은 다음과 같다. 프로필의 끝부분으로 갈수록 곡선

〈그림 9〉「이런 음악회」의 프로필

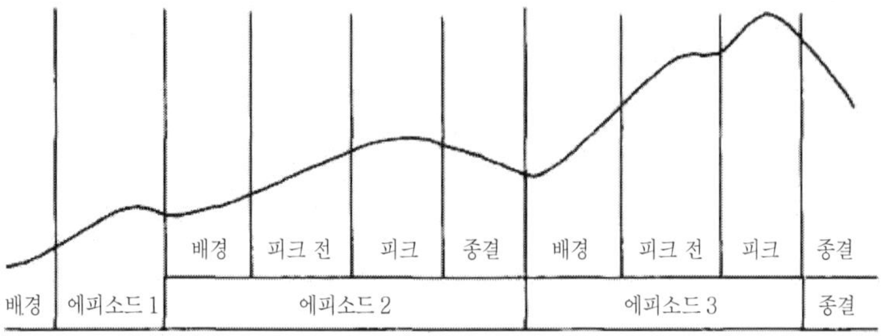

이 높아지고, 이 이야기가 미결정 상태의 서스펜스적 결말을 지니고 있기 때문에 곡선이 뚜렷하게 밑으로 떨어지지 않는다는 것을 알 수 있다.

다른 이야기들의 프로필과 비슷하게 이 프로필은 에피소드 1에서 작은 언덕 모양을 하고 있다. 반면에, 이 프로필은 다른 이야기들의 프로필과 다른 특징들을 명확하게 보여 준다. 에피소드 2에 피크 부분이 있지만, 그것은 이야기의 끝부분의 높은 부분보다 훨씬 낮은 것이다. 에피소드 3의 피크 전 부분이 매우 뚜렷하고 거의 피크만큼이나 높다.

3.3. 끝맺는 말

앞에서 여덟 개의 한국 설화, 어린이를 위한 여섯 개의 민담과 어른들을 위한 두 개의 단편에 대한 총체적인 구조를 연구했다. 이제 통합적인 구조와 프로필 사이의 관계를 중심으로 이야기들을 비교하고자 한다. 통합적인 구조와 프로필은 같이 따라 움직이는 관심거리이다. 표층구조에서의 위치를 지정하는 것은 이야기 프로필의 곡선에 상당히 많은 영향을 끼친다. 또한 피크의 특징들을 밝혀내는 것과 그것이 일반화될 수 있는지 없는지가 이 문제들과 밀접하게 연관되어 있다.

3.3.1. 이야기들 사이의 구조적인 차이점

일반적으로 우리는 여러 이야기 문법 학자가 가정했던 것처럼 이야기라는 것이 매우 유사한 구조를 지니고 있을 거라고 생각한다. 예를 들자면, 장면 설정(setting)에서 갈등과 해결로 나아가는 전반적인 구성이다. 하지만 한국 설화들을 분석해 본 결과, 어떤 두 이야기도 구조적으로 동일하지 않다는 것을 알게 되었다. 인간의 행동과 문화의 양상이 다르게 존재하는 것처럼, 두 개의 갈등하는 힘(보편성 대 특수성, 전통 대 개혁, 관습 대 갱신)은 담화에서도 적용된다.

이러한 갈등과 관련해서 Cassirer(1961: 209)는 "형식의 불변성과 형식의 가변성은 모든 분야에서 만나게 된다"고 말한다. 같은 맥락에서 Mukarovsky(1970)는 미학적인 기준들은 위반되기 마련이라고 하면서 그 기준들의 역동성에 대해 주장했다. 또한 Doležel(1980:21)은 다음과 같은 주장을 했다.

> 문학이라는 영역에서 어떠한 기준도 안전하지 못하다는 것은 잘 알려져 있다. 문학의 진보라는 것은 문학적인 기준에 끊임없이 도전하고, 끊임없이 수정하고 창조하고 파괴하는 과정이다.

실제로 사람들은 이러한 참신함과 일탈이 문학작품에, 보다 넓게는 문화적 산물 모두에, 필요한 조건들이라고 생각해 왔다. 이야기를 흥미롭게 만드는 것이 바로 이러한 참신함인 것이다. 또는 Beaugrande와 Colby(1979)가 말했듯이, 그것은 흥미 조건, 불명백성의 조건이기도 하다. 그러므로 한국 설화에서도 플롯 줄거리(발단, 전개, 절정)를 펴

나가는 데 있어서 보편적인 구조적 위치들이 있는 반면에, 그러한 보편적인 것을 수정하려는 반대적인 요소도 존재한다.

<표 26>은 모든 이야기에 무대배경, 피크 전 에피소드, 피크 에피소드가 있다는 것을 보여 준다. 하지만 「효녀 심청」, 「은혜 갚은 까치」, 「해와 달이 된 오누이」 세 개의 이야기만이 피크 후 에피소드를 지니고 있다. 나머지 이야기들은 피크에서 끝이 나거나 「모자장수」, 「호랑이」, 「물매미」, 「음악회」에서 처럼 피크 다음에 오는 결말 부분에서 끝난다. 표층구조와 플롯구조 사이의 관계를 나타내는 것에서 무대배경이 항상 심층 플롯구조의 설명 부분을 나타낸다는 것을 알 수 있다.[15)]발단 부분은 규칙적으로 피크 전 에피소드로 나타나고, 또 다른 피크 전 에피소드가 있다면 그것은 전개를 나타낸다. 모든 이야기에서 피크 에피소드는 플롯상의 절정과 일치하고, 세 이야기에서의 피크 후 에피소드

〈표 26〉 한국 설화 여덟 개의 표층구조와 플롯상의 구조 관계를 나타낸 도표

(*는 종속된 담화를 나타냄)

	심청	스님	까치	호랑이	오누이	모자장수	물매미	음악회
	도입	프롤로그		도입	도입	도입		
설명	무대배경	무대배경	무대배경	무대배경	무대배경	무대배경	무대배경	무대배경
발단	피크 전*	피크 전	피크 전	피크 전*	피크 전*	피크 전	피크 전*	피크 전*
전개						피크 전		피크 전
절정	피크*	피크*	피크	피크*	피크*	피크	피크*	피크*
대단원	피크 후*		피크 후		피크 후			
결말	종결	종결	종결	종결	종결		종결	종결
		에필로그						

15) 「모자장수」에서 무대배경과 에피소드 1이 합해져 설명 부분을 이루는 독특한 경우에 대해 3.2.7에서 논의했는데 이 표에는 표시하지 않았다.

들은 대단원을 나타낸다. 「모자장수」를 제외하고 모든 이야기는 결말을 나타내는 '종결'을 가지고 있다. 하지만 두 개의 단편에서 나타나는 결말은 많은 현대 소설이 그러한 것처럼 어떠한 해결이 제시되어 있지 않은 채 미완성인 상태로 끝나는 것이다. 반면에, 이야기에 제시되어 있지는 않지만 「모자장수」의 결말은 명확한 것이고, 피크 에피소드로부터 도출해 낼 수 있다. 「미녀와 스님」은 유일하게 프롤로그와 에필로그를 지녔는데 그것은 그 이야기를 이야기의 플롯 밖에 있는 어떤 것(탑)과 연결한다. 네 개의 민담은 '옛날'이라는 공식적인 어구로 이야기를 시작하는 도입 부분에서부터 시작된다.

각 기능상 위치들을 미리 관찰하는 것은 관습과 갱신이라는 질문으로 되돌아가게 만든다. 이야기들 사이에 보편적인 유사성이 있는 반면에, 갱신과 특수성이라고 말할 수 있는 그 이야기만의 독특한 특징들도 있다. 그런데 종속된 담화(<표 26>에 별표(*)로 표시된)를 포함한 구조들을 고려한다면 후자, 곧 독특성이 보다 더 드러날 것이다. 여덟 개의 이야기 중에 여섯 개가 종속된 담화를 지니고 있는 관계로 이러한 종속 구조 형식이 보다 일반적인 것으로 볼 수 있다.

3.3.2. 피크 부분을 나타내는 특징들

지금부터 피크 부분을 특징 짓고, 이야기가 독특한 구조와 프로필을 갖게 하는 특징들을 다루어 보고자 한다. 각각의 특징들에 관하여, <표 26>에서 사용된 약자 제목을 이용해 그러한 특징들을 나타내는 이야기의 피크를 제시해 보고자 한다. 두 개의 단편 각각에서 두 개의 피크 부분이 대조되기 때문에 제목에 숫자 1, 2를 붙임으로써 어떤 피크인지 명확하게 설명할 것이다. 「물매미」의 에피소드 1의 피크 부분은 물매미1로, "음악회"의 에피소드 3(전체 이야기의 피크)의 피크 전 에피소드는 음악회1로 피크 에피소드는 음악회2로 표시할 것이다. 피크 부분을 드러내는 특징들은 다음과 같다.

1. 사건 라인에 배경을 나타내는 동사의 시상과 양태를 사용: 까치, 물매미1
2. 시제가 현재로 변하거나 현재시제의 잦은 사용: 스님, 까치, 물매미1, 음악회1, 2
3. 종결 독립절보다는 종속절이나 비종결 의존절들이 중요한 사건을 드러냄: 스님, 오누이, 까치, 모자장수
4. 보다 많은 대화체와 드라마 기법으로의 변화: 까치, 오누이, 물매미2, 음악회2
5. 대화체에서 독백이나 서술로 변화: 물매미1, 음악회1
6. 반복이나 말바꿈같은 수사학적인 강조와 보다 상세하게 묘사함으로써 행동을 느리게 함: 스님, 물매미1, 음악회1
7. 역할 반전: 심청, 스님, 까치, 호랑이, 물매미2
8. 사람이 붐비는 무대: 심청
9. 의성어의 사용: 심청, 까치, 호랑이
10. 시점(vantage point)의 고정: 물매미1
11. 주격조사 '가'가 주제와 관련된 인물들을 두드려져 보이게 하기 위해 일상적으로 사용되는 주제조사 '는' 대신에 사용됨: 심청
12. 마이너스 기법, 즉 이야기의 중요한 부분을 생략: 심청
13. 행동의 병행(parallelism): 모자장수

위에서 제시한 목록들에서 세 가지 특징(1, 2, 3번)은 4장에서 논의하는, 정보의 상대적인 중요성에 대한 반대적인 적용으로써 같이 묶을 수 있다. 이러한 특징들은 현재시제, 진행형, 부정형, 의문형의 특별한 사용, 그리고 피크에서 생동감을 높이기 위해 의존절을 특별히 사용하는 것이다. 특징 (4)와 (5)는 대화 매개변수에서 반대 방향으로의 변화

를 나타낸다. 마지막으로 다섯 개의 특징(8, 10, 11, 12, 13번) 각각을 예증하는 이야기를 하나씩 발견했다. 분명 이러한 특징들은 피크 부분을 나타내는 데 동사의 독특한 형태의 사용보다 덜 자주 쓰이는 "비결자루"(bag of tricks)에서 나온 기법들이다.

3.3.3. 프로필의 비교

프로필은 특히 정상 지점을 표시하는 피크와 관련된 표층구조 특징들을 보여 준다. 그러므로 프로필은 이야기의 전체적인 표층구조를 시각적으로 나타낼 수 있게 고안된 것이다. 프로필은 전체 담화의 결합을 보여 주는 연속되는 선이기 때문에 통합적인 것이라고 할 수 있다. 즉 프로필은 어떤 담화가, 기록된 것이든 구두에 의한 것이든, 그것을 선형적으로 나타낼 수 있으므로 담화의 부분들 사이에 밀접한 관계가 있다는 것을 보여 준다. 프로필에서, 피크 부분 중 가장 두드러진 곳은 이야기의 높은 지점과 일치하고, 그곳에서 긴장은 최고조에 이른다.

이들을 보다 쉽게 비교할 수 있도록 <그림 10>에 이 글에서 연구한 여덟 개 설화의 프로필을 간단하게 보여 준다.

종속된 담화가 이 프로필들에 포함되어 있기 때문에 우리는 <표 26>의 도표보다 <그림 10>에서 이야기들의 구조적인 차이점을 보다 명확하게 발견할 수 있다. 비록 「은혜 갚은 까치」와 「해와 달이 된 오누이」가 비슷한 프로필을 가졌더라도 엄밀하게는 같지 않다는 것이 주목할 만한 사실이다. 높은 지점들은 모두 이야기의 후반부에 위치하고 있다. 그것은 이야기들 끝부분의 특성과 언어적 반영이 상호 관련되어 있다는 것을 보여 준다. 「은혜 갚은 까치」와 「모자장수」를 제외한 모든 이야기는 다양한 에피소드 안에 종속된 담화를 지니고 있다.

<그림 10> 한국 설화 여덟 개의 프로필 (*=종속된 담화)

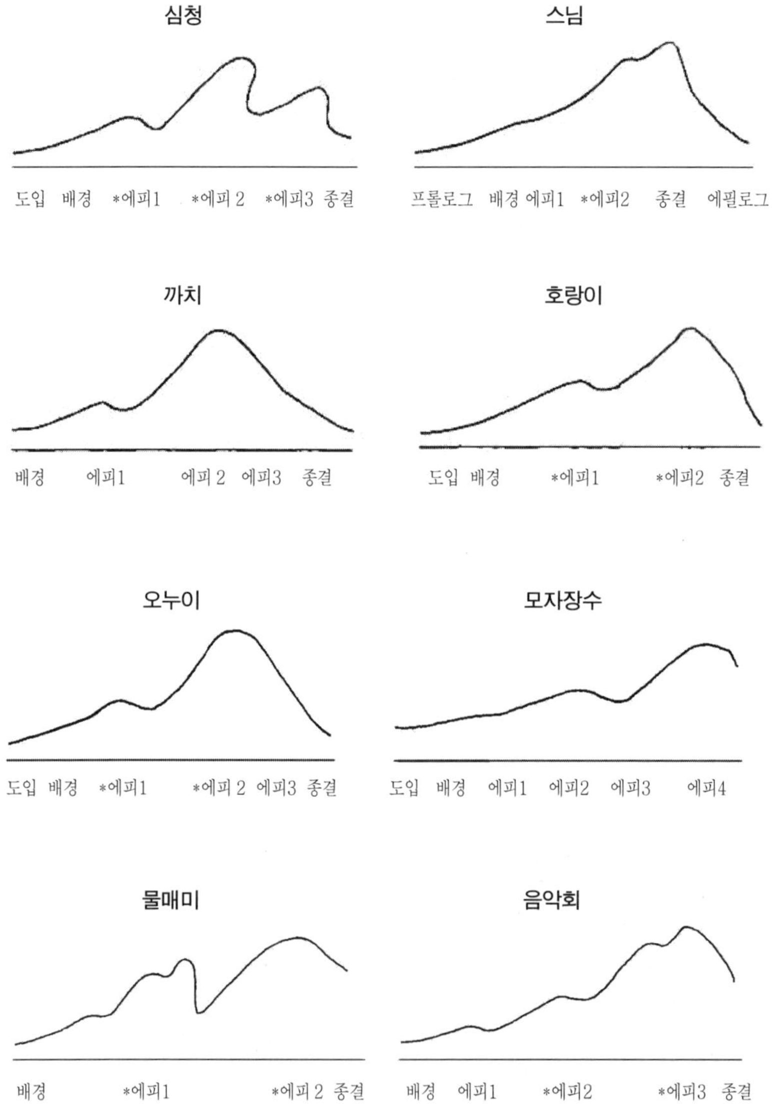

모든 이야기의 프로필에서, 가장 높은 지점인 피크 전에 작은 언덕 모양이 나타난다. 이것들은 발단 부분을 나타내는 에피소드에서 나타난다. 이것은 아프리카의 반투(Bantu)어인 칸지메(Konzime) 설화에서 Beavon(1979)이 일찍이 관찰했던 것과 일치하는 것이다. 또한 이야기의 첫 번째 흥미를 일으키는 지점이 평범하게 지나가지 않고 피크 같은 특징을 보인다는 것을 반영한다. 몇몇 프로필(까치, 오누이, 호랑이, 모자장수)이 상대적으로 간단한 곡선을 나타내는 반면에, 다른 것들(심청, 스님, 물매미, 음악회)은 보다 복잡한 곡선을 갖는다. 이 복잡성은 종속된 담화 때문일 수도 있다. 종속된 담화의 프로필은 일반적으로 그들 자신의 피크 부분이나 전체 이야기의 발단 부분을 나타내는 에피소드에서 높은 지점을 보여 준다.

전체 이야기의 프로필은 이야기의 개별적인 문장들에 초점을 맞춤으로써 도출될 수 없는 것이다. 게다가 구성 문장의 어떤 특징들은 담화의 프로필과 관련해 보기 전에는 설명될 수 없는 것들이 있다. 예를 들면 정보의 상대적인 중요성 정도(4장 참조)가 피크에서 반대로 적용되는 것과 같다. 이처럼 전체 담화 구조의 프로필과 관련하여 설명될 수 있는 언어적 특징들이 있다.

제4장

정보의 상대적 중요성

4.1. 들어가기

이 장의 목적은 한국 설화에서 동사가 어떻게 담화와 관련된 정보의 상대적 중요성을 알리는 기능을 하는지 연구하는 것이다. 정보의 상대적 중요성의 문제와 관련해서 여섯 가지의 요소를 볼 수 있다. 시제, 시상(aspect), 서법(mood)/양태(modality), 타동성(transitivity)과 능동/수동태(voice), 동사의 종류, 문장 내의 절 배합구조가 그것이다. 이 여섯 가지 요소를 체계적으로 다룬 후에 한국 설화에 적용하여서 정보의 중요성을 연속체(continuum) 가설과 여러 순위(multiple levels of information)로 분리된 가설 두 가지로 보여 주고자 한다.

van Dijk(1977a, b)와 Hopper(1979, 1987) 등이 말한 것처럼, 담화에서 어떤 정보는 다른 정보들보다 더욱 두드러지기 때문에 사람들의 기억에서 더 오래 유지된다. 이 두드러진 정보는 전경 정보(fore-ground information)라 불리고, 설화의 기본 구조를 이루며 사건의 시간적 및 논리적인 순서에 기여한다. Hopper와 Thompson(1980: 281)에 인용된 Dorfman(1969: 5)의 설명으로 핵심 사건과 주변 사건의 차이를 보겠다.

> 어떠한 설화에서든지 몇몇 사건은 다른 사건들보다 중요하다. 예술적인 설화문에서 이야기가 전개될 때 모든 사건이 동등한 중요성을 가진다고 상상하기는 어렵다. 이런 이유로 구조적 요소를 이루는 사건을 두 가지 부류로 나눌 수 있다. 에피소드의 중심적인 초점과 핵 역할을 하는 핵심 사건과, 중심 주위에서 핵을 지탱하고 에피소드를 보충하는 주변 사건이다.

설화에서 행동은 상태나 설명보다 더 중요하고 두드러진다. 4장에서 전경(foreground)과 배경(background), 전경 정보와 배경 정보 사이의 두 가지 구별을 계속하면서, 여러 가지 표층구조와 심층(개념)구조들의 문법적 형태들을 고려함으로써 여러 층위의 정보 또는 더 나아가서 연속적인 정보로 더 나은 구별을 소개하고자 한다.

한국어 문법과 동사의 형태를 언급하기 전에, 정보의 단계를 다루는 연구들을 검토해 보는 것이 필요하다. 이것은 이 연구를 다른 적절한 연구와 연결되게 하고 이 연구의 이론적 기초를 확립하기 위해서이다.

Gleason(1968)은 담화의 사건 라인(event-line)을 다른 요소로부터 구별했고, 그때부터 여러 언어학자들은 담화의 관점에서 다른 종류의 정보를 고려하는 그의 의견을 지지했다. 예를 들어 Grimes는 그의 책 『담화의 실』(The Thread of Discourse, 1975)에서 사건과 비사건(nonevent)을 각각 두 개의 장에서 다루었다. 사건에는 시간적 순서와 논리적 순서, 두 가지의 순서가 관련된다. 비사건에는 네 가지 종류가 있다. (1) 장면 설정(setting; 공간적, 시간적), 이것은 담화의 일반적 틀, 곧 프레임이다. (2) 배경 정보(background information), 이것은 설명이나 의견, 또는 삽입된 설화를 포함한다. (3) 서술자나 참여자의 평가(evaluation), 그리스의 코러스(Greek chorus)처럼 문화적 배경에서 오는 평가일 수도 있다. 그리고 (4) 부수적인 정보(collateral information), 이것은 부정문, 의문문(수사의문(rhetorical question)을 포함해서), 예언문 또는 인용문처럼 '무엇이 아니다'나 '무엇이 안 일어났다'라고 말하는 것이다.

Grimes가 이러한 구분들을 주로 의미론적 실마리에 기초하는 반면에 다른 언어학자들은 시제, 시상, 양태가 담화에서 정보의 두드러짐과 중요성을 알리는 데 중요한 역할을 한다고 지적했다. 예를 들어 Hopper (1979)는 세 가지의 주요한 전경 기법을 제시했다. (1) 프랑스어나 러시아어처럼 동사의 시제/시상 체계, (2) 고대 영어(Old English)에서 OV(목적어-동사) 또는 VS(동사-주어) 순서로 전경을 나타내고 SV(주어-동사) 순서로 배경을 나타낸 것처럼 어순, 특히 절 내에서의 동사 위치, (3) 전경화된 문장에서 동사를 처음이나 끝에 두어 동사에 초점을 두는, VSO나 SOV의 순서인 말레이어의 '수동태'. 세부적으로 논하지 않았으나 그는 네 번째 전경 기법으로 문장 불변화사(sentence particle)가 사건의 담화상 지위를 나타낼 수 있다고 언급했다. 시상(aspect)이라는 용어를 여러 가지 개념을 지니는 포괄적인 용어로 사용하며 Hopper(1979: 219-220)는 다음과 같이 말한다.

> 담화 측면에서 볼 때 시상은 텍스트 내내 언어 사용자들을 인도하기 위해서 존재하는 기법이다. 따라서 시상은 여러 가지 형태통사적인 요소 중의 하나로 여길 수 있다. … 시상은 텍스트의 주된 루트를 지적하여 청자(독자)가 실제 일어난 사건을 순서대로 저장하도록 하고, 담화의 주 본질은 아니지만 질감을 더해 주는 설명이나 보조 정보가 처리되게 한다. 그리하여 시상은 "흐름 제어 장치(flow-control mechanism)"로 비유될 수 있고, 분명 중요한 심리언어적 상관물이다.

그의 주된 루트와 보완적 정보 사이, 또는 전경과 배경 정보 사이의 구분은 설화에서 완료상(perfective)과 미완료상(imperfective) 사이의 구분과 상관이 있다. Hopper(1979: 216)의 비교표를 보면 이러한 이분법을 볼 수 있다.

완료상	미완료상
연대순 사건	동시적이거나 겹쳐지는 행동
다음 사건 전에 끝마치고 통괄적으로 전체로 보이는 사건	다음 사건이 일어나기 전에 반드시 끝마치는 것은 아닌 사건
에피소드 내에 참여자가 일정하다	참여자가 자주 변한다
초점(focus)이 표시되어 있지 않다 (보통 동사에 초점이 있다)	초점(주어나 사격에)이 표시되어 있다
주제(topic)가 인간이다	주제가 종종 추상적이거나 무생물적이다
활동적인 행동 동사	상태적이거나 기술적인 동사
필수적인 전경의 사건	배경 정보
실제적(realis) 양태	비실제적(irrealis) 양태

비교표에서 보는 것처럼 전경과 배경 정보의 구분은 동사의 시상만의 간단한 문제가 아니다. 그것은 참여자가 지속되는지 바뀌는지, 또는 인간인지 무생물인지, 초점이 뚜렷한지 아닌지, 동사의 종류, 즉 활동적인 행동인지 상태적인지 하는 것처럼 여러 다른 고려 사항을 수반한다. 설화를 참여자(곧 명사)와 그들의 행동(동사)의 상호작용으로 볼 때, 전경과 배경 사이의 구분은 단지 동사의 시상이나 문장의 해석만 포함한다기보다 모든 고려사항을 포함한다는 것이다.

담화의 전경과 배경의 요소의 구분에 기반을 두고 Hopper와 Thompson(1980)은 그들의 타동성 가설(transitivity hypothesis)에서 원형(prototype)과 연속체(continuum)의 개념을 사용한다(그들은 변형생성 틀에서 벗어나 자유모형(model-free)이라 불리는 접근법을 취한다). Hopper와 Thompson(1980: 251)은 다음과 같이 말한다. "타동성은 언어의 중대한 자질로 문법에서 보편적으로 예측할 수 있는 결과를 가져온다." 그리고 "타동성이 정의되는 자질들은 담화에서 비롯된다." 그들은 타동성을 타동사와 자동사로의 이분법이 아닌 연속체로, 한 행동이 하나의 참여자에서 다른 참여자로 움직이거나 이동하는 정도(degree)로 본다.

	높다	낮다
참여자	둘 또는 그 이상의 참여자	하나의 참여자
동작	행동	비행동
시상	종결성(telic)	비종결성(atelic)
순간성	순간적(punctual)	지속적(nonpunctual)
의지	의지적(volitional)	무의지적(nonvolitional)
긍정성	긍정적	부정적
양태	실제적(realis)	비실제적(irrealis)
행위자	높은 영향력	낮은 영향력
목적어가 받는 영향	완전히 영향 받는다	별로 영향을 받지 않는다
목적어의 개별성	개별성이 높다	개별성이 낮다

그리하여서 그들은 절 전체에서 열 가지의 기본적인 타동성의 자질을 다룬다. 다음의 요약된 도표에서 볼 수 있는 것처럼 열 가지중 한 가지는 참여자(혹은 논항) 수에 관련되고, 여섯 가지는 동사와 관련되고, 하나는 행위자, 그리고 두 가지는 목적어와 관련된다. 마지막 요소인 개별성(individuation)은 지시적이고 한정적이고 인간(human)이고 생명(animate)이 있고 고유성이 있고 구체적이고 단수이고 셀 수 있는,

이러한 여러 가지 범주를 가리킨다. 곧 개별성이 없는 것보다 개별성이 높은 피동작주(patient)가 동작주의 어떤 행동에 더 큰 영향을 받아서 그 행동이 더 효율적으로 동작주에서 피동작주로 이동될 수 있다는 것이다. 이 열 가지의 요소에 기초해서 Hopper와 Thompson은 타동성의 구성 요소 사이에 순변분(covariation)이 있다고 가정한다. 곧 형태통사론적이나 의미론적으로 두 가지 요소가 의무적・필수적으로 일어날 때 항상 타동성 범위 고저의 같은 쪽에 있다는 것이다.

전 세계의 수많은 언어의 형태통사적인 자질을 조사한 후에, Hopper와 Thompson(283)은 설화에서 높은 타동성과 전경정보는 상관관계가 있다고 보고, 이는 어느 언어에나 보편적으로 있는 현상이라고 보았다. 그들은 또한 이 상관관계가 설화뿐 아니라 회화적인 형식과 절차문에 이르기까지 자연스럽게 다른 유형으로 확대될 수 있다고 생각했다.

그러나 Longacre(1996)는 주 정보(mainline information)와 보완 정보(supportive information)를 토의할 때 담화 유형을 고려해야 한다고 주의를 준다. 곧 한 종류의 담화 유형(예를 들면, 설화)에서 주 정보인 것이 종종 다른 유형(예를 들면, 설명문)에서는 보완 정보인 것이다.

마찬가지로 나(Hwang 2009)도 타동성-전경 정보의 상관관계가 담화 유형에 상관없이 일반적으로 적용된다는 Hopper와 Thompson의 주장에 이의를 제기한다. 설화문 혹은 절차문에서는 그 상관관계가 적용되지만, 설명문이나 권유문에서는 적용되지 않는다. 처음 두 담화 유형, 설화문과 절차문은 시간적 순서가 중요하고 행동동사들이 주 정보를 이루는 반면에, 뒤의 두 유형은 시간적 순서가 아닌 논리적 순서가 중요하고 상태동사가 주 정보를 이루기 때문인 듯하다. Thompson과 Hopper(2001)의 회화 형식의 영어 텍스트 연구에서 낮은 타동성이 전경과 상관되고 주 정보를 이룬다는 결과도 그러한 회화 텍스트(conversational text)가 많은 경우 설화적이 아니라 설명적이기 때문이라고 본다. 즉 담화 유형과 타동성 가설은 밀접한 관계가 있다.

Longacre는 담화의 기능에 관하여 시제, 시상 그리고 능동/수동태의 여러 특징적인 요소에 대해 언급하였다. 그는 또한 여러 언어에서 이야기의 골격이 되는 사건이 대체로 단순과거시제로 표현된다고 말한다. 반면에 권유문인 담화의 골격에서는 명령법, 권유법을 기대할 수 있다고 지적했다. 시제에 관해서 그는 로망스어(Romance languages)의 시상의 체계와 비교해서 영어의 과거시제가 골격과 항상 일치하는 것은 아니라고 덧붙인다. 과거시제는 사건 라인뿐 아니라 배경 정보를 가리키기도 한다. 영어 같은 언어에서는 시제 한 가지가 전경 정보나 배경 정보를 나타내지 않는다. 그래서 Longacre는 주된 라인과 보조 요소 같은 "정보의 순위(levels of information)"를 나타내는 여러 가지의 문법적 분류 요소를 제시했다. 시제/시상, 수수께끼같은 불변화사(mystery particle), 접사(affix), 그리고 어순이다.

여러 언어의 설화 텍스트 분석을 바탕으로 하여 Longacre(1981: 340)는 정보의 여러 순위의 연속변이를 설명하기 위해 스펙트럼(spectrum)으로 비유하였다.

> 흰빛의 스펙트럼 분석이 붉은색에서 보라색까지 다양한 색상(우리가 서로 다른 파장 길이로 느끼는)을 분리하듯이, 설화의 분석은 이야기의 가장 동적인 요소에서 가장 정적인(묘사적인) 요소까지 정보의 연속변이를 보인다. 연속변이를 따라 차례대로 일어나는 위치는(전체적으로) 언어의 동사 형태의 차이와 잘 연관된다. 즉 동사의 시제, 시상, 양태, 능동/수동태 체계와 연관되고, 또 다른 자질들도(즉 어순,

접사나 불변화사 혹은 부사) 때때로 묘사를 적절히 하기 위해 사용된다.

계속하여 Longacre(1989, 1996)는 스펙트럼뿐 아니라 "동사 랭크/위계 관계(verb rank)"나 "현저성 체계(salience scheme)" 등의 표현을 사용하면서, 정보가 동사의 형태, 어순, 불변화사등의 문법적 형태를 통해 주 정보부터 다양한 보완 정보로 연속변이를 나타낸다고 제시했다. 설화에서 가장 높은 순위의 정보를 모아 놓으면 중추적 이야기라인(pivotal storyline)을 이루어 요약과 비슷하다고 설명한다.

Longacre와 비슷하게, 정보의 이원적인 구조를 가정하는 연구와는 대조적으로 복합적 순위를 제시하는 여러 연구가 있다. Jones와 Jones(1979: 6)는 "담화에서 정보의 구조에는 … 여러 순위의 중요한 정보가 있으며 이 순위들은 다양한 언어에서 특정한 문법적 기법에 의해 나타난다"고 주장한다. 그들은 여섯 개의 메소아메리카(Meso-america) 언어의 텍스트 자료와 분석을 기초로 해서 정보에는 최소 세 가지 순위, 즉 배경, 사건, 피크가 있고, 때로는 다섯 가지 순위, 즉 배경과 사건도 각각 중요한 것과 보통의 순위로 세분화된다고 기술한다. 곧 그들은 두 가지가 아닌 여러 순위의 정보가 각각 문법적으로 나타난다는 증거를 제시한다.

Woods(1980)는 할비(Halbi)어의 전설을 분석하면서, 사건과 비사건의 상대적 중요성의 연속변이(cline)를 제시한다. 열한 가지 순위를 포함하는 이 연속변이에서 다섯 가지 순위는 사건을 위한 것이고, 세 가지는 배경 정보를 위한 것이고, 다른 세 가지는 배경 설정과 마무리를 위한 것이다. 할비어에서 동사어미(완료된 행동, 현재형 불완전 동사, 그리고 진행형 동사를 나타내는 것 같은)는 처음 두 그룹의 순위(즉, 사건과 배경 정보)를 나타낸다. 그러나 시간 표현, 상태동사, 주제-평언(topic-comment), 수사적 의문은 배경 설정과 마무리의 순위를 나타낸다.

Longacre(1979b, 1985, 2003a, 2003b; Longacre와 Hwang 1994)는 구약성경이 쓰인 히브리(Biblical Hebrew)어 텍스트에 대해 다양한 연구를 발표하였다. 그는 설화에서 절의 분류를 통해서 동적인 것에서 정적인 것까지 정보의 연속체 범위를 제시한다. 과거시제/시상(preterite), 완료(perfect), 명사완료, 분사, 명사분사, 'be'절, 그리고 명사절이다. 그는 문장에서 동사 형태와 명사의 위치가 구약성경의 히브리어 설화에서 구조적 정보의 순위와 서로 관련이 있다는 것을 보여준다.

신약성경이 쓰인 코이네 그리스어/희랍어(Koine Greek)에서도 Fleming(1979), Koehn(1999), Longacre(1999) 등 역시 희랍어 문법에서의 과거형(aorist), 분사, 완료와 같은 서로 다른 동사 형태가 독특한 담화 기능을 가지는 것을 발견한다. 아프리카 언어에서는 Longacre(1990), Aaron(1999) 등을 포함한 정보의 연속변이에 대한 연구들이 있다.

영어, 고대 히브리어, 여러 메소아메리카 언어, 할비어, 그리스어 등에서 정보의 복합적인 순위가 가정된 것을 보았다. Hopper와 Thompson이 타동성 자체는 연속적이나 정보에는 두 가지, 곧 전경과 배경만 있고, 타동성이 이들 두 정보와 상관관계가 있다고 지적한 반면에, 여러 연구들이 언어의 자질이 담화의 여러 순위의 정보와 관련된다는 것을 지적했다. 그들은 시제, 시상 그리고 양태와 같은 형식적이고 구조적인 형태가 담화에서의 기능과 상관관계가 있는 것을 지적했다. 그러나 동사의 의미적 유형의 경우처럼, 형식적 형태가 의미와도 관련이 있음을 주의해야 한다. 특히 Hopper와 Thompson은 타동성이 형태통사론적 요소뿐만 아니라 의미론적 해석과 관련이 있음을 고려해야 한다는 것을 명확히 하였다.

Hopper와 Thompson(1980, 1982)의 연구를 계기로 다양한 언어의 전경 정보와 배경 정보에 대한 연구들이 있다. 예를 들면, 전경에 대한 Tomlin(1987b)의 책에 특히 Givón(1987)과 DeLancey(1987)의 논문이 있고, Hwang과 Merrifield(1992)의 책에 타이(Thai)어 설화의 이야기 라인을 다룬 Burusphat(1992)과 전경 개념을 다룬 Dry (1992)의 연구가 있다. 그 외에도 Tomlin(1985), Hwang(1990a), Burusphat(1991) 등 다양하다.

4.2. 한국어 동사의 표층자질과 개념/심층자질의 기능

정보의 중요성과 밀접하게 관련된 한국어 동사의 여섯 가지 자질을 보도록 하겠다.[1] 시제, 시상, 양태, 타동성/수동태, 격문법 프레임에 따른 동사 종류, 그리고 문장 내 절 배합구조이다. 여섯 가지 자질중 격프레임에 따른 동사 종류 한 가지는 심층자질인 반면에 나머지 다섯 가지는 동사의 형태통사적 표층구조의 자질이다. 시제, 시상, 서법/양태

1) 직접인용문에 나타나는 자료는 이 연구에서 제외되었다. 드라마 형태의 시제, 시상, 양태 등이 참여자 간 대화의 여건에 따라 시간과 장소의 지시가 변하기 때문에 인용문 밖의 설화의 패턴과 다르다. 인용문은 전체 설화와 관련이 되지만 비인용문과는 별개로 연구되어야 한다.

들의 서로 간 구별의 일반적인 지침과 예증은 Nida(1949), Comrie (1976, 1985), Chung과 Timberlake(1985), Palmer(1986), Bybee와 Perkins와 Pagliuca(1994), Bybee와 Fleischman(1995), Timberlake (2007)가 있다. 한국어 연구로는 특별히 담화 측면에서 연구한 H. S. Lee(이효상 1991, 1993a, 1993b, 2015a, 2015b)와 그 외 C. Lee(이정민 1987, 1995)와 S. Sohn(손성옥 1995)을 들 수 있다. 기타 한국어를 다루는 여러 책에서, 최현배(1971)를 위시하여 Sohn(손호민 1974, 1975, 1999), 신현숙(1986), K. Lee(이기동 1993), 고영근과 구본관(2011) 등, 시제, 시상, 양태를 논의한다.

한국어의 시제, 시상, 양태(TAM)에 대한 문법적 의미론적 연구는 활발히 진행되고 있는데, 학자들 간에 정확한 문법적 구분이나 형태, 그리고 용어 사용에 차이가 있는 듯하다. TAM(tense, aspect, modality) 중 tense는 모두 같은 용어 '시제'를 쓰는 반면에, aspect는 '상', '시상'(이 용어는 aspect만 가리키기도 하고, tense와 aspect 둘 다 가리키기도 한다), 또는 '동작상'(Aktionsart와 관련하여) 등 다양한 용어를 쓰는 듯하다. 이 책에서는 장석진(1994)을 따라서 '시상'으로 표현한다. Mood는 대개 각 언어 문법의 문장형태(서술문, 명령문 등)를 나타내는 '서법'이라고 표현되는데, modality는 epistemic, deontic, evidential modality 등을 '인식양태,' '의무양태,' '증거양태'로 표현하는 고영근과 구본관(2011: 397)을 따라서 '양태'로 쓰기로 한다.

간단히 말하자면, 시제는 발화 시간과 관련해서 과거, 현재, 미래 등을 나타내고, 시상은 상황(상태든 행동이든)의 내적·시간적 구조 (internal temporal constituency, Comrie 1976: 3)를 표현하는데 지속적(continuous), 습관적(habitual), 기동적(inchoative), 발단적(inceptive), 반복적(repetitive) 등 다양하다. 양태/서법은 화자에 의해 해석되는 행동의 심리학적인 환경(Nida 1949)을, 또는 명제(proposition)에 대한 화자의 태도 및 의견(Palmer 1986)을 나타낸다. 태(voice: 능동, 수동 등)는 행동의 참여자의 관계성을 나타낸다.

이 책의 목표는 한국어의 TAM이나 태 등에 대한 문법적이나 이론적 토론이 아니라, 그 각각의 담화상 기능에 초점을 맞추어서 그들이 설화에서 어떻게 쓰이는지 그 기능을 찾아보는 것이다.

4.2.1. 시제

한국어의 시제는 흔히 세 가지로 기술된다. 현재(동사 어간 뒤에 '-는', 형용사나 연계사 '이다' 뒤에는 없다), 과거('-았' 또는 '-었'), 미래('-겠' 또는 '-ㄹ 것이' (가정 미래))이다. 그러나 여러 연구에서는 현재시제와 과거시제만이 한국어를 명백히 특징짓는다고 결론을 내린다(Sohn 1999, Lee 2015a). 과거시제의 표시가 나타나지 않을 때는 비과거(nonpast)로 간주되어 시제는 현재로 생각되거나 시제 표시가 없다고(unmarked) 본다(S. Sohn 1995: 37).

접미사 '-는'은 독립절에서 동사의 현재시제와 연관된다. 형용사나 연계사(copula)에는 현재시제가 없다. 한국어에서 동사나 형용사는 흔히 '-는'이 그 술어의 현재시제로 나타나는지 않는지를 기초로 하여 구별된다. 그러나 동사에서도 '-는'은 평범한 화계(plain speech level)의 서술문/평서문(declarative) 외에는 발생하지 않는다. 따라서 이것은 경어체나 공식적(formal)인 문장이나 의문문, 명령문, 제안문 같은 서법에서는 나타나지 않는다. '-는'은 활동 표시(activitive marker)라고도 불렸고(Sohn 손호민 1974), 혹은 현재시제로(Sohn 손호민 1975),

혹은 서술문 표시(indicative marker)로 불렸다(Sohn 손호민 1999, S. Sohn 손성옥 1995). 이 접미사는 Longacre(1996)의 격 프레임의 정의에 따라볼 때 동사의 네 가지 종류 중 세 가지에 사용된다. 곧 과정(process), 행동(action), 행동과정(action-process) 동사에 나타나고, 상태(state) 동사에는 보통 쓰이지 않는다.

Sohn(손호민 1974; 1999: 360-362)은 '-겠'의 본래 의미가 추정이나 의지라고 설명한다. 의지의 경우 (영어의 경우와 같이) 미래의 의미를 나타내기도 한다. 그러나 추정의 표현에서는 미래의미뿐만 아니라 현재의미나 과거의미로까지 사용될 수 있다. 마찬가지로 '-ㄹ 것이'는 현재, 미래, 과거, 어느 시간의 범위에서나 추측을 나타낸다. 추정이나 추측 둘 다 본래 불확실성에 기인하므로 '-겠'이나 '-ㄹ 것이' 다른 의미보다 보통 미래의미로 더 많이 사용되는 것이 사실이다. 그러나 이것은 미래시제 표시라고 보기보다는 양태(modality)의 표시로 보인다(성기철(1979)의 '-겠-'과 '-을 것이-' 참조).

과거시제 접미사는 먼 과거를 나타내기 위해 반복될 수 있다. 과거시제의 반복이 과거의 행동 완료를 의미할 수도 있다. 예를 들면 '갔었다'의 의미는 '거기 갔다. 그러나 지금은 더 이상 거기에 없다'이다. 반면에 단독 과거시제는 과거의 행동을 나타내는데, 현재에 지속되는 사실일 수도 있고 아닐 수도 있다. 예를 들어 '갔다'는 '현재 여전히 거기에 있거나 혹은 거기에 있지 않을 수도 있다'. 일반적으로 한국어에서 과거의 반복은 영어에서의 과거완료(pluperfect)와 연관짓거나(S. Sohn 손성옥 1995: 30-35), 중지 또는 정지된 경험으로 기술되었다(C. Lee 이정민 1987: 436-438).

한국어에서 과거시제는 현재시제나 다른 시제와 대조된다. 다른 시제들은 시제 접미사에 의해 명백히 나타나는 것이 아니고 양태의 표현(예를 들어 의지의 '-겠')이나 시간 명사로 표시된다. 시간 명사에는 부사격 조사인 '에'가 더해질 수 있다(예를 들어 '월요일에').

담화의 관점에서 시제를 생각하기 전에 한국어의 절 연쇄(clause chaining) 현상에 주목해야 할 필요성이 있다. 절 연쇄는 한국어에만 있는 것이 아니라 일본어나 파푸아뉴기니의 많은 언어에서도 찾아볼 수 있다(Longacre 2007). 한국어에서는 비종결절(nonfinal clause)에 대개 시제 표현이 없다. 독립절(종결절)의 시제 표현은 그것이 과거 시제일 때 동사에 접미사가 붙는다. 비종결절의 시제는 나타나지 않으므로 피상적으로 무표적(unmarked)인 현재시제와 같다.

시제를 정확히 이해하기 위해 문장 내의 절의 배합구조를 이해하는 것이 필요하다. 문장 안에서 문장 끝에 있는 독립절의 동사 시제는 앞서 가는 비종결 의존절(dependent clause)에 (다른 유표적 시제가 없으면) 모두 회귀하여 적용된다(H. Kim 김해연 1992, Y. Kim 김윤숙 2000). 비종결절에서 시제는 의미상으로 큰 파격을 가질 때(어떤 종속절(subordinate clause)이나 관계절(relative clause)에서처럼) 명시된다. 그리고 다음의 독립절의 시제와 차이가 날 때도 표현된다. 설화에 대한 이 연구에서는 많은 사건들이 시제나 시상 또는 서법/양태가 나타나지 않는 동사를 가진 비종결적 등위절(nonfinal coordinate clause)에 의해 표현된다는 것을 보여 준다.[2] 이런 절이 등위절이라는

2) 인구어의 등위절은 동사의 형태가 대개 독립적인 반면, 한국어의 비종결절의 등위절은 절 연쇄어에 속하는 다른 언어에서처럼 시제와 서법에 있어 비독립적이어서 시제나 서술문, 의문문 등을 나타내는 문장의 종결어미 서법이 생략된다. 사실 등위절(co-ordinate) 대 종속절(subordinate)의 차이는 흔히 인구어 연구에서 보이듯이 이분적인 것이 아니라 연속성을 가진 것으로 보아야 옳다(Givón 1999, Hwang 1994b).

관점에서 볼 때 과거시제의 독립절과 같이 사건 라인의 일부분으로써 (아마도 덜 두드러지겠지만) 포함되어야 한다.

4.2.1.1. 과거시제

한국 설화에서 과거시제는 영어 설화의 과거시제가 그런 것처럼 특징적으로 주 정보를 많이 나타낸다. 3장에서 연구한 여섯 개의 민간설화(folktale) 중 세 개(심청, 호랑이, 모자장수)에서 독립절은 모두 과거시제로 나타난다. 나머지 세 개의 민간설화도 독립절의 대부분이 과거시제로 표현되어 있다.

과거시제는 일반적으로 주 정보를 나타내는 반면에 어떤 과거시제는 사건 라인에서 벗어난 일을 나타낸다. 영어의 과거시제는 다음과 같은 경우에는 설화에서 주 정보가 아니라 예외적으로 다른 정보를 나타낸다(cf. Miehle 1978: 14).

1. 과거시제가 종속접속사가 이끄는 종속절에 나타날 때
2. 동사가 은유적으로나 관용적인 표현으로 사용될 때
3. 동사가 존재에 관한 것이나 보편적 혹은 습관적 행동을 나타내며 빈도 부사(예를 들면, '때때로'나 '항상')를 동반할 때
4. 동사가 명백히 기술적이거나 주어가 무생물일 때
5. 동사를 부정할 때
6. 동사가 심리적이거나 상태적 동사로 비행동적일 때

한국 설화에서도 이런 예외들을 많이 찾을 수 있다. 그러나 그것들을 예외적이라기보다 구조적으로 다룰 수 있다. 따라서 문장 내의 절 배합구조에 의해 비독립절로 간주하여 예외1을 다룬다(cf. 4.2.6). 그리고 예외5는 양태/서법에서 부수적 정보로 간주하여 다룬다(cf. 4.2.3).

예외3, 4와 6에 관해서는 동사의 분류 체계를 볼 때 다룰 것이다(cf. 4.2.5). 동사 체계는 Fillmore(1968)와 Chafe(1970)가 격 문법을 제시한 후 Longacre(1996)에서 격 프레임의 형태로 더욱 발전되었다. 그러나 동사의 은유적이거나 관용적 사용, 즉 예외2는 어떤 구조적 설명으로도 다룰 수 없다. 이런 관용적 사용의 예로써 과거시제가 다음과 같이 주선상에서 벗어난 정보를 주고 있다.

(1) 심청 문장 61
어느 듯 공양미 삼백 석을 바칠 날이 닥아왔습니다.[3)]

'날이 닥아왔습니다'의 표현은 영어에서와 같이 한국어에서도 자주 사용되는 것임에도 불구하고 문자 그대로 날이 가까이 다가왔다고 해석되지 않는다. 과거시제의 은유적 사용이 어떤 사건이나 행동을 언급하는 게 아니라 「효녀 심청」이라는 이야기에서 에피소드의 배경인 시간의 흐름을 보여 주는 것이다. 이 문장은 또한 주어가 무생물인 관계로 주 정보가 아니다.

4.2.1.2. 현재(비과거) 시제

독립적인 절에서 현재시제, 즉 과거시제 표기의 부재는 「미녀와 스님」(부록 참고)의 문장 1, 2, 22, 24, 26에서처럼 설화에서 전형적으로 배경 요소를 나타낸다. 첫 두 문장에서 전체적인 담화를 위한 무대배경이 설정된다. 무대는 탑이 있는 절이고, 이 탑에 관한 전설이 있다고 언

3) '날이 다가왔습니다'가 현재의 한글 사용에 맞겠지만, 텍스트에는 '날아 닥아 왔읍니다'로 되어있다. 전체 설화 가운데 다섯 개의 이야기에서 '-읍니다'가 나타나는데 오늘날 표기에 맞추어 '-습니다'로 바꿨다.

급된다. 이러한 말들은 현재에도 사실로 여겨진다. 문장 22, 24, 26은 설명과 이유를 제시하고, 주 정보에서 벗어나는 보완적인 요소이다. 그러나 3장의 3.2.3에서 본 것처럼, 이들 이유와 설명 문장들은 사건의 진행 순서에는 큰 도움이 되지 않지만 담화의 논리적인 전개를 위한 중요한 정보를 제공한다. 이야기의 최고점 피크에서 나타나는 이유 문장에서의 현재시제는(보통 같으면 과거시제로 표현될 수도 있었는데) 그 처녀가 왜 집으로 돌아가는 것을 거절하고(사실 이것은 주제의 명백한 진술이다) 또 왜 그 스님이 난처해졌는지 하는 이유를 더욱 두드러지게 하는 역할을 한다.

「은혜 갚은 까치」에는 현재시제인 독립절 문장이 세 개 있다. 이야기의 피크가 일어나고 주된 사건을 언급하는 문장 13은 현재시제이고, 진행형이고, 의문형이고 부정형이다(이 문장은 4.2.3에서 서법의 세부적인 논의와 함께 볼 수 있다). 다른 두 개의 문장은 보완적인 정보를 나타내는데, 문장 2는 무대배경이고 문장 30은 피크 에피소드에서 나타난다.

(2) 까치 문장 2
젊은이는 … 지금 서울로 과거를 보러 가는 거에요.
까치 문장 30
시간은 자꾸 가는데 어떻게 종을 칠 방법이 있어야지요.

이 두 문장은 사건이 아니고 인물이나 상황에 대해서 언급하거나 설명하지만, 매우 생생하게 표현되어 있다. 특히 문장 30은 현재시제와 의문문 비슷한 형태를 사용함으로써 상황의 급박함을 전달한다.

「해와 달이 된 오누이」에서는 마지막 문장이 현재시제이다.

(3) 오누이 문장 56
하늘로 올라간 오누이는 하느님의 따뜻한 사랑을 받아,
오빠는 달이 되고
누이는 해가 되어,
밤과 낮으로 온 세상을 밝게 비쳐준답니다.

해와 달은 여전히 지금도 빛나기 때문에 현재시제 표기는 「미녀와 스님」의 문장 1과 2에서처럼 진리 가치를 제시한다. 비종결절의 세 개의 등위 의존적인 동사, '받아', '되고', '되어'는 과거시제의 접미사가 없고, 또 종결절의 마지막 동사가 현재시제이지만 과거시제로 해석된다. 이 동사들의 행동은 맨 마지막 독립절에서 표현되는 행동보다 명백하게 시간이 앞선다. 만약 이 문장을 세 번째 절 뒤에 새로운 문장으로 시작해서 두 개의 문장으로 만든다면 '되'는 과거시제로 표현되고('누이는 해가 되었습니다') 이 과거시제는 앞의 처음 두 절에 적용될 것이다.

민간설화와 달리 두 단편은 시제의 사용이 독특하다. 현재시제가 광범위하게 사용되고 보완적 요소뿐만 아니라 주 사건도 표현한다. 또한 이 단편 이야기들에서는 비전형적인 특징들이 상대적으로 빈번하게 보인다. 이것은 3장에서 언급한 바 있는 대로, 단편 같은 문어체보다 민간설화에 전형적인 특징이 더 많이 나타난다는 견해를 확인할 수 있다. 아마도 개작과 반복되는 과정을 통해 민간설화는 규칙적인 구조를 가지는 듯하다. 그래서 민간설화는 대체로 담화연구에 비교적 간단하고 매우 좋은 자료이다.

다음의 도표는 「물매미」 이야기의 두 에피소드에서 독립절의 시제

에피소드	에피소드 1 (피크)						에피소드 2 (피크)			
문단	1	2	3	4	5	6	7	8	9	합계
현재시제 (주 정보)	4	1 (1)	5 (4)	5 (3)	7	5 (1)	0	3	2	32 (9)
과거시제 (주 정보)	0	2 (2)	8 (6)	8 (6)	5	5 (2)	3	8 (6)	9 (3)	48 (25)

분포를 보여 준다. 문단 5와 9에 (피크)로 표기하여 그 부분이 각 에피소드의 피크임을 나타냈다. 인용구의 시제는 제외되었다.

괄호 안에 있는 숫자는 주 정보 곧 사건을 전달하는 동사의 수를 가리킨다. 즉 예를 들어서 문단 3에서 5개의 현재시제 동사 중에서 4개가 사건 라인 요소를 언급한다. 그러므로 32개의 독립절이 현재시제이고, 그중 9개가 사건을 언급한다. 반면에 과거시제는 48개 중 25개가 사건 라인을 언급한다. 사건은 과거시제로, 비사건은 현재시제로 표현된다는 기본 사실은 맞지만, 더 많은 뚜렷한 예외를 볼 수 있다.

과거시제이지만 사건을 언급하지 않는 예외들은 다음에서 다른 형태를 검토할 때 다룬다. 예를 들어 과거시제와 진행형의 결합은 정보의 중요성의 순위를 낮추어서 보완 정보를 가르킨다.

현재시제는 대개 주 정보를 나타나지 않기 때문에 현재시제 형태가 사건을 언급하는 예외는 여기서 다룰 필요가 있다. 「물매미」에서 현재시제로 나타내지는 사건은 활동(activitive) 접미사 '-는'과 관련이 있다. 즉 사건을 나타내는 9개의 문장의 현재시제 동사는 '-는' 이라는 활동을 나타내는 접미사로 주 정보를 나타낸다.

활동 접미사가 있는 현재시제 형태와 사건 라인 사이의 이런 상관관계는 다른 단편 이야기에서는 일어나지 않는다. 「이런 음악회」는 「물매미」보다 더 비전형적인 패턴을 보여 준다. 「이런 음악회」의 시제들은 다음처럼 분포되어 있다.

에피소드	에피소드 1		에피소드 2		에피소드 3		
문단	1	2	3	4	5	6	합계
현재시제 (주 정보)	8 (3)	5 (3)	4 (1)	5 (3)	8 (5)	4 (2)	34 (17)
과거시제 (주 정보)	4 (2)	5 (3)	3 (2)	5 (4)	2 (2)	1 (1)	20 (14)

과거시제 동사가 사건을 언급하는 비율은 현재시제 동사보다 약간 높은 반면에(34 중 17에 비해서 20 중 14), 과거시제 동사의 문장 수보다 현재시제 동사의 문장 수가 더 많다(34 대 20)는 것을 주의해야 한다. 그러므로 과거시제 동사보다 현재시제 동사로 사건을 전달하는 문장이 더 많다(17 대 14). 더구나 17개의 현재시제 동사 중 단지 6개만이 사건 라인의 독립절에 활동 접미사가 나타난다. 그러나 나머지 11개 중 8개는 '것이다'나 '것이 아닌가'로 끝난다.

(4) 음악회 문장 2
… 이렇게 황급히 묻는 <u>것이다</u>.
음악회 문장 48
… 떼 지어 악을 쓰는 <u>것이 아닌가</u>.

이런 구조의 문장에서 시제는 독립절의 동사뿐 아니라 수식하는 절의 동사에서도 보인다. 수식절(보문절, 관계절 포함)의 시제의 형태('-는', '-은', '-을' 등)는 독립절의 시제와 다르다(cf. Yang 양인석 1972, Hwang 1990b, Lee 이효상 1993a).

현재시제 동사인데 사건을 언급하는 나머지 세 개의 문장 중에서, 두 문장은 필연성(inevitability)이나 긍정과 같아지는 이중부정의 서법을 가진다. '안-/-지 안' 더하기 불가능의 양태('-ㄹ 수 없')이다.

(5) 음악회 문장 13
… 하고 묻지 않을 수 없다.
음악회 문장 45
애, 이놈 참 진짜로구나, 하고 감탄 안 할 수 없다.

이중부정/불가능의 표현으로 이야기의 발단(문장 13)과 절정(문장 45)에서 사건 라인 요소를 나타냄으로써 이 현재시제 동사는 각각 절의 정보를 부각한다.

다음의 예는 변칙적인 것으로 사건이 보문 수식절('… 고개를 틀어박고 코 곤 것')에서 과거시제로 언급된다.[4]

(6) 음악회 문장 32
그러니까 <내가 앞의 사람 의자 뒤에 고개를 틀어박고 코 곤 것>도 그리 무리는 아닐 듯 싶다.

1인칭 서술인 「이런 음악회」에서, 이것은 사건을 객관적으로 기술하기보다 서술자의 행동을 위한 변명처럼 들릴 수도 있다. 그래도 사건을 언급하는 데 있어서 독립절에서 현재시제를 사용하기 때문에 시제 분포표에서 이 문장은 여전히 예외로 계산되었다.

앞의 토론에서 미루어 현재시제가 설화에서 세 가지 기능을 가진다

---

4) 예문에서 종속절에 초점을 둘 때, 보문절은 <…>로, 관계절은 […]로, 부사절은 {…}로 표시한다.

고 제시하는데, 그중 두 가지(1과 2)는 배경 정보를 제공하고 세 번째는 주 정보를 제공한다.

1. 현재에도 사실인 진리 가치를 알리는 것
2. 매우 생생하게 설명이나 비평을 제공하는 것
3. 과거시제보다 구조적으로 덜 중요하게 주 정보 사건을 언급하는 것

한국어 시제의 담화상의 기능은 여덟 개 이야기의 연구를 기초로 하여 볼 때 정보의 구조적 중요성의 순위가 연속적으로, 곧 연속변이로 볼 수 있다. 다음의 표는 높은 쪽 주 정보 선상과 낮은 쪽 보완 정보 사이의 연속적인 지점을 나타내는데, 중간의 수직선은 주 정보(전경)와 보완 정보(배경) 사이의 대략적인 구분이다.

높다 ←		<< 전경	배경 >>	→ 낮다
과거시제	현재시제 + '것이다' 구조	현재시제 + 행동어미 '는'		현재시제

4.2.2. 시상

한국어 시상의 접미사는 세 가지로 분류할 수 있는데 완료/미완료, 비지속/지속, 비상태/상태이다. 다음의 분류에 각각의 예시가 있다. 왼쪽 세로 행의 요소는 주 정보와 일치하는 경향이 있고 오른쪽 세로 행은 주로 주 정보 밖에 있어 배경 정보를 나타낸다.

시상의 표현은 한국 설화에서 자주 쓰이지 않는다. 예를 들어 민담 「미녀와 스님」은 28문장으로 구성되어 있는데 단지 여섯 개의 독립절만 시상 표현이 있다. 「모자장수」 이야기에서도 18개의 문장 중 하나

완료상(completive)	미완료상(incompletive)
-어 버리다 -고 말다 -어 두다	-ㄹ 번 하다
비지속상(nondurative)	지속상(durative)
단절상(cessative) -다 말다 -다 두다 -다 놓다	**진행상**(progressive) -고 있다 **계속상**(continuative)[5)] -어 오다 -어 가다 **반복상**(repetitive) -곤 하다 -어 대다
비상태상(nonstative)	상태상(stative)
기동상(inchoative) -게 되다 -어 지다 **발단상**(inceptive) -기 시작하다	**결과상**(resultative) -어 있다 (과정동사에서 상태동사로)

만 진행형 시상이 있다. 단편「물매미」에서도 100개가 넘는 문장 중에서 단지 여섯 개만 독립절에 시상 접미사가 나타난다.

미완료상, 지속상, 상태상은 그 절의 정보가 주 정보선 밖에 있음을 명확히 나타낸다. 그들 시상 중 가장 많이 나타나는 진행상과 결과상은 정보의 순위를 낮추고 담화의 무대배경에서 자주 발생한다. 3장에서 언급한 대로, 과거 진행형은 참여자를 소개하는 단계에 자주 사용된다.

(7) 스님 문장 3
… 열심히 불공을 드리고 있었다.

5) 시상이나 양태형들은 다양한 전문용어로 쓰이는 듯하다. 계속상은 다른 용어로 접근성 진행상이라고도 불린다(고영근과 구본관 2011: 415). 그리고 상태상인 결과상('-어 있다')을 고영근과 구본관(2011: 415)은 완료상 중 한 가지라고 보았다.

심청 문장 1

… 심청이가 살고 있었습니다.

물매미 문장 59

집에서는 마누라가 … 영감님과 막내가 학교에서 돌아오기를 기다리고 있었다.

스님 문장 8

목에 무엇인가 기다란 것이 걸려 있었다.

진행상은 행동이 진행 중인 상태를 표현하고, 결과상(스님 문장 8)은 과정의 결과로써 상태를 뜻하게 된다(cf. 4.2.5 격 프레임). 따라서 전자가 후자보다 정보의 중요성의 범주에 있어서 더 우위를 차지한다고 생각한다.

미완료적이고 지속적이며 상태적인 시상과 반대로, 완료적이고 비지속적이며 비상태적인 시상은 사건을 더 두드러지게 하는 경향이 있으며 이로 인해 정보의 순위를 높인다.

(8) 심청 문장 92

… 눈을 번쩍 뜨고 말았습니다.

물매미 문장 15

… 물매미는 7자 간으로 들어가고 말았다.

심청 문장 69

… 뱃사공을 만나게 되었습니다.

음악회 문장 38

연주가 끝나기가 무섭게 우리들은 목이 마른 듯이 손바닥을 치기 시작하였다.

처음 두 예문에서의 완료상은 그 사건들이 중요하고 고의적으로 일어난 것이 아니라 우연히 발생한 것임을 암시한다. 첫 번째 예문에서

장님인 심 봉사는 다시 만난 딸을 보려고 시도하다가 눈을 뜨게 되고, 두 번째에서는 물매미가 소년의 바람과 달리 엉뚱한 7자 간으로 들어갔다. 세 번째 예문(심청 문장 69)은 기동적인 시상 '-게 되'로 표시되는데, 이 기동상은 다섯 번(문장 5, 8, 69, 75, 85) 나온다. 이 문장의 기동상은 전체 이야기에서 볼 때 아주 중요한 다음 사건(심청이가 아버지를 위해 뱃사공에게 자신을 제물로 파는)으로 이끌게 되는 사건을 표시한다. 네 번째 예문(음악회 문장 38)은 중요한 사건의 발단을 예증하고 있지만 기동상으로 표시된 것들만큼 두드러지지 않는다.

지금까지 연구한 여덟 개 이야기에 나타나는 시상들을 설화상의 기능과 관련해서 정보의 순위와 부합해 볼 수 있다. 완료상은 중요한 사건을 표시한다. 기동적이고 발단적인 시상들은 덜 중요한 사건들을 표시하고, 더 밑으로 내려가면 진행 중이고 결과적인 시상들이다. 높은 쪽의 완료상과 낮은 쪽의 미완료상 두 상극 사이에 있는 지점들이 여러 가지 시상 형태로 표시되는 연속체로 볼 수 있다.

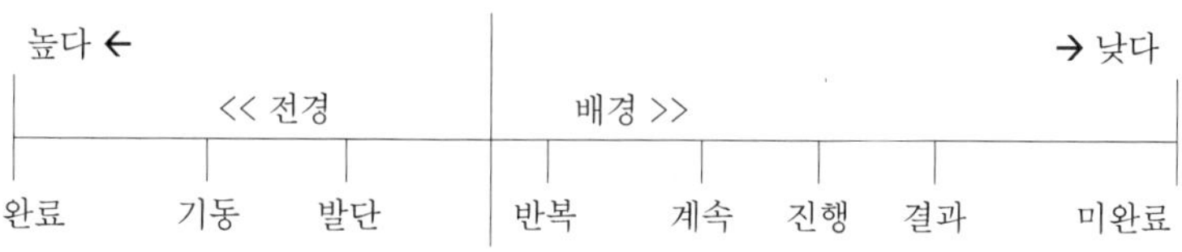

4.2.3. 서법/양태

Nida(1949)는 서술법(indicative), 설화법(narrative), 기원법, 희구법, 의도법, 의문법(dubitative), 부정법, 인용법, 의문법, 가능법(potential), 조건법, 가정법(subjunctive), 의무법, 명령법, 허가법 같은 서법/양태들을 제시했다.[6]

한국어에는 이러한 서법/양태들 대부분이 있으나 특별히 '과거의 사건과 관련한 것을 나타내는'(Nida 1949: 168) '설화법'은 없다. 4.1의 시제 부분에서 토의한 대로 접미사 '-겠'은 미래시제라기보다 의지법(volitional) 또는 추정법(presumptive)으로 양태에 포함된다. 그리고 활동 접미사 '-는'과 추측 접미사 '-ㄹ 것이' 또한 서법/양태 논의에 포함된다(한국어의 서법과 양태에 대한 토론에 대해서는 Wymann(1996), Sohn(손호민 1999), Pak(박미옥 2008), 고영근과 구본관(2011), Lee(이정민 1995), Lee(이효상 2015b) 등을 참조). 종결어미(final suffix) 또는 문장의 말미(sentence ender, sentence final particle) 서법은 동사에 부가되는 마지막 요소로 문체법(sentence type)을 결정하고 발화수반행위(illocutionary act)를 표현한다.

포괄적이지는 않지만 한국어의 서법과 양태의 예를 이 연구의 텍스트에서 뽑은 예문과 함께 제시한다. 이 예들은 대개 평범한 화계(plain speech style)에서 사용되는 형태인데, 모든 서법과 양태가 여덟개의 이야기에서 다 일어나진 않는다. 종결어미 서법 중 오직 서술법과 의문법만이 설화의 서술(narration)에 나타난다. 그러나 직접화법의 인용부호 안에서 일곱 가지 모두를 찾아볼 수 있다. 그리고 비종결어미에 의해 표현되는 서법/양태 중에서 기원법, 가식법, 허용법은 나타나지 않아서 예문을 만들어 첨가했다.

6) Nida는 서법과 양태를 합하여 mode라고 표현했는데, Bybee와 Fleischman(1995: 2-13)과 Wymann(1996) 등을 따라 mode 대신 문법적 용어인 서법(mood)과 보다 의미적 구분을 가리키는 용어인 양태(modality)를 쓰기로 하겠다.

접두사	
부정법(negative)	안-/않-
(물매미 34) "고놈의 짐승 참 이상하게두 오늘은 미루꾸 대인 구멍으룬 안 들어가네."	
접미사	
종결어미 (문장 마지막 접미사)	
서술법(declarative)	-다
(물매미 31) 소년은 그 게 마지막 태였다.	
의문법(interrogative)	-니/-을까
(물매미 76) "아아니, 너 어디 갔다 이제 오니?" (심청 9) "청이는 어쩐 일로 늦도록 돌아오지 않을까?"	
명령법(imperative)	-라/-거라
(오누이3) "싸릿문 잘 닫고 집 잘 보고 있거라."	
제안법(propositive)	-자
(호랑이41) "그렇지만, 저기 토끼가 마침 이리로 뛰어오니 토끼한테 한 번 더 물어보자."	
확신법(certainty)	-지[7]
(심청 34) "어! 여보! 스님, 스님. 아이구, 내가 미쳤지."	
약속법(promissive)	-마
(음악회 13) "재! 재! 내 이따 나오다가 돼지고기 만두 사주마."	
통각법(apperceptive)	-군/-네
(심청 66) "그렇게 하면 배가 풍랑을 만나지 않고 장사도 잘 된다는군." (호랑이 4) "아! 여기 호랑이 한 마리가 빠져 있네."	
비종결어미 (마지막이 아닌 접미사)	
회상법(retrospective)	-디/-더
(까치 9) 얼마쯤을 가니까 날은 저물고 컴컴해서 잘 보이지를 않는데 멀리 불빛이 반짝반짝 하더래요.	
의도법(intentive)	-려(고) (하)

7) Choi(최순자 1995)의 연구에서 '-지'가 세 살 이하 한국 아이들의 언어 습득 과정에서 정보의 확실성(certainty of information)을 표현한다고 한다. 이것은 구정보를 나타내는 '-어' 나 새로운 정보를 나타내는 '-다'와 대조된다.

		(호랑이 16) "나를 함정에 빠지게해서 죽이려고 한 게 누구요?"
희구법(desiderative)	-고 싶	(모자장수 6) 이 원숭이들은 모자장수가 나무 밑에 와서 쉬는 것을 보고 자가들도 모자장수와 같이 모자를 쓰고 싶었습니다.
기원법(optative)	-기 원하/-기 바라	열심히 공부하기 바란다.
실험법(experimentative)	-어 보	(물매미 62) 기다리다 못하여 노인은 학교로 가 물어보았다.
의무법(obligatory)	-야(만) 하	(음악회 8) "그저 시합에 응원을 잘 해야 해!"
가식법(pretension)	-(는)척 하	안 보는 척 하면서 곁 눈으로 보았다.
허용법(permissive)	-도 되	오늘은 그만 일해도 된다.
인용법(quotative)	-(이라)고 (하)/-(이)라/-하고	(물매미 63) 숙직선생은 아이들이 돌아간 지는 이미 오랬다고 하고, 몇 학년이냐고 묻기에 이 학년이라고 했더니, 최영돈이 그애는 오늘 결석이라고 했다. (음악회 19) "알았지, 재청?" 하고 꼭꼭 다진다.
활동법(activitive)	-는	(물매미 36) "킹" 하더니 손잔등이 눈으로 올라간다.
추정법(presumptive)	-겠	(물매미 48) 냉정하자, 그저 냉정해야 되겠다.
의지법(volitional)	-겠	(호랑이 5) "여보세요, 나그네님. 절 살려 내만 주시면 은혜는 꼭 갚겠어요."
추측법(conjecture)	-ㄹ 것이	(물매미 56) 학교 패들도 이젠 다들 저 갈대로 헤어져가고 말았을 것이다.
부정법(negative)	-지 않	(호랑이 38) "소나무님도 나쁘다고 하지 않소?"
가능법(possibility/ability)	-ㄹ 수 있	(호랑이 6) "너는 사람을 해치는 짐승인데 어떻게 구해줄 수 있겠느냐?"

불가능 (impossivility/inability)	-ㄹ 수 없
(까치 8) 젊은이는 차마 그냥 지나갈 수가 없어서 구렁이를 활로 쏴서 떨어뜨리고 새끼 까치들을 살려주고는 다시 길을 떠났어요.	
비능력(inability)	-지 못하
(까치 21) 새끼를 살리려고 울어대는 어미 까치가 하도 불쌍해서 미쳐 뒷일을 생각 못했습니다."	
필연성(inevitability)	-지 않을 수 없
(음악회 13) "대관절 몇 시간이나 하나?" 하고 묻지 않을 수 없다.	

서술법[8] '-다'는 가장 널리 사용되는 서법으로, 하나의 행동을 화자가 해석하는 심리적 환경에서 볼 때 가장 중립적인 듯하다. 단순히 사건을 보고할 때, 서술법의 접미사를 가진 동사는 담화의 뼈대를 이루는 사건들을 일어난 그대로 말한다.

Grimes(1975)는 부수적인 정보(collateral information)에 대해 말한다. 일어나지 않은 어떤 것은 설화에서 사건이 아니고 비사건(nonevent)에 속한다. 다음의 예들은 부정법으로 표현된 부수 정보가 사건의 진전을 나타내지 않음을 보여 준다.[9]

(9) 모자장수 문장 3
… 한 사람도 모자 사는 사람이 없었습니다.
모자장수 문장 10
그러나 모자는 하나도 보이지 않았습니다.

8) 평서법이라고도 부른다(고영근과 구본관 2011: 426, 470).

9) Grimes(1975)가 주장한 대로 부정법은 보통 비사건을 표시하고 주 정보를 나타내지 않지만, 전체 담화구조상에서 사건을 표시할 수도 있다. 곧 늘상 기대되는 일이 일어나지 않을 때(예를 들면 '갑자기 눈이 보이지 않았다') 사건을 나타내고, 전환점에 왔을 때('셋째 아기 돼지의 집은 무너지지 않았다')나 이야기의 절정에서 부정법이 여러번 일어나서 긴장감을 고조시키는 기능을 할 수 있다(Hwang 1992).

첫 문장에서 '없다'는 '있다'에 부정법을 더해서 이루어지지 않고 그 자체가 본래적으로 부정적인 동사이다. 유사한 예로 '모르다'는 그것의 긍정적인 대용어인 '알다'와 형태학적으로 연관되지 않고, 본래 부정적인 동사이다. 이와 같은 경우에 비록 그 동사가 부정 접사 없이 부정법 형태가 아니어도, 부수 정보로 똑같이 취급되고 곧 주 정보가 아닌 보완 정보를 알려준다. 부정법은 접두사나 접미사의 두 형태가 다 설화에서 발생하는데 접미사 형태가 더욱 빈번하다.

(10) 까치 문장 13
… 구렁이가 몸을 칭칭 감고 그 새 빨간 혓바닥을 널름거리고 있지 않겠어요?

이 문장은, 대답을 구하지 않는 질문으로, 수사의문문이라고 할 수 있다. 이처럼 동사가 현재 진행형('-고 있')이고 부정형('-지 않'), 또 추정형('-겠'), 의문형('-어요?')인 문장을 긴장감이 높은 피크 에피소드에 사용하는 것은 독자를 이야기에 이끌어 들이고 생생함을 높이도록 만든다. 통상적으로 이런 동사의 자질들은 배경 정보를 나타내는데 이야기의 절정에 있는 이 문장에서는 중추를 이루는 정보에 사용된 것을 주시할 필요가 있다. 이것은 피크 에피소드에서 종종 문법적인 특징의 파기가 있다는 것을 반영한다(cf. 3.3.2). 이러한 표층문법 자질의 변화가 심층적인 긴장과 갈등이 일어나는 난류 발생(turbulence) 지역이라는 것을 받쳐 준다.

활동법 '-는'은 오직 비과거 시제에서만 표층적인 구조에서 보이고, 정보의 순위를 주 정보에 이르도록 높여 준다(4.2.1.2). 인용법은 종종 이야기의 진전을 보이며 사건 보고상 주 정보를 표현한다. 실험법, 즉

'-어 보다'에 의해 표현되는 이것은 '다음에 무엇이 일어날지를 보기 위해 무엇을 하다'처럼 정보의 연속체상 순위가 높은 정보를 표시한다. 아마 그 자체의 행동보다는 그 후 무엇이 일어날지 또는 그 행동이 어떤 결과로 이끌어져 갈지에 좀 더 관심을 갖게 될 것이다. 예를 들자면

(11) 물매미 문장 62
기다리다 못하여 노인은 학교로 가 물어보았다.

이야기에서 찾을 수 있는 다른 서법과 양태들은 서술법 순위 아래에 나타나는 정보를 보이는 기능을 한다. 연속체의 개념을 사용하여 우리는 서법과 양태가 서로 다른 담화적 기능을 하는 것을 볼 수 있다. 엄격히 말하자면, 두 개의 분리된 연속체를 사용할 수도 있다. 즉 하나는 서술법, 의문법, 명령법 같은 종결어미로 표현되는 서법들이고, 다른 하나는 비종결어미인 의도법, 회상법, 실험법, 희구법 같은 서법이나 양태로 표현된 것들이다. 그러나 일곱 개의 종결어미 서법 중에서 서술법과 의문법 두 가지만 여덟 개의 설화에 나오기 때문에, 여기에서는 종결과 비종결어미 서법을 합해서 하나의 연속체를 제시한다. 다음의 연속체는 이야기에서 좀 더 자주 발견되는 것들을 포함하는데 양극단에 서술법과 부정법을 놓은 것이다(활동법 '-는'은 비과거의 서술법 가운데에서 정보의 순위를 높일 수 있으므로 왼쪽 끝의 괄호 안에 포함했다).

높다 ←					<< 전경	배경 >>			→ 낮다
(활동)	서술	실험	회상	인용	희구	의도	추측	의문	부정

전경과 배경은 대략 두 가지 정보의 구분을 보여 주는 데 사용된다. 구분은 정확히 되는 것이 아니다. 예를 들자면, 희구법은 배경 부분일 수도 있는데, 그때는 어떤 무언가를 하고자 하는 욕구가 갑자기 일어나지 않고 계속되는 상태이다. '갑자기'나 '내내'(영어에서는 'suddenly'나 'all along') 같은 부사 사용으로 전경과 배경의 차이가 명백히 나타날 수도 있지만 많은 경우에 텍스트의 맥락을 통해 알 수 있다. 다음의 문장은 전경으로 나타나는 희구법을 예시한 것이다.

(12) 모자장수 문장 6
… 것을 보고 자기들도 모자 장사와 같이 모자를 <u>쓰고 싶었습니다</u>.

4.2.4. 태-타동성

Nida(1949)는 능동형(active), 수동형(passive), 재귀형(reflextive), 상호형(reciprocal), 타동형(transitive), 자동형(intranstivie), 사역형(causative), 중간태(middle), 수혜태(benefactive), 비인칭형(impersonal) 같은 태(voice)를 제시했다. Nida는 타동성을 포함시켜 좀 더 넓은 의미에서 태를 사용했다. 이 부분에서의 타동성이란 용어는 Hopper와 Thompson이 1980년대에 시상이나 동작, 의지의 개념을 포함하는 확장된 의미의 용어(cf. 4.1)와 비교해서, 좀 더 좁게 정의된다. 타동사나 자동사처럼 절의 표층구조에 엄격히 연관되는 개념이다.

한국어에서 자동사와 타동사는 종종 파생 접미사에 의해 연결된다. 예를 들면 사역 접미사는 자동사에서 타동사를 파생시키는 데 사용되거나 또는 타동사에서 이중타동사를 파생시키는 데 사용된다(이 접미사는 '-우/-이/-히/-리/-기'(짧은 형태) 그리고 '-게 하'(긴 형태) 두 개의 형태를 가진다. 긴 형태는 원인과 허락 사이에서 그 의미가 모호할 수도 있다). 다음 예는 이 파생을 보여 준다.

(13)
1. 앉(자동사) + -히 = 앉-히 (타동사) 'sit(someone)'
앉(자동사) + -게 하 = 앉-게 하 (타동사) 'sit(someone)' or 'allow to sit'
2. 먹(타동사) + -이 = 먹-이 (이중타동사) 'feed'
먹(타동사) + -게 하 = 먹-게 하 (이중타동사) 'feed' or 'allow to eat'

전의 연구(Hwang 1975)에서 나는 한국어의 다섯 가지 표층구조상의 절 유형을 제시하였다. 곧 등식절(equative), 자동절(intransitive) 타동절(transitive), 이중타동절(ditransitive), 그리고 수동절(passive)이다. 존재절(existential)은 자동사절과 문법적으로 비슷한 요소를 가지고 있기 때문에 자동절 유형의 한 종류로 간주되었다. 그러나 우리의 현재 목표인 정보 구분을 위해 나는 이 책에서 존재절과 자동사절을 두 가지로 나누었는데, 존재절은 설화에서 주 정보를 나타내지 않는데 반해 자동사절은 전부는 아니지만 주 정보를 나타낼 수 있기 때문이다. 존재절이나 등식절은 특별한 동사 형태를 가진다. 곧 존재동사 '있다' 혹은 '없다'와 연계사(copula) '이다' 혹은 '아니다'이다.

다음은 절 유형에 근간을 둔 타동성에 따른 연속체이다. 이중타동성과 수혜태(benefactive voice)는 연속체의 상위의 끝에 위치한다.

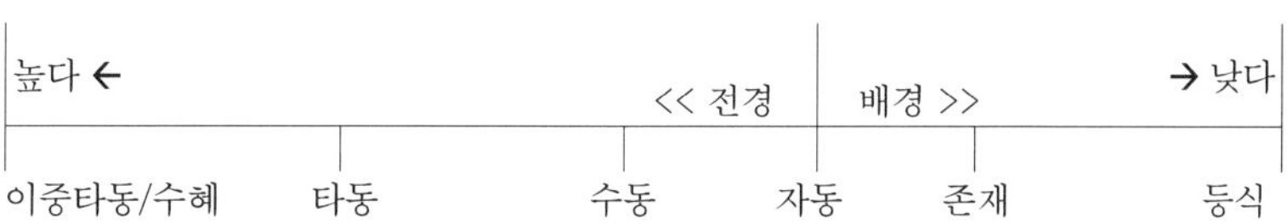

이중타동성은 타동성의 범주에서 최상위의 것으로 보이며, 전형적으로 두 개의 목적어를 취하는데, 하나는 주로 생명이 있는(종종 인간이) 수령자이다. 이는 Hopper와 Thompson(1980)의 간접목적어 논의와 연관되는데 직접(대격)목적어보다 더 타동성이 높다고 간주된다. 그들의 관점에 따르면 간접목적어는 직접목적어보다 더 개별성이 있어서 한정적, 생물적, 인간적, 지시적인 특징을 지닌다.

수혜형 '-어 주'는 텍스트에서 여러 번 발생하는데 담화상 기능이 흥미롭다. 이는 영어에서의 'please'나 'for someone' 등에 필적하여 사용될 수 있다. 보통 영어의 'please'에 해당된다고 생각하는 한국어의 '제발'은 실상 정말 다급한 상황을 제외하고는 사용되지 않는다.

(14) 집으로 보내 주세요.

동사 '주다'에서 유래된 수혜격 접미사는 본질적으로 하나의 행동, 즉 '누군가를 위해 무엇을 하다'라는 뜻을 포함한다. Hopper와 Thompson의 관점에서 이 접미사의 사용은 훨씬 개별화된 목적어를 포함하는데 이 목적어는 생명이 있고(대개 인간) 또한 한정적인 수혜자이다. 이런 종류의 개별성은 자주 이중타동사절 유형에 부합한다.

(15) 스님 문장 9
… 스님은 손을 넣어서 그 것을 뽑아 주었다.
스님 문장 27
… 머리를 깎아 주고 함께 불도에 정진하였다.

까치 문장 44
젊은이는 은혜를 갚기 위해서 귀중한 목숨까지 버린 엄마 아빠 까치를 어루만지며 양지바른 언덕에 예쁜 무덤을 만들어 주었답니다.

위의 세 가지 예에서 수혜격 접미사를 가진 동사에 의해 기록된 사건은 중요 정보의 순위에서 상위에 있다. 따라서 이는 수혜격 접미사의 존재는 마치 사역 접미사처럼(앞에서 언급된대로 타동사절 유형인지 이중타동사절인지를 알리는 것) 정보를 이중타동사절과 같은 순위로 올리는 신호라고 볼 수 있다. 정보의 다음 순위는 타동사절로 주어와 목적어라는 두 가지 논제를 가지고 있다.

수동태절은 능동태의 직접목적어를 주어로 만드는 이중타동사절이나 타동사절에서 형성된다. 영어나 일본어와는 달리 한국어에서 간접 목적어는 수동태의 주어가 되지 않는다. 나는 대개 수동태가 전경 정보를 나타낸다고 본다. 한 가지 이유는 동작주(혹은 행위자 agent)가 표현되던 않든 간에, 자주 하나 이상의 명사를 포함하기 때문이다. 이 연구의 이야기에서 많은 수동태 예문들이 중요한 전경화된 정보를 가리키고 있다.

(16) 스님 문장 4
어느 날 깊은 밤 밖에서 호랑이 울부짖는 소리가 들렸다.
심청 문장 85
심청이는 용궁에서 보내온 아름다운 처녀라는 소문이 나서 나중에는 왕비로 뽑히게 되었습니다.
까치 문장 35
바로 이때 땡그렁 땡그렁 땡그렁 뜻밖에도 종이 세 번 울렸습니다.
오누이 문장 55
공중에 채 반도 오르지 못하고 줄이 끊어져서, 호랑이는 옥수밭에 떨어져 죽고 말았습니다.

수동태절들은 능동태절보다 훨씬 덜 사용되지만 사용되는 경우에는 대개 중요한 정보를 가리킨다. 「미녀와 스님」의 문장 4에서 수동태는 문장 3에 등장된 스님에게 들리는 호랑이 소리에 초점을 맞추는 데 이용된다. 심청 문장 85에서 수동태 동사('뽑히다')는 '심청'이라는 주제(topic)를 유지하면서 그녀를 왕비로 선택한 (별로 상관성이 없는)동작주의 언급을 피할 수 있게 한다. 「은혜 갚은 까치」의 문장 35에서는 이야기의 중추적 사건이 나타난다. 이야기의 정점에서 종소리는 뱀에게 죽을 뻔한 젊은이를 구한다. 이 경우 역시 그때까지 알려지지 않은 동작주는 숨겨진다.[10)]

담화 기능에 대한 이러한 설명들은 한국어의 수동태가 Hopper와 Thompson의 가설, "수동태는 영어 같은 언어에서 텍스트의 배경 부분에 나타나는 경향이 있다"(1980: 293)와는 반대로 기능함을 가리킨다. 그들은 이런 수동태를 필리핀어에서 나타나는 "목적어 초점 구조(O-focus construction)"와 대별한다. 이들은 타동성이 높으며 주로 동작주와 함께 발생한다. 그러나 한국어 수동태는 흔히 동작주 없이 발생하기 때문에 필리핀어보다는 영어나 Hopper와 Thompson이 설명한 와포(Wappo)와 더 비슷해 보인다. 그러나 여기에서의 예문들은 이야기상에서 그 문장들이 중요한 전경 사건을 나타냄을 보여 준다.

수동태는 Givón(1990: 567-572)이 주장하는 것처럼 여러 가지 기

10) 한국어에서는 사역형(짧은 형태)이 수동형과 형태가 같다. 이런 현상은 다른 여러 언어에서도 나타난다(cf. Yeon 연재훈 2015). '종이 울다'는 자동사로 사역형과 합해 타동사('종을 울리다')가 된다. 그런데 '종이 울리다'는 이 예문(까치 문장 35)에서 수동태로 보인다. 곧 능동(사역형)과 수동이 같은 형태이다. 종이 울다>종을 크게 울려라/종을 울렸다(사역)>종이 크게 울렸다(수동). 오누이 문장 55에서 수동태는 동작주가 없기 때문에 사용된다. 줄은 썩었기 때문에 저절로 끊어진다.

능이 있다. 그러나 동작주를 누르고 피동작주를 높이는 것은 사실이나 Givón의 주장처럼 언제나 상태화(stativization)한다고 보기는 어렵다. 나는 수동태가 기본적으로 상태동사를 나타내기보다 과정(process) 동사를 표현한다고 본다(Hwang 1999). 행동과정(action-process) 동사에서 행동 요소를 빼서 행동을 제거하면(deactivate하면) 과정 요소가 남아 수동태로 바뀐다. 이러한 파생(derivational process)은 Chafe (1970: 132)와 Hwang(1999: 258)에 나와 있다.

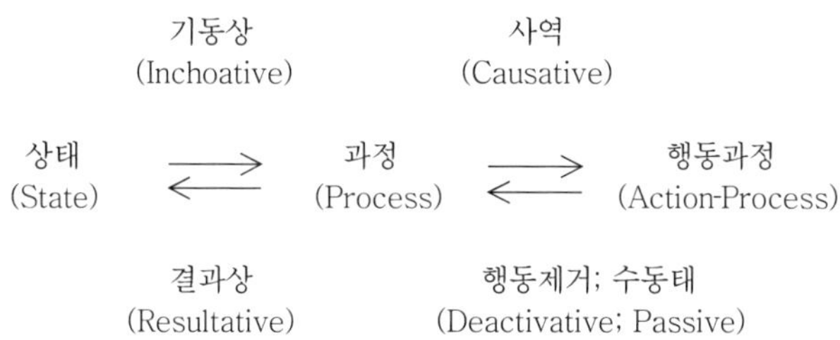

영어의 동사/형용사 'open'을 보면 같은 형태가 여러 의미로 쓰이는 것을 볼 수 있다.

(17) a. He opened the door. (행동과정)
b. The door opened. (과정)
c. The door was opened. (과정)
d. The door was open. (상태)

수동태인 17c가 중간태(middle voice)인 17b와 비슷한지 아니면 상태동사/형용사인 17d와 비슷한지 볼 필요가 있다. 수동태인 17c는 과정동사로 간주되며 표층에는 표현되지 않았지만 문맥상 동작주가 가능하므로 오히려 17b보다 타동성이 높다고 할 수 있다. 영어에서는 약간의 의미 차이가 있는 두 가지 과정동사 표현이 가능하지만, 한국어에서는 17b와 c가 똑같이 수동절('문이 열렸다')로 표현된다. 상태를 명백히 나타내려면 한국어에서는 수동절에 결과상(resultative) '-어 있'을 더하여 '열려 있었다'라고 표현한다.

수동태가 상태보다 과정을 나타낸다는 사실과 여덟 개의 이야기에서 주 정보를 표현한다는 사실을 근거로 한국어의 수동태가 연속체에서 타동사와 자동사 사이에 속한다고 본다. 대개 수동태는 동작주 없이 발생하기 때문에 명사의 수가 줄고 동작주의 자발적인 행동보다는 예상치 못한 사건이나 사고를 나타내는 경향이 있다. 능동태보다 수동태를 선택하는 것은 담화에서 명사, 곧 참여자를 주제(topic)로 지속하는 것에 대부분 연관되어 있다(Longacre 1977: 21-22).

Thompson(1987a)은 동작주가 언급되는 경우일지라도 능동태보다는 수동태를 선택하는 영어 담화연구에서의 전략을 소개하였다. 피동작주가 동작주보다 단락 내 주제나 바로 앞 절이나 문장에 언급된 참여자와 더욱 긴밀할 때 수동태를 사용한다고 한다. 한국어 담화에서도 영어와 비슷하게 대략 80%의 수동태절에서는 동작주가 표현되지 않지만 나머지 20%의 수동태절에서는 동작주가 나타나는데도 동작주보다 피동작주가 맥락에서 지속되는 주제일 때 사용된다(Hwang 1999).

존재절과 등식적인 절들은 전형적으로 참여자나 소품(prop)을 소개하거나 배경지식을 제공하는 데 사용된다. 둘 다 낮은 쪽의 배경 정보를 가리키는데 어느 것이 정보상 더 우월하다고 규정짓기 힘들다. 그러나 등식절(예: 스님 문장 20 (그녀는)'서울 사는 모 대감 댁의 귀여운 따님이었다')은 명사 두 개를 연결시키는 데 국한되므로 존재절보다 더 낮은 순위라고 볼 수 있다. 그것이 두 개의 명사를 포함한다고 해도 등식절의 연계사(copula)는 동사적 기능이 미약한 것이다.11) 사실상 어떤 언어에서는 등식절이 표층구조에서 동사 없이 두 개의 명사로 구성된 명사절로써 명시되기도 한다. 존재절(예: 모자장수 문장 1 '옛날 어떤 곳에 모자장수 한 사람이 있었습니다')은 어떤 실체(entity)가 존재하거나 아니거나 하는 것을 언급하는데, 비록 그 절에 하나의 명사만 있다고 할지라도, 표층구조상에서 존재동사로 표시된다. 앞에서 설명했듯이(4.2.4; Hwang 1975) 한국어에서 존재절은 자동사절과 절 구조가 아주 유사하다. 따라서 태와 타동성의 연속체를 높은 순위부터 낮은 순위로 앞에 제시한 대로 여섯 가지의 절 유형으로 명시한다. 곧 이중타동절, 타동절, 수동절, 자동절, 존재절과 등식절이다.

4.2.5. 격 프레임(case frame)에 따른 동사 유형

Fillmore(1968)와 Chafe(1970)의 연구를 바탕으로 한 Longacre (1996)의 격 프레임은 서술동사(predication)를 네 가지 기본 유형으로 범주화하였다. 상태(state: S), 과정(process: P), 행동과정(action-process: AP) 그리고 행동(action: A) 동사이다. 이 네 가지 유형은 각각의 동사와 같이 나타나는 명사가 동작주/행위자(agent)인지 경험주(experiencer)인지 피동작주/수동자(patient)인지 또는 처소격(locative)인지 하는 사실과 깊이 관련되어 있다. 네 가지 서술동사 외에 그는 동사의 범주 두 가지, 존재와 등식을 더 첨가하였다. 초기에 나는 전에 한국어에서 절의 심층구조 규칙을 찾기 위해 Longacre의 격 프레임의 도표를 적용했다(Hwang 1975). 이제 이 담화연구에서는 이 동

11) 고영근과 구본관(2011: 151)은 '이다'를 용언의 성격을 지니고 있는 서술격조사라고 기술한다.

사의 유형들이 구조적 중요성의 관점에서 정보의 구분에 유익한 통찰을 준다고 제시한다.

상태동사 유형은 기술이나 심리 묘사를 하는 배경 정보를 가리킨다.[12] 반대로 남은 세 유형은 전경 정보를 가리키나 서로 중요성의 정도가 다르고 최상위에서 최하위의 순서로 다음과 같은 순위를 따른다.

행동과정(action-process: AP)>행동(action: A)>과정(process: P)

행동과정동사 유형은 Hopper와 Thompson의 상위 혹은 원형적 타동성에 부합하는데 이런 유형의 동사는 특징적으로 두 개의 명사, 곧 동작주와 목적어(Longacre의 용어를 사용하면 수동자나 경험자)가 있고 목적어는 행동동사와 함께 발생하는 것보다 동사로부터 거의 전적으로 더 많은 영향을 받게 된다.

(18) 그는 접시를 깨뜨렸다.(행동과정 AP)
그는 의자를 찼다.(행동 A)

접시는 깨짐으로써 채이는 의자보다 더 강렬한 변화를 겪게 되어서, 다시 말해 완전히 영향을 받는다는 것이다.

무엇보다 격 프레임과 같은 체계적인 분류 시스템을 통해 우리는 전경화된 심리 동사와 그 배경 사이의 거리를 볼 수 있다.

(19) 나는 갑자기 … 는 것을 알았다.(과정 P)
나는 내내 … 는 것을 알았다.(상태 S)

12) 과거시제라도 사건을 표현하지 않고 상태를 나타내므로 영어 텍스트에서와 같이 Miehle(1978)가 기술한 예외 4와 6이 소멸된다(4.2.1.1).

첫 번째 문장은 부사구 '갑자기'로 표현된, 급작스러운 깨달음에 의한 과정인 반면에, 두 번째 것은 부사구 '내내'가 증거가 된 상태이다. 한국어에서 과정과 상태 사이의 차이점은 형태학적 파생에 의해 자주 보인다. 동사 '알다'는 한국어에서 본질적으로 과정의 동사이며 진행형의 부가는 상태동사로 들어가게 되는데 이를테면 '알고 있었다'(내내 쭉 알아온 것)이다(cf. Lee 이은희 2006).

격 프레임에 의한 동사의 체계적 고찰은 담화에서 서로 다른 유형의 동사들이 다양한 기능을 가진다는 분석을 가능케 한다. 이런 동작상(Aktionsart)에 기준한 동사의 심층 기능들은 특정 언어의 예외가 아닌 보편적인 언어의 자질인 듯하다.[13]

존재절 유형과 등식절 유형이 네 가지 서술동사의 유형과 조합되어 동사 유형에 따른 정보의 중요성의 순위는 다음과 같이 여섯 개의 지점이 있는 연속체로 표현될 수 있다.

이 연속체는 앞의 태/타동성 연속체(4.2.4)와 낮다 끝의 존재동사 유

13) Vendler(1967)는 동사의 내재적 의미인 동작상(Aktionsart)을 기준해서 동사종류를 대체로 네 가지로 분류한다. 상태동사(state), 활동동사(activity), 완성동사(accomplishment), 성취동사(achievement)이다. 이들은 상황 유형(situation type)으로 어느 언어에나 적용될 수 있는 것이다. 그 후 Smith(1997)가 성취동사와 달리 종결성(telic)이 없는 순간동사(semelfactive)를 더해서 다섯 가지로 분류하는데 많은 언어의 동사유형 연구에 적용되었다(Saeed 2009). 고영근과 구본관(2011: 410-411)도 비슷하게 상태동사, 과정동사, 완성동사, 순간동사, 심리동사의 다섯 가지 동작류를 한국어에 제시하였다.

형과 등식 유형으로 겹쳐진다. 두 가지 연속체가 다 절과 동사 유형과 연관되지만 태/타동성 연속체는 표층구조의 유형을 나타내는 반면에 격 프레임에 따른 동사유형은 심층구조의 유형과 연관된다. 심층구조와 표층구조 사이에는 차이가 있을 수 있다. 예를 들면 표층구조의 존재동사가 어떤 물체의 존재가 아니라 심층구조의 처소 상태 격 프레임(locative state case frame)을 가리킬 수 있다.

(20) 펜이 책상 위에 있다.(존재동사, 상태 S)

이 연속체의 관점에서 동사가 분석될 때 표층구조의 자동사들이 행동, 과정 또는 상태로 구분되고, 타동사들이 행동, 행동과정 또는 과정, 상태로 구분될 수 있다. 「미녀와 스님」의 다음 예에서, 처음 절은 타동절이고 다음 절은 자동절이다. 하지만 둘 다 행동(A) 유형이다.

(21) 스님 문장 5
… 횃불을 들고 (타동사, 행동 A)
나가보았다. (자동사, 행동 A)

다음(4.2.6)에서 볼 문장구조를 고려할 때, 의존절이나 비독립절의 정보는 독립절의 정보보다 대개 순위가 낮기 때문에, 위 문장에서 스님이 횃불을 드는 것보다 밖으로 나가는 것이 더 중요한 주 정보라는 것을 알 수 있다.[14]

14) 이 이야기는 4.3.3에서 여섯 가지 요소 모두로 분석되는데 그중 하나는 격 프레임에 따라 결정되는 동사유형이다.

4.2.6. 문장 내의 절 배합 구조

문장 내에서의 절의 배합(clause combining)에 대한 문법적 자질과 담화적 기능에 대해 Haiman과 Thompson(1988)의 저서에 있는 논문들이 여러 언어의 등위절, 종속절, 사슬 절 연쇄 등을 논의하였다. 한국어 문장에서는 절의 연쇄(clause chaining)가 한 문장 안에 여러 개의 절이 있을 때 시제나 서법/양태 면에서 마지막 하나의 독립(종결)절의 동사에 의존하는 특징이 나타난다. 영어는 대조적으로 절연쇄가 아닌 등위(co-ranking)언어로, 한 문장 안에 여러 개의 독립절이 있을 수 있고 각각의 독립절 동사에 시제, 서법, 양태들이 각기 나타난다(Longacre 2007). 한국어 같은 절 연쇄 언어에서는 동사의 어형변화가 나타나는 독립절뿐 아니라 비독립절도 대등하다고 볼 수 있다. 비록 시제, 서법 같은 정보가 동사에 문법적으로 표현되지 않지만 종속절(suborindate clause)이 아닌 등위 비독립절(coordinate dependent clause)은 여러 가지 면에서 독립절과 거의 대등하다고 볼 수 있다. 이미 언급한 바와 같이 많은 사건 라인 정보는 종결 독립절뿐 아니라 비독립절을 통해 보고된다(Hwang 1990a). 이러한 정보는 독립절에서와 똑같은 순위의 주 정보가 아니라 그 다음 순위를 표시한다.

(22) 스님 문장 5

하도 구성지고 슬프게 울기에	(부사절)
횃불을 들고	(등위 비독립절)
나가 보았다.	(독립절)

위의 문장에서 첫 번째 절은 이유를 표현하는 부사 종속절이다. 두 번째는 등위 비독립절로 시제나 서법의 표시가 없다. 세 번째는 시제와

서법에 의해 어형 변화된 동사를 가진 독립절이다. 처음의 이유 부사절은 주된 사건 라인에서 벗어난 배경 정보를 표현하지만 다른 둘은 전경 사건 라인에 있고 명확하게 스님의 행동을 보고 한다.

등위 비독립절에 일어나는 어떤 동사들은 주제 보조사 '는'이 뒤따른다. 이 조사는 좀 더 일반적으로는 절의 주제로써 주어, 목적어, 혹은 처소/장소 및 시간명사에 붙게 된다. 그러나 등위절에서 실어 나르는 정보는 독립절의 정보 전에 일어나는 사건인 신정보(new information)를 표시하므로 주제라고 부를 수 없을 듯하다.

주제(topic)조사 '는'은 3차 접미사(Hwang 1975: 9)로 (1) 주격조사나 목적격조사 대신 쓰이고, (2) 처소와 시간명사, 간접목적어, 동작주, 기기(instrument), 동행주(accompaniment) 등에 이미 존재하는 접미사 뒤에 덧붙임으로써 쓰일 수 있다. 이 그룹의 다른 접미사는 '야', '도', '만', '나', '라도'가 있다. Yang(양인석 1972, 1973)은 이들 3차 접미사를 한계설정 기호(delimiter)라 불렀는데 그것들은 따라붙은 요소들의 한계를 짓거나 특징짓기 때문이다.

주제조사 '는'은 이야기에 전반적으로 나타나는데, 주로 이미 알려졌거나 등록된 요소인 명사 뒤에 붙는다(5장 참조). 하지만 비독립절에서의 동사와 같이 새로운 정보를 표시하는 경우에도 쓰인다. '는'이 동사 끝에 붙을 때 전형적인 수수께끼 같은 불변화사(mystery particle; cf. Longacre 1977)라고 볼 수 있는데, 이는 담화구조에 의지하지 않고는 단순히 용어 풀이(gloss)나 설명이 될 수 없기 때문이다. 게다가 이런 위치에서의 불변화사는 별 큰 지장 없이 담화에서 빠지기 쉽다. 그러나 이것이 나타날 경우에는 이야기의 흐름을 개선할 수 있다. 과연 담화 내에서 '는'의 미묘한 기능은 무엇인가? 나는 '는'이 등위 비독립절에 나타날 때는 그 절의 정보가 '는'이 없는 다른 절보다 더 중요한 정보지만 독립절의 정보보다는 덜 중요한 정보라고 본다. 이제 예들을 살펴보기로 하자.

(23) 오누이 문장 4
날이 저물자,
어머니는 집에서 기다릴 아이들을 생각하시고,
고기와 수수떡을 싸 가지고는
빨리 집으로 돌아가셨습니다.

이 문장에서 고기와 떡은 호랑이가 어머니를 공격하고 아이들을 쫓게 되는 중요한 요소이다. 또한 다음 두 가지 예문에서도 '는'이 붙은 마지막 비독립절들은 앞의 다른 비독립절보다 더 중요한 전경정보를 표현한다(전체 텍스트를 위해 부록 참조).

(24) 까치 문장 8
젊은이는 차마 그냥 지나갈 수가 없어서
구렁이를 활로 쏴서
떨어뜨리고
새끼 까치들을 살려주고는
다시 길을 떠났어요.

스님 문장 16
큰 호랑이가 어떤 여인을 업고 와서
울고 있다가
스님이 나오는 것을 보자
그 여인을 땅에 내려놓고는
어슬렁 어슬렁 사라져 버렸다.

「은혜갚은 까치」의 문장에서, 젊은이가 새끼 까치들을 구해 주었다는 정보는 왜 부모 까치가 나중에 젊은이를 돕게 되는지를 이해하는 데 중요한 것이다. 비슷하게 「미녀와 스님」에서 호랑이가 스님과 미녀를 두고 떠난 정보가 이야기의 줄거리상에서 중요한 위치를 차지한다. 왜냐하면 호랑이가 나름대로의 '보은'에 대한 주제를 나타내고(스님에게 보답하고자 하는 행동으로) 또한 그 여인은 스님의 동생이 되고 함께 오누이 탑에 관련된 전설을 만들기 때문이다. 길고 잇대어 나오는 경향이 있는 연쇄절인 이 문장에서 주제조사 '는'이 쓰이는 비독립절들은 다른 비독립절보다 상대적으로 더 중요한 정보를 나타낸다.

비독립 의존절이 명백히 종속적일 때, 예를 들면 이유, 조건, 혹은 목적 같은 부사절의 경우에는, 대개 주 정보 사건 라인에서 벗어나 배경 정보가 된다. 종속절은 보통 부사절(adverbial clause), 보문절(complement clause), 관계절(relative clause) 세가지로 분류된다. 부사절은 주절(main clause)을 수식하여 주절에 표현된 정보를 보충하는 기능을 한다. 부사절의 전반적 문법과 담화 기능의 연구로는 Thompson과 Longacre, Hwang(2007)이 있는데 한국어의 예문도 포함하고 있다(종속절의 설화상의 기능에 대해서 Tomlin(1985)과 Thompson (1987b, 1988)의 연구를 참조).

보문절이나 관계절은 명사구 역할을 하거나 명사구 안에 삽입되어 있는 절이다. 한국어에서는 이 두 가지 절이 다 수식어미(modifying ending)를 취하고 영어에 비해 좀 더 유사점이 많은 편이다.[15] 관계절

---

15) 이 절들을 Lee(이효상 1993a)는 'noun-modifying (attributive) clause'라 부르고, 이 수식어미를 Yang(양인석 1972)은 relativizer로 박병수(1974)는 complementizer라고 불렀다.

은 대개 사건 라인과는 동떨어진 보완 정보를 표시하고 한국 설화에서 종종 주제상 중요한 정보를 나타내어서 이야기 전체의 교훈을 간결하게 요약하는 경우가 많다(Hwang 1990b, 1996; Konzime어 설화에서의 관계절의 비슷한 기능으로 Beavon 1985 참조).[16)]

(25) 스님 문장 24
[자기의 생명을 구해 주신] 스님과 평생 함께 …

까치 문장 19-21, 43-44
19 [내 남편을 쏘아 죽인] 너를 잡으려고 내가 이렇게 사람까지 되었는데.
20 [남편의 원수를 갚으려는] 마음은 알겠습니다만 …
21 [새끼를 살리려고 울어대는] 어미 까치가 하도 불쌍해서 …
43 거기엔 [종을 치느라고 머리가 깨진] 까치 두 마리가 피를 흘린 채 이슬에 젖어 있었어요.
44 젊은이는 [은혜를 갚기 위해서 귀중한 목숨까지 버린] 엄마 아빠 까치를 어루만지며 …

따라서 문장 구조 내에서 절들이 배합할 때 서로 다른 형태의 절에 의해 또 다른 연속체가 이루어진다. 이 연속체의 높다의 끝은 독립절이

16) 영어 회화에서의 관계절의 문법적 자질과 담화 기능에 관한 연구로 Fox와 Thompson(1990)이 큰 기여를 했다. Hwang(1996)은 그들의 연구를 참고하고 특별히 영어(head-initial, 머리가 처음에 오는 언어)와 한국어(head-final, 머리가 끝에 오는 언어)의 문법적 차이를 바탕으로 해서 관계절이 담화에서 다소 다른 역할을 하는 것을 보여 준다. 예를 들면 한국어에서는 관계절이 명사 앞에 오기 때문에 문두에 나올 수 있는 문법적 특색으로 영어에서는 부사절로 표현되는 선행지시절(back reference)이 한국어에서는 관계절로 나타나기도 한다(심청 문장 7: '…딸이 돌아오기를 기다리고 있었습니다. 문장 8: '기다리다 지친 심 봉사님은 딸이 오는가 보려고 …). 영어와 한국어의 이러한 어순, 절의 순서 등의 차이로 나타나는 담화적 기능의 차이에 관한 연구로는 Hwang(1994a, b, in press) 등이 있다.

되고 그 다음에 등위 비독립절이 오는데 '는'이 붙은 절이 '는'이 없는 절보다 높다. 이들은 대개 전경 정보를 표현한다. 그 다음 순위로 배경 정보가 오는데 먼저 부사절이 오고 낮다의 끝에는 명사구 안에 나타나는 수식절(관계절, 보문절)이 온다.

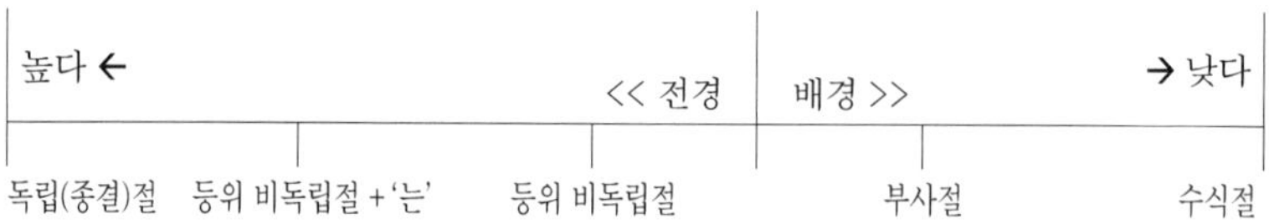

4.3. 정보의 상대적 중요성

4.3.1. 정보의 상대적 중요성을 연속체로 나타내기

4.2에서 기술한 바와 같이, 정보의 상대적인 구조적 중요성은 <그림 11>의 여섯 개의 연속체로 표현될 수 있다.

정보의 중요성의 높고 낮음은 이 여섯 가지 요소의 모든 관점에서 결정될 수 있다. 선택적인 자질인 시상(aspect)은 자주 쓰이지 않아서 모든 절에 표현되지 않는다. 각각의 자질에 대한 논의에서와 마찬가지로, <그림 11>에서 여섯 가지 요소를 세로의 굵은 선으로 전경 정보와 배경 정보를 대강 표시할 수 있다.

이러한 요소들은 동시에 교차하는 자질들로 분석되기 때문에, 한 연속체에서 전경 쪽에 있다고 해서 그 정보가 실제로 전경 정보라고 볼 수는 없다. 어떤 정보가 이 다양한 자질의 관점에서 볼 때 왼쪽 높다 쪽에 가까울수록 그 정보는 담화 내에서 중요하다. 한국어 담화에 관련해 <그림 11>에 제시된 연속체의 형태로 표현된 이 자질들은 Hopper와

<그림 11> 정보의 상대적 중요성의 연속체

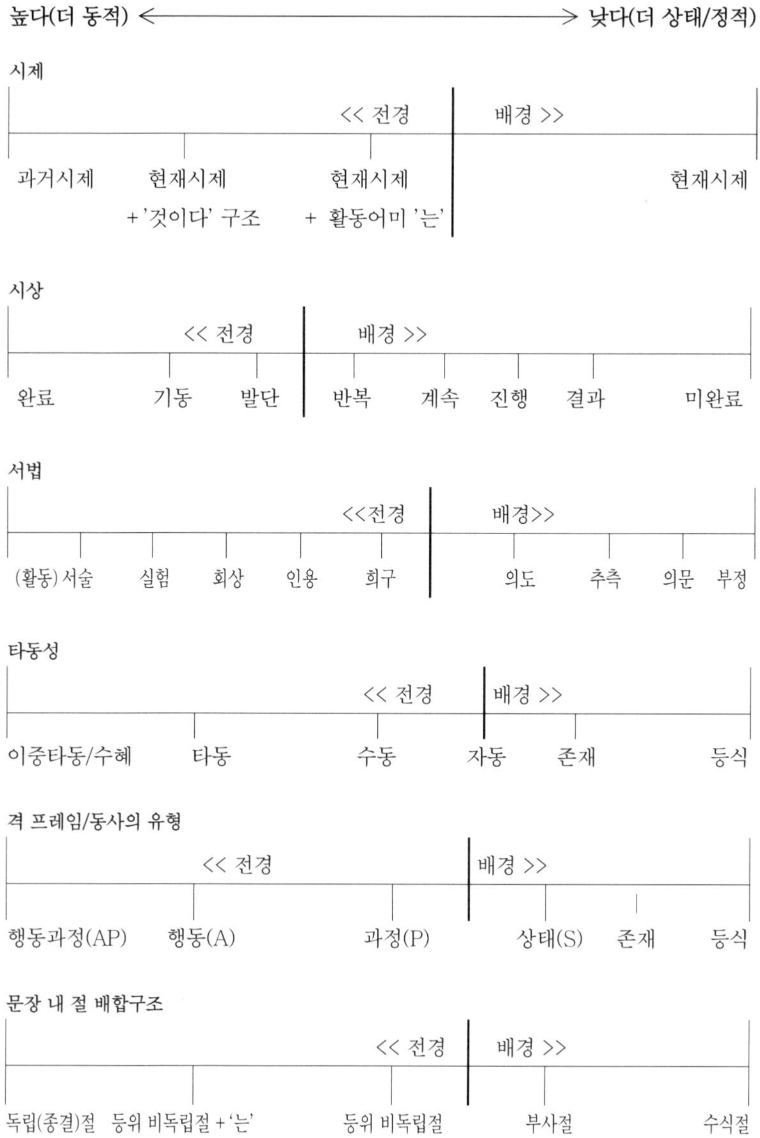

Thompson(1980)이 논의한 타동성의 정도에 대한 가설과 가까이 부합한다. 그러나 그들의 가설과 나의 가설에는 중요한 차이점이 있다. 이러한 문법적인 자질들은 정보의 전경과 배경 두 단계에만 관련되는 것이 아니라 정보의 서로 다른 순위의 중요성과 관련이 있다고 생각한다. 즉 여기서 주장하는 것은 여섯 가지 자질마다 각각 연속체이고, 또한 정보의 종류도 전경과 배경의 두 가지(binary) 개념이 아니라 여섯 가지 자질에 기초하여 또 다른 연속체를 이루고 여러가지 순위(multiple levels)가 있다는 것이다.

<그림 12>는 이러한 연속체들을 그래프로 나타내는 또 다른 방법을 보여 준다.

<그림 12> 원 그래프로 나타낸 정보의 상대적 중요성 연속체

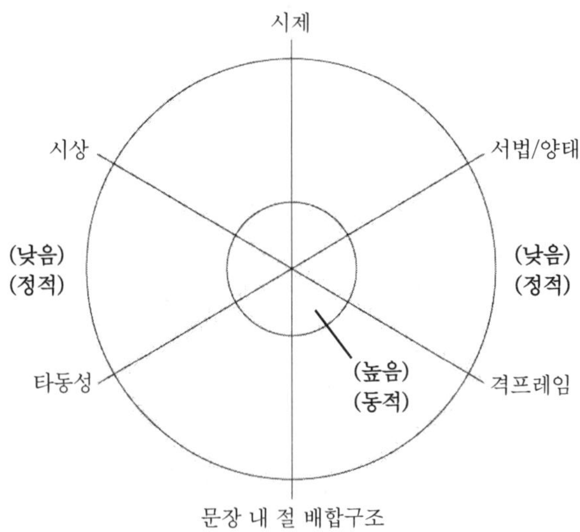

여섯 가지 자질 모두에서 정보의 높은 중요성은 원의 중심과 가까이 나타나고 중요성이 낮은 것은 원의 주변과 가까운 것으로 나타난다.

연속체를 사용하는 것에는 장단점이 있다. 장점은 점차적으로 변하는 것을 뚜렷하게 구별되는 것처럼 자르지 않아도 된다는 점이다. 그렇게 하는 것은 다소 임의적이거나 강제적일 수 있기 때문이다. 반면에 단점은 연속체가 여섯 자질들의 상대적인 중요성을 보여 주지 않는다는 것이다.

연속체의 개념은 Pike(1982)와 Cassirer(1961)가 논의한 바와 같이 파동(wave)의 관점에 부합한다. 이 관점에서 볼 때 경계선상에 있는 데이터에는 흔히 불확정성과 흐릿함(불명확성)이 있다. 곧 어느 주어진 연속체 내에서는 모호한 사례들이 있을 수 있다. 예를 들어 두 서법/양태를 표시하는 요소 중에 어느 것이 더 높은지를 말하기 어려운 경우이다. 또는 두 연속체 간에 모호성이 있을 수 있다. 곧 하나의 절이나 문장이 어떤 연속체상에서는 높은 쪽에 있고 다른 연속체에서는 낮은 쪽에 있는 경우이다. 파동의 관점에 관련한 이러한 불명확성은 Kintsch와 van Dijk(1975), van Dijk와 Kintsch(1978)가 지적한바 같은 이야기를 여러 사람이 요약할 때 차이가 나는 것과 비슷하다. 또 같은 이야기의 거시구조들 간의 차이점과도 비슷하다고 볼 수 있다. 아마도 사람들이 문법적인 자질들이 제공하는 암시들을 다소 다르게 느낄 수도 있다고 볼 수 있겠다. 하지만 그럼에도 불구하고 텍스트에는 전체적인 연관성이 있다.

4.3.2. 정보의 상대적 중요성을 여러 순위로 나타내기

정보의 상대적 중요성을 연속체로 보는 것에 대한 대안은 그것을 다

수의 여러 순위로 보는 것이다(L. K. Jones(1979), Longacre(1996, etc.), Longacre와 Hwang(2012, 5장) 등). 이 대안의 장단점은 연속체 사용의 장단점과 정반대이다. 여러 순위들을 사용하면 어떤 자질이 다른 것들보다 어떻게 더 지배적인지를 보여줄 수 있다. 예를 들어 동사의 유형에 대한 파라미터(매개변수)가 시제보다 더욱 결정적인 요인이 될 수 있다. 하지만 동시에 순위를 정하기 위해 구분하는 것이 필요하다. 이 관점은 Pike(1982)이 논의한 바 있는 분자(particle) 관점에 부합한다고 할 수 있다. Pike는 우리가 분자 관점 하나만을 엄격히 따랐을 때 범하게 되는 "분할 오류(partitioning fallacy)"를 인지해야 한다고 경고했다. 그러므로 파동과 분자, 두 가지 관점(곧 연속체와 다수 순위)을 견지하고 그 둘을 장(field)에 대한 전체적인 시각 내에서 서로 보완하도록 해야 한다.

이제 한국어 담화에서의 정보에 관한 여러 순위 가설을 제시할 것이다. 이 가설에는 각각 특유의 자질들을 가진 다섯 순위가 있다. (참고: 물결표(~)는 '서로 관련이 있다'라는 의미이고 중괄호{ }는 다른 선택(alternative choice)을 나타낸다.)

1. 매우 중요한(중추적인) 사건:
   과거시제
   서술문
   이중타동 혹은 타동
   행동과정(Action-Process)
   독립절
   (±완료상(Completive))

2. 중요한 사건:
   과거시제
   서술문
   이중타동 혹은 타동
   { 행동과정(Action-Process) ~ 등위절+'는' / 행동(Action) ~ 독립절 }
   (± 기동상(Inchoative))

3. 보통 사건:
   과거시제 혹은 현재시제 ~ { '것이다' / '는'(행동법) }
   서술문 (±회상법, 실험법, 혹은 희구법)
   { 타동사 ~ 과정(Process) / { 수동태 / 자동사 } ~ { 행동 과정(Action-Process) / 행동(Action) } / 타동사 ~ 행동(Action) ~ 등위 비독립절 }
   (±발단상(Inceptive))

4. 중요한 배경:
   상태(State) 혹은 { 행동과정(Action-Process) / 행동(Action) / 과정(Process) } ~ { 계속상 / 진행상 / 결과상 }

5. 보통 배경:
   부정 혹은
   존재절 혹은 등식절 혹은
   부사절 혹은 수식절

위에서 보는 바와 같이 (특히 "혹은"이 있는 곳), 정보를 더 많은 순위로 더욱 세밀하게 구별하는 것도 가능하다. 하지만 비슷한 중요도를 가진 그룹들은 순위의 수가 늘어나는 것을 막기 위해 하나로 합쳐질 수 있다. 배경의 두 단계에서는 정보의 상대적 중요성을 결정하는 데 한두 개의 자질만이 중요하다. 예를 들어 다른 연속체들에서의 높고 낮음에 상관없이 부정형은 낮은 정보를 나타낸다.

4.3.3. 설화의 간략한 분석: 「미녀와 스님」

정보의 상대적 중요성 분석의 실례로 「미녀와 스님」을 선택하였다. 이것이 직접화법이 없는 유일한 이야기이기 때문인데, 직접화법은 또 다른 고려가 필요하고, 더 나아가 직접적인 작가-독자(혹은 화자-청자)의 시각에서 벗어나기 때문이다. 또한 3장에서 언급한 대로 이 이야기를 요약하는 것을 포함한 실험이 행해졌기 때문이다. 그러므로 요약들에서 나타난 이야기에 대한 좀 더 직관적인 의미 해석과 텍스트의 문법적인 자질 분석 간의 비교가 가능하다.

<표 27>은 주로 두 연속체의 자질 즉, 격 프레임(case frame)에 의해 결정되는 동사의 심층구조적 종류와 표층적인 태/타동성에 기준한 절 유형을 보여 준다. 두 자질의 연속체상에는 높다(더 동적)에서 낮다(더 상태적/정적)까지 여섯 개의 지점이 있다. 심층구조에는 다음과 같은 동사 유형들이 있다. 행동과정(AP), 행동(A), 과정(P), 상태(S), 존재, 등식 동사이다. 표층구조에는 다음과 같은 절 형태들이 있다. 이중타동, 타동, 수동, 자동, 존재, 등식절이다. 왼쪽 높은 쪽으로 두 가지의 자질이 채워지면 그 절에서 제시된 정보는 중요도가 높게 나타날 것이다. 다른 연속체의 자질들 역시 이 표에 반영하기 위해 AP와 이중타동이라고 이름 붙인 칸의 왼쪽에 여분의 칸을 만들었다. 이 칸은 현재시제(다른 모든 것은 과거시제이다), 인용법이나 추측(짐작)법('-인 것 같

다'), 수혜격(Benefactive)이나 사역격, 완료상이나 진행상이나 결과상, 등위 비독립절, 접미사 '-는'과 같은 관련 정보를 제공한다. 그들 중 결과상, 사역격은 이미 여섯 개의 칸을 채울 때 고려된 것이므로 괄호 안에 넣어 표시했다. 각 문장의 마지막 절은 서술법의 독립절로 '-다'로 표현되었다. 표에는 (몇몇 주어와 직접목적어와 함께)주로 동사들만 제시되었다(전체 텍스트는 부록 2를 참조). 심층구조의 동사의 유형들, 행동과정, 행동, 과정, 상태는 자리를 줄이기 위해 각각 영어 첫 글자를 써서 AP, A, P, S로 표시한다.

〈표 27〉 「미녀와 스님」에서 정보의 중요성에 관련한 동사적 특질들

격 프레임 타동성		행동과정(AP) 이중타동	행동(A) 타동	과정(P) 수동	상태(S) 자동	존재 존재	등식 등식
1 서 있다	(결과상) 현재시제				S 자동		
2 전설이 있다	현재시제					존재 존재	
3 절을 지키며			A 타동				
드리고 있었다	진행상		A 타동				
4 소리가 들렸다				P 수동			
5 슬프게 울기에	부사절		A		자동		
횃불을 들고			A 타동				
나가 보았다			A		자동		
6 아가리를 벌리고			A 타동				

울부짖으며			A		자동		
애원하는 듯 했다	'-인 듯 하다' 추측법	AP	타동				
7 알고			타동	P			
가서			A		자동		
들여다 보았다			A 타동				
8 걸려 있었다	(결과상)			수동	S		
9 -이라고 직감하고	인용법		타동	P			
손을 넣어서		AP	타동				
뽑아 주었다	수혜격	AP	타동				
10 울음을 멈추고			A 타동				
꼬리를 휘저으며			A 타동				
사라져 버렸다	완료상		A		자동		
11 은 비녀였다							등식 등식
12 -이라고 생각했다	인용법			P	자동		
13 새벽이었다							등식 등식
14 포효가 들렸다				P 수동			
15 나가 보았다			A		자동		

16 업고 와서			A 타동				
울고 있다가	진행상		A		자동		
보자	부사절		타동	P			
내려놓고는	'-는'	AP	타동				
사라져 버렸다	완료상		A		자동		
17 여인을 보았으나			A 타동				
기절해 있었다	(결과상)				S 자동		
18 물을 퍼붓고		AP	타동				
문지르고 해서		AP	타동				
깨어나게 했다	(사역격)	AP	타동				
19 처녀였다							등식 등식
20 따님이었다							등식 등식
21 권고했다		AP 이중타동					
22 때문이다	현재시제						등식 등식
23 이를 거절했다		AP	타동				
24 지내야겠다는 것이다	현재시제 +'것이다'		A 타동				
25 당황했다				P	자동		
26 때문이다	현재시제						등식 등식

27 누이로 삼고		AP	타동				
머리를 깎아주고	수혜격	AP	타동				
정진하였다			A		자동		
28 기념하기 위해서	부사절		A 타동				
탑을 세워		AP	타동				
오누이탑이라고 했다	인용법	AP	타동				

<표 27>에서 종결독립절을 볼 때 AP를 가진 문장들 중 문장 9, 21, 27에는 이중타동 혹은 타동 더하기 수혜격 접미사의 보강 요인이 있다. 대조적으로 문장 6에는 강등 요인인 '-는 듯 하다'가 있다. 대체로 표에서 AP와 타동의 분포를 통해 문장 9, 16, 18, 21, 23, 27, 28에서 제시된 정보가 중요성의 기준선상에서 높은 것을 알 수 있다.

그 다음 순위의 정보로 행동동사(A)를 가진 독립절들로 에피소드 1 (문장 3-12)에서 나타나는 것은 문장 5, 7, 10이고 에피소드 2(문장 13-27)에는 문장 15이다.

(26) 스님 문장
5 횃불을 들고 나가보았다
7 입안을 들여다 보았다
10 호랑이는 … 사라져 버렸다
15 스님은 … 나가보았다

그 다음 순위는 과정동사(P)인 독립절인데 문장 4, 12, 14, 25이다.

(27) 스님 문장
4 호랑이 울부짖는 소리가 들렸다
12 … 이라고 생각했다
14 호랑이의 포효가 들렸다
25 스님은 당황했다

이 행동동사와 과정동사 문장들은 사건 라인에는 포함되지만 AP와 타동성으로 표시된 것만큼 정보의 중요성이 높지 않다.

정보의 순위가 가장 높은 AP와 높은 타동성을 가진 절의 내용은 다시 요약하면 (28)과 같다. 이들을 바탕으로 「미녀와 스님」의 플롯을 대략 짐작할 수 있다.[17)]

(28) 스님 문장
9 스님은 손을 넣어서 그것을 뽑아 주었다.
16 큰 호랑이가 어떤 여인을 업고 와서 … 그 여인을 땅에 내려놓고는 … 사라져 버렸다.
18 그 여인을 다시 깨어나게 했다.
21 여인에게 곧 상경하도록 권고했다.
23 처녀는 이를 거절했다.
27 그 처녀를 누이로 삼고 머리를 깎아주고 함께 불도에 정진하였다.
28 탑을 세워 오누이탑이라고 했다.

이 문장들을 3.2.3에서 제시된 요약 실험의 결과와 비교해 보면 문장 9, 16, 27, 28의 상관관계를 알 수 있다. 그러나 열한 개의 요약 중 오직 한두 개에서만 문장 18, 21, 23에 담긴 의미가 포함되었다. 3장

17) Longacre(1996: 28-29)는 정보 순위의 가장 높은 중추적 이야기 라인(pivotal storyline)을 모아 놓으면 그 이야기의 대강 요약(rough abstract)이 될 수 있다고 주장한다.

(3.2.3)에서 이 이야기 전체의 통합적(syntagmatic) 구조에서 본 대로, 문장 21부터 26은 전체 이야기의 피크인 에피소드 2를 채우는 삽입된 담화(문장 13-27) 내의 피크 에피소드이다. 더불어 난류 발생 지역인 피크 에피소드에서는 표층구조상 여러 가지 정상적 규칙에 벗어난 특징들이 나타나는 것을 보았다. 정보의 순위 또한 흔히 왜곡될 수 있다. 그래서 실험의 몇 요약들에는 등식절로 정보의 중요도가 낮은 문장 24(자기의 생명을 구해주신 스님과 평생 함께 지내야겠다는 것이다)나 심지어는 이유 문장 26(수도하는 몸으로 결혼할 수가 없기 때문이다)이 정보도가 높은 문장 21과 23 대신에 포함되었다.

스님의 도움으로 여인이 깨어나는 사건을 서술하는 문장 18은 정보 선상 높은데, 실험에 참여한 사람 중 단 두 사람만이 요약에 포함한 것은 주목할 만하다. 대부분의 요약에서 이 문장이 포함되지 않은 이유는 아마 처녀가 목숨을 구해 준 스님과 머물러야 한다고 이야기한 문장 24에서 찾을 수 있을 것이다. 다시 말해, 문장 18에 있는 정보는 문장 24의 관계절([자기의 생명을 구해 주신] 스님과 …)에 의해 되풀이되고 있다. 이처럼 대부분의 실험 대상자들은 교훈적인 주제의 직접적인 표현인 문장 24의 의미를 요약에 포함했고, 문장 18은 포함하지 않았다. 문장 18의 정보를 두 사람 외에는 요약에 포함하지 않은 것은 아마도 명백히 예상되는 인과 관계(expected causal dependence)와도 연관될 수 있을 것이다. 호랑이가 의식이 없는 여인을 스님에게 두고 갔다면(문장 16), 스님이 그녀를 보살피고 도와주는 것을 예상할 수 있다.

또한 문장 24는 절정 부분에서의 일련의 대화 내용을 축소해서 그 의미를 전달한다. 스님이 그녀에게 서울로 돌아가라고 권고할 때(문장 21) 그녀는 이를 거절하고(문장 23) 대신 자신을 구해 준 사람과 함께 지내기로 결정한다(문장 24). 즉 어느 정도까지는 문장 21과 23의 의미를 문장 24로부터 추론할 수 있다. 요약에서 문장 21을 생략한 것은 예상되는 인과관계에 의해 설명될 수 있다. 즉 한 사람이 어떤 사람을 구한 후에는 그 사람을 집으로 보내려 할 것이 예상된다. 예상되지 않은 것은 문장 23과 24에서 전달되는 정보, 곧 그 처녀가 집으로 돌아가지 않고 스님과 지내겠다는 것이고, 특히 문장 24에 의해 전달되는 이러한 의미는 대부분의 요약에 포함되었다.

이 요약들에서 볼 수 있는 것은 적어도 어떤 설화에서는, 사건 라인뿐이 아니라 곧 비사건인 이유나 동기 등도 중요하다는 것이다. 전경 정보에 대한 많은 연구가 있지만 과연 어떻게 전경(foreground)을 정의해야 하는가의 문제도 있다. 언어학자들이 과연 같은 정의로 접근하는지 혹은 학자들 간에 차이가 있지는 않은지 의문이다. Dry(1992: 438)는 중요성과 현저성(salience)의 두 가지 개념 밑에 또 각각 부수적 개념을 포함하여 설명한다. 중요성에는 주제, 원인/이유, 사건 라인상 정보 등이 있고, 현저성은 접근 가능성(accessibility)과 기대 가능성(expectedness)이 낮은 놀랄 만한 정보를 포함한다. Thompson (1987b: 436)은 중요성보다는 시간적 서열(사건 라인처럼)이 전경 개념에 가깝다고 주장한다. Hwang(1990a: 87)은 (1) 의미적, (2) 문법적, (3) 거시구조를 포함하는 이야기의 주제와 서술자의 의도, 이러한 세 가지 면에서 전경 개념을 제시한다. 의미적 사건 라인과 문법적으로 높은 타동성이 서로 밀접한 연관이 있는 반면에, 세 번째의 주제/테마와 화자의 의도는 처음 두 면과 연관이 있을 수도 있고, 아니면 오히려 이유 같은 비사건이 더 잘 나타낼 수도 있다고 설명한다. 따라서 사건 라인과 달리 '이야기 라인'에는 중요한 사건뿐 아니라 이유나 동기를 부여하는 비사건이 포함될 수 있다. 좋은 예가 「미녀와 스님」 이야기의 문장 24이다. 그 문장의 정보는 등식절로써 시간 서열이나 사건서열로는 낮지만, 관계절이 몇 가지 사건을 요약하고 또 전체 문장이 이야기의 주제인 '보은'을 가장 간결하면서도 잘 표현하기에 이야기라인을 제시하는 요약에 포함되었다고 본다. 또 간결한 거시구조일수록 처음 두 면보다는 세 번째 테마/주제 요소를 반영한다.

텍스트의 전경 정보에 관해서 전경과 테마의 관계를 계속 연구하고 있다. 이 같은 전경과 테마의 문제는 특별히 교훈이 두드러진 설화에서 일어난다. 여덟 개의 이야기 중 「모자장수」나 「이런 음악회」는 가르침이 별로 없는 반면에 나머지 여섯 개는 3장에서 다룬 대로 효성, 보은, 바른 삶 등의 교훈과 테마가 있다. 특별히 이런 텍스트의 경우에는 사건 라인과 동시에 가르침도 중요하여서, 사건뿐만 아니라 비사건일 수도 있는 테마가 포함되는 이야기 라인이 대두될 수 있다. 그러나 한 가지 분명한 것은, 다른 담화 유형과 달리 설화는 그 기본 본질에 있어서 사건의 연속, 곧 사건 라인이 있다는 것이다. 테마와 교훈의 문제는, 보다 논리적인 유형인 설명문이나 권유문에서 현저하다.

4.4. 끝맺는 말

이번 4장에서는 한국어 설화 내에서 시제, 시상, 서법/양태와 같은 세 가지 문법적 자질이 가진 담화 기능을 설명하였다. 각 범주 내에서의 각각 다른 특질들은 주어진 담화 내에서 다양한 정도의 두드러짐, 중요도(prominence)를 가지고 서로 관련되어 있다는 것을 알 수 있었다. 예를 들어 대부분의 전경 자료(연속체상에서 높은 것)들이 '과거시제와 서술법 ±완료상'에 의해 표현되는 반면, 배경 자료들은 '현재시제, 과거시제+지속상, 과거시제+상태동사, 과거시제+부정법' 같이 자질들의 다양한 조합으로 표현된다.

또 우리는 분석에서 정보의 상대적 중요도를 가로지르고(intersect) 그것에 영향을 주는 요인이 최소한 세 가지가 더 있다는 것을 알았다. 즉 (1) 표층 절 형태의 타동성 종류, (2) 격 프레임에 의해 분류되는 동사의 의미에 따른 유형, (3) 문장 내의 절 배합구조, 특히 문장 내에서의 절의 위치와 기능이 그것이다. 이 첨가된 고려 사항들이 필요한 이유는 아마도 부분적으로는 한국어에 정교한 시제 표지가 없고 시상이 많이 나타나지 않기 때문일 것이다. 대부분의 동사들에는 시상을 나타내는 접미사가 없다. 만약 우리가 로망스어나 슬라브어 같은 다른 언어들에서처럼(cf. Hopper 1979, Hopper와 Thompson 1980) 완료상과 미완료상을 동사에 표시한다면 동사를 격 프레임에 의한 분류로 재분류하는 것이 필요 없을지도 모른다. 의미에 중심을 둔, 의미론적인 특질들에 기초한 격 프레임은 표층구조의 자질들만큼 명확하거나 명백히 드러나지는 않는다. 그러나 동적인 행동동사와 정적인 상태동사 사이의 구분은 이러한 종류의 모든 분석에서 볼 수 있는(L. K. Jones 1979, Miehle 1978, Hopper 1979, Hopper와 Thompson 1980 참조) 기본적인 이분(dichotomy)이다. 게다가 Longacre가 이미 발전시킨 격 프레임에 대한 분류를 사용하는 것은 정보의 상대적 중요성에 대한 문법구조 연구에 통찰력을 제공한다. 관련된 모든 요인들을 포함할 그러한 구조적 요소를 위해 나는 여섯 형태의 자질을 대상으로 하였다. 그것들은 시제, 시상, 서법/양태, 타동성, 동사 분류, 문장 내의 절 배합구조이다. 시제라는 한 가지의 특질 대신 이 여섯 가지 자질 모두를 고려하는 것이 필요하다는 사실은, 시간적 서열뿐이 아니라 사건 라인에 일어나는 사건의 관점에서 본 한국어 담화의 동적인 면을 반영한다고 볼 수 있다.

서로 교차하는 이 여섯 가지의 문법적 자질을 보는 데에는 두 가지 방법이 있다. 하나는 연속체로 보는 것이고, 다른 하나는 복합적이지만 뚜렷이 구별되는 순위(multiple level)로 보는 것이다. 각각의 관점은 장단점을 갖고 있기 때문에 정보 분석에 두 가지 모두 사용하여 서로를 보완하는 것이 유용한 듯하다.

지금까지 발표된 연구들은 여러 자질을 각각의 연속체로 보기보다는 복합적 요소를 포함하는 여러 순위로 제시하는 연구가 많다. 예를 들어, Longacre(1989; 1996: 24-27; Longacre와 Hwang 2012, 5장)는 영어 설화의 정보의 일곱 가지 순위를 제시하는 데 각각 다른 동사 형태를 사용하여 그 순위들이 표현된다고 본다. 가장 높은 순위에는 사건 라인이 행동동사 단순과거로 표현되고 그 다음에 배경 정보가 진행형 등을 통해 표현된다. 그 아래로 회상(flashback) 정보는 과거완료형(pluperfect)에 의해, 상황(setting)이나 설명(exposition) 정보는 상태동사에 의해, 부수(collateral) 정보는 비실제적(irrealis)인 부정문이나 미래시제나 조건문 등에 의해, 평가(evaluation) 정보는 현재시제나 평가 형용사('good', 'strong') 등으로 나타낸다. 그리고 마지막으로 가장 낮은 순위는 흔히 문두의 부사절을 통한 응집(cohesion) 요소들이다.

앞으로의 연구들이 설화의 전경 정보와 타동성의 관계, 또 이 두 개념과 텍스트의 메시지, 곧 주제와의 관계를 더욱 깊이 다루어 명시할 수 있기를 기대한다.

제5장

참여자 지시

5.1. 들어가기

4장에서 동사의 자질들이 어떻게 각 절의 정보의 중요성을 특징적으로 보여 주는가 하는 동사의 담화 기능을 알아보았다. 이번 5장에서는 명사구에 초점을 맞추어, 명사나 대명사 또는 영 대용(zero anaphora), 곧 지시어 생략이 어떻게 이야기 속 등장인물들, 곧 참여자(participant)를 지시하는지 자세히 알아보겠다.[1] 연관된 동사의 자질들이 설화의 응집성과 일관성에 기여하듯이 계속 등장하는 참여자를 지시하는 명사나 대명사도 그 설화의 응집성을 나타낸다. 하나의 절의 기본 요소가 동사와 명사이듯이 절의 연속인 담화의 구조에서도 어떤 유형의 담화이든 간에, 동사와 명사의 지속이 가장 기본을 이룬다. 그런 까닭에 이 책에서 설화의 총체적 구조분석(3장) 후에 담화의 측면에

1) 이 5장의 제목은 "등장인물 언급"이라고 할 수도 있다. 참여자와 등장인물의 두 용어가 서로 교체될 수 있고, 마찬가지로 지시와 언급의 두 용어도 교체될 수 있다. 주로 설화에서는 등장인물이 나타나기 때문에 등장인물이 참여자보다 좁은 의미라고 생각할 수 있는데 이 책에서는 차이가 없다. 그래도 언어학에서 광범위하게 쓰이는 "참여자 지시"를 5장의 제목으로 제시한다.

서 본 동사의 자질(4장)과 명사의 형태(5장)에 대한 연구를 제시한다.

이 장에서는 등장인물이 처음 소개되는 방식과, 그들이 무대를 떠나기까지 혹은 이야기가 끝날 때까지 어떤 식으로 따라가며 지시하게 되는지를 보겠다. 등장인물을 따라가다 보면, 왜 그들이 공공연히(대부분은 명사에 의해서, 경우에 따라서는 대명사에 의해서) 언급되는지 궁금해진다. 한국어는 절의 구조상 주어와 목적어를 동시에 생략하는 것이 허용되기 때문에 등장인물의 언급이 빈번하게 생략된다(한국어의 절 구조에 대한 세부적인 논의에 대해서는 Hwang(1975) 참조). 한국 설화에서는 등장인물을 언급하는 방법이 세 가지가 있다. 가장 흔한 것이 지시어 생략이고, 두 번째가 명사, 마지막으로 대명사를 들 수 있다. 등장인물이 명백하게 언급될 때는 두 가지 선택 방법이 있다. 첫 번째는 명사와 대명사 사이에서의 선택인데, 명사의 경우에는 여러 가지 가능한 명사구 가운데 가장 적절한 표현을 쓴다. 두 번째는 주격조사와 주제조사 사이에서의 선택이다. 이 방법은 등장인물이 행위자일 때 흔히 그렇듯이 등장인물이 절의 주어의 위치에 있을 때 택하는 것이다.

이러한 간단한 서두에서도 볼 수 있듯이, 한국 설화에서의 참여자 지시(participant reference) 연구는 여러 영역을 포함하고 있다. 대명사, 한정사, 내부적 혹은 외부적 지시(대명)사, 주제/테마(theme)와 논평/레마(rheme), 주어와 주제 등 이 모든 것은 문장 이상의 문법 분야이거나, 상황적・문맥적인 측면을 고려한 담화 문법의 일부임을 알 수 있다. 언어학 측면에서 보는 이러한 분야에 많은 연구가 있었는데 기능적 문장의 시각(functional sentence perspective)에서 본 Prague학파(Firbas 1964, Daneš 1964, 1974) 언어학자들의 연구가 있고, 주제-평언(topic-comment)에 대한 Hockett(1958), 주제-논평과 신구 정보에 대해 연구한 Halliday(1970), 주어-서술어와는 다른 주제-평언의 관계와, 초점과 전제(focus and presupposition), 지시대명사 생략에 대해 연구한 Chomsky(1971, 1976), 대명사화, 한정사화, 주제-평언에 대해 연구한 van Dijk(1977a) 등이 있다. 또한 주어와 주제에 대한 연구를 모은 Li(1976)의 『주어와 주제』(*Subject and Topic*), Ica어, Guahibo어, Muinane어의 등장인물 언급에 대해 연구한 Longacre와 Woods(1977), 또 Mesoamerica 언어의 등장인물 언급을 다룬 L. K. Jones(1979)가 있다. 그 외에 영어 설명문의 주제(theme)에 대해 연구한 L. K. Jones(1977), 담화 내 대명사에 대해 연구한 Bolinger(1979), 중국어 담화 내의 지시어를 다룬 Li와 Thompson(1979) 등이 있다. 특별히 한국어 지시에 대한 Choi(최연희 1991)와 M.-H. Kim(김명희 1994)의 연구도 있다.

이들과 그 밖의 참여자 지시에 대한 많은 연구는 크게 세 가지 접근법으로 나눌 수 있다. 첫 번째는 Givón(1983)과 그를 따르는 연구자들의 정량적(quantitative) 접근으로(1983년에 출간된 책에 많은 연구가 있다) 도상적 원리(iconicity principle)를 제기한다. 예를 들면 하나의 참여자가 소개된 후 쉬지 않고 계속 등장할 때에는 최소 형태, 곧 영 대용(zero anaphora) 생략법이 쓰이고, 한동안 나타나지 않다가 등장할 경우에는 대명사나 명사형이 쓰이는데, 그 사이 절의 수를 세어서 계산한다. 두 번째 접근법은, Givón의 선형적 방법은 담화의 특징인 계층성을 무시하는 것이라고 지적하고 계층(hierarchy) 혹은 에피소드 모델을 제시하는데, Hinds와 Hinds(1979), Fox(1987), Tomlin(1987a) 등이 있다. 세 번째는 인지적 접근법으로 인간의 기억과 주의력을 강조하는 기억-활성화(memorial-activation)에 초점을 맞추고 있다. 여기에는

Prince(1981, 1992), Tomlin(1987a), Chafe(1976, 1994), Gundel과 Hedberg, Zacharski(1993) 등 다양한 연구가 있다.

이 세 가지 접근법은 서로 상호 배타적인 것이 아니라 각 연구의 초점에 따라 구분될 수 있다. 이들 외에 Dooley와 Levinsohn(2001)은 상호 연관되는 두 가지 요소 선형적 순서(sequence)와 담화 내 참여자의 중요성(VIP: very important participant)을 사용하여 참여자 지시 형태를 설명한다. Longacre(1995), Longacre와 Hwang(2012, 6장)에서는 특별히 담화상 기능에 초점을 맞추어 등장인물이 처음 소개된 후 그에 대한 언급이 플롯구조상 다른 참여자와 대립적 국면인지 보통의 상황인지, 에피소드 경계인지, 이야기나 문단의 주제를 확립하는지, 또는 설화자가 평가를 하는지 등의 다양한 상황에 따라 지시 형태가 바뀔 수 있다는 것을 강조한다. 등장인물이 주인공인지 단역인지 하는 요소도 지시 형태에 영향을 미치므로 참여자의 위계관계도 중요하다.

각각의 연구를 자세하게 검토하는 것은 현재의 연구 범위 밖이다. 그러나 이 연구와 관련된 지시대명사와 주어-주제에 대한 연구를 두어 가지 보도록 하겠다. 중국어 담화 속의 3인칭 대명사와 지시어 생략에 관한 논문에서 Li와 Thompson(1979)은 중국어(Mandarin Chinese)에서의 지시어 생략을 지시의 가장 정상적인 무표적(unmarked) 형태로 보고 있다. 그들은 하나의 절이 그 앞의 절과 결합될 수 없을 때 대명사가 쓰인다고 설명하고 있다. 대명사는 두 개의 절이 쉽게 결합될 수 없을 때 더 잘 발생한다는 것이다. Li와 Thompson은 텍스트에서 대명사를 모두 제거하고 나서 중국어 모어자들로 하여금 필요하다고 생각되는 주어 부분에 대명사를 삽입하게 하는 실험을 했다. 결과는 다양했지만 한 가지 경향이 발견되었다. 다음과 같이 두 절이 쉽사리 결합되지 않을 경우에는 대명사에 의한 명백한 지시 형태가 쓰였다. (1) 해당 절들이 배경 정보에서 전경 정보로의 변화를 포함하고 있을 때 혹은 그 반대의 경우, (2) 두 번째 절이 '그런데', '그러나' 같은 대조 접속사나 시간구(time phrase) 같은 부사적 표현과 함께 쓰였을 경우, (3) 해당 절들에서 각각 다른 등장인물이 이야기하는 경우 등을 들 수 있다.

이들과 비슷하게, Pu(1997)도 부분적으로 불연속적 요소가 있을 때 지시어가 생략되지 않고 대명사가 쓰인다고 보고한다. 주제가 바뀔 때, 시간구나 위치구 후에, 삽입 재료가 있은 후, 또 사건 라인이 중단된 후에 대명사가 쓰인다. 또한 중국어나 영어의 경우 지시 인물을 강조하기 위해서도 대명사가 쓰인다.

Li와 Thompson은 등장인물이 명사로 명백하게 언급되는 경우는 다루지 않았지만, 그것을 합하면 지시어 생략의 경우와 대명사와 함께 세 가지 선택 체계를 제시한다. 중국어와는 달리 한국어에서는 3인칭 대명사의 쓰임이 극도로 제한되어 있기 때문에 명사와 지시어 생략 사이의 기본적인 이분법이 존재한다고 볼 수 있다. Li와 Thompson의 연구와 이번 연구 사이의 가장 뚜렷한 차이는 그들의 초점은 절의 경계를 뛰어넘는 지시어에 있는 것에 반해, 이 연구의 초점은 문장의 경계를 뛰어넘는(문단과 담화층위의) 지시어에 있다는 점이다. 문장 내 절과 절 사이의 지시어는, 두 명의 다른 인물이 개입되어 있지 않는 한, 한국 설화에서는 특징적으로 생략된다.

Li와 Thompson의 또 다른 논문(1976)은 주어와 주제에 대한 연구의 좋은 예를 제시한다. 이는 가능한 많은 언어를 다루어 포괄적인 시각을 확립하려 한 것으로, 주어-서술어(subject-predicate)와 주제-평언(topic-comment)의 문법적 관계에 따라서 세계의 언어를 네 가지 기본 유형으로 분류한다.

1. 주어 부각형 언어: 예, 인구어(Indo-European languages)
2. 주제 부각형 언어: 예, 중국어(Mandarin), Lahu
3. 주어와 주제 부각형 언어: 예, 일본어, 한국어
4. 주어 부각형도 아니고 주제 부각형도 아닌 언어: 예, Tagalog, Ilocano

각각의 개념과 결합된 특징들을 분류하면서 그들은 주어에서 주제를 구별할 수 있는 일곱 가지 기준을 제시한다. 주제는 (1) 한정적(definite)이고(총칭적(generic)인 것과 고유명사도 포함하여), (2) 동사에 대한 선택 제한(selectional restriction)이 없고, (3) 동사에 의해 결정되는 것이 아니라 담화의 제약에 의해 결정되는 것이고, (4) 문장들 사이에서 담화의 주제를 알리는 기능이 지속적이고, (5) 서술어와의 일치(agreement)가 없고, (6) 문장 처음 앞부분에 위치하고, (7) 문장의 나머지 부분과 구문상으로 독립적이어서 주어처럼 문법 과정에서 두드러진 역할을 수행하지 않는다. 주어는 문장 내부 개념으로 문법화된 토픽인데 반하여 주제는 담화의 개념이라고 결론지었다.

그들의 결론은 이러한 개념이 그들의 기본적인 범위에서 볼 때는 사실이다. 주어의 기본적 범위는 한 개의 문장(더 큰 문맥이 없는)뿐인 담화나 담화의 시작 부분에서 발생할 때, 어떠한 사전 지식이나 정보가 없을 때이다. 한편 주제는 일반적으로 이미 알고 있는 것으로 추정한다. 그러므로 주제의 기본적 범위는 하나의 문장보다는 범위가 넓다. 그런데 한국 담화의 경우, 주제와 주어는 둘 다 범위의 면에서 볼 때 문장보다 범위가 넓다. 그러므로 둘 다 담화 층위의 제약을 받는다.

이번 장의 첫 번째 질문은 '왜'를 다루고 있다. 다시 말해 명백한 등장인물을 언급하기 위해서는 어떤 조건들이 필요한가 하는 것이다(5.2). 그리고 등장인물 언급에서 사용하는 명사구의 형태가 고려될 것이고(5.3), 설화에서 주제조사 및 주격조사의 사용이 갖는 기능들에 대해 다룰 것이다(5.4).

5.2. 명사구에 의한 명백한 언급

특정한 순간에 누가 언급되고 있는지가 명확할 때는 등장인물 언급이 없다. 즉 아무 형태도 없다는 것이다. 문장 내부의 절의 진행에 없을 뿐만 아니라 문단 속에서의 문장의 진행에도 없다. Li와 Thompson이 중국어 담화에서 주장한 것처럼 나는 이미 소개되고 지속적인 참여자의 경우, 곧 일상적 추적(routine tracking)의 담화상 기능의 경우(Longacre와 Hwang 2012, 6장), 지시어를 생략(zero anaphora)하는 것이 한국어 담화에서도 정상적이고 무표적(unmarked)이라는 의견을 갖고 있다.

그렇지만 처음 소개될 때 및 다른 경우에 명백한 등장인물을 언급하므로, 이와 관련한 몇몇 조건을 다음에 제시한다. 그런데 이 부분에서는 Li와 Thompson과 다르다. 왜냐하면 이러한 조건들의 특성을 그들처럼 화용적(pragmatic)이라고 볼 뿐만 아니라 문법적이고 의미론적인 것으로도 여기기 때문이다.

5.2.1. 처음 등장 소개

많은 언어의 설화에서처럼 한국 설화에서도 참여자가 처음 등장될 때에는 명사구로 소개된다. 형용사나 관계절 등의 수식을 통해 더 적절한 표현이 부가될 수 있다. '한 사람', '세 식구' 등의 분류사(classifier)를 사용하여 소개되는 경우가 많다.

(1)
심청 문장 1 옛날 어느 시골에는 효성스런 소녀 심청이가 살고 있었습니다.
스님 문장 3 어떤 스님이 혼자서 절을 지키며 열심히 불공을 드리고 있었다.
호랑이 문장 3 이 때에 길을 가던 나그네 한 사람이 함정에 빠진 호랑이를 보았습니다.
모자장수 문장 1 옛날 어떤 곳에 모자장수 한 사람이 있었습니다.
모자장수 문장 5 그 나무 위에는 원숭이 열 마리가 있었습니다.
까치 문장 1 깊고 깊은 산중에 활을 메고 젊은이 한 사람이 걸어가고 있었습니다.
오누이 문장 1 옛날 어느 깊은 산골에 홀어머니와 아들 딸 이렇게 세 식구가 살고 있었습니다.

두 개의 단편소설에서는 조금 다른 형태로 주인공이 등장된다. 「물매미」는 이야기 처음에 노인의 생각을 따라가다가 문장 5의 끝 부분에서 노인의 직접인용문 이후 그의 행동과 함께 '"… 자, 누구든지?" 하고 노인은 …몰아 넣었다'라고 처음 소개된다(5.4참조). 1인칭 설화인 「이런 음악회」는 '내가'로 시작하여 서술자가 소개되고 다른 주인공 황철은 문장 3에서 등식절로 소개된다.

(2) 음악회 문장 3
나는 삐끗하는 몸을 고르잡고 돌려보니 교모를 푹 눌러 쓴 황철이다.

5.2.2. 문단의 주제 등장인물

주인공이나 한 문단의 주요 인물인 경우 처음 소개된 후 바로 뒤따라가는 문장에서 다시 분명하게 언급되어 주제가 되는 참여자(thematic participant)임을 명확히 할 수 있다. 이러한 2부 구조는 담화의 무대배경이나 문단의 배경이 설정될 때 주제가 되는 등장인물을 확립하기 위한 장치로 흔히 나타난다. Longacre와 Hwang(2012)의 참여자 지시에 대한 6장에서는 이 담화상 기능을 주인공이나 중심인물로 부각시키는 기능(integration into the story as central)으로 보았다.

(3) 모자장수 문장 1-2, 5-6
1 옛날 어떤 곳에 모자장수 한 사람이 있었습니다.
2 어떤 여름 날 이 모자장수는 모자를 큰 상자에다 많이 넣어가지고 팔러 나갔습니다.
5 그 나무 위에는 원숭이 열 마리가 있었습니다.
6 이 원숭이들은 모자장수가 나무 밑에 와서 쉬는 것을 보고 자기들도 모자장수와 같이 모자를 쓰고 싶었습니다.

(4) 까치 문장 1-2
1 깊고 깊은 산중에 활을 메고 젊은이 한 사람이 걸어가고 있었습니다.
2 젊은이는 오랫동안 공부를 열심히 해서 지금 서울로 과거를 보러 가는 거에요.

(5) 심청 문장 84-85
84 그러자 그 꽃 속에서 뜻밖에도 물에 뛰어들었던 심청이가 나타

낫습니다.
85 심청이는 용궁에서 보내온 아름다운 처녀라는 소문이 나서 나중에는 왕비로 뽑히게 되었습니다.

이러한 예는 대개 이야기 무대배경(stage) 부분에서 발생하는데, 모자장수 문장 5-6의 예는 원숭이들이 주제인 문단의 장면 설정(setting) 부분에서 발생한다. 마지막 예는 심청이 무대에 다시 등장(restaging)하는 것을 보여 준다. 각각의 예에서 최초의 언급은 주격조사인 '가'와 함께 발생하는 반면에 두 번째 언급은 주제 보조사인 '는'과 함께 쓰인다. 이러한 유형의 다른 실례는 다음 예에서 찾아볼 수 있는데, 이 이야기에서는 도구인 '동아줄'이 문장 53에서 소개되고 문장 54에서 지시어 '그'와 함께 설명되고 있다. 위의 「모자장수」에서는 모자장수도 원숭이들도 두 번째 문장에서 지시어 '이'와 함께 쓰여서 더 가까움을 나타내는 듯하다.

(6) 오누이 문장 53-54
53 동아줄이 내려왔습니다.
54 그 동아줄은 썩은 동아줄이었습니다.

문단의 주제가 되는 인물을 예시하는 또 다른 방법은 다른 등장인물들보다 더 많이 언급하는 것이다. 이것은 등장인물이 담화에서 주제가 되는 인물로 새롭게 확립될 때 그러하다. 다음 예에서 주제 인물인 여인은 한 문장(16) 내에서 두 번이나 명사구로 나타났는데, 아마도 그녀가 행동주가 아니라 플롯상 중요한 참여자로서 목적어이기 때문일 것이다.

(7) 스님 문장 16-18

16 큰 호랑이가 어떤 여인을 업고 와서 울고 있다가 스님이 나오는 것을 보자 그 여인을 땅에 내려놓고는 어슬렁어슬렁 사라져 버렸다.

17 스님은 급히 여인을 보았으나 이미 기절해 있었다.

18 찬물을 퍼붓고 문지르고 해서 겨우 그 여인을 다시 깨어나게 했다.

명사구인 '여인'이 여러 번 드러나는 것은 세 명의 등장인물을 구별하기 위한 것으로 보이지는 않는다. (처음 여인의 소개를 제외한)각각의 경우에서 사건의 순서를 볼 때 누가 목적어인지가 분명하기 때문이다.

문단의 주제가 되는 인물과 연결 지어, 「효녀 심청」의 무대배경의 다음 문장들을 주목해 보자.

(8) 심청 문장 1-4

1 옛날 어느 시골에는 효성스런 소녀 심청이가 살고 있었습니다.

2 심청이는 홀아버지 손에서 동리 부인네들의 젖을 얻어먹으며 자라났습니다.

3 심청이의 어머니는 마음 착하고 어여쁜 분이셨는데, 그만 나쁜 병이 들어 세상을 떠나 버리셨습니다.

4 (ø아버지는)[2] 어린 청이를 안고, 혹은 업고 마을을 돌아다니시며 부인네들의 젖을 얻어먹이면서 키웠습니다.

문장 1에서 심청이가 소개된 후에 그녀는 문장 2에서 다시 언급된다. 두 번째 문장에서 그녀를 분명하게 언급하여 그녀가 주인공임을 확립해 나간다. 문장 4에서 아버지는 어머니에 대한 문장 3과 역할 변화(5.2.3)가 있는데도 불구하고 아버지를 명백하게 언급하지 않고 있다.

---

2) (ø아버지는) 처럼 예문에서 생략된 지시어를 괄호 안에 zero(ø)와 함께 나타냈다.

이것은 다른 등장인물들의 명백한 언급을 억누르고 이야기의 중심인물을 조심스럽게 확립해 가고 있기 때문이라고 볼 수도 있겠지만 이것을 규칙이라기보다는 예외라고 여긴다. 왜냐하면 많은 한국어 사용자가 아버지를 분명하게 언급할 것이라고 가정하기 때문이다.

5.2.3. 역할 변화

등장인물들 사이에 역할 변화(role reversal)가 있을 때는 표층구조의 주어로 나타나는 행위자는 명백하게 언급된다. 「은혜를 모르는 호랑이」의 다음 예들을 보자. 간접목적어인 나그네(문장 11)와 직접목적어인 호랑이(문장 12의 마지막 절)가 언급되지 않는 데 반해서 주어이자 행위자로써 호랑이와 나그네는 분명하게 언급된다.

(9) 호랑이 문장 11-12
11 <u>호랑이는</u> (ø나그네에게) 자꾸만 빌었습니다.
12 <u>나그네는</u> 호랑이의 말을 믿고, 작대기를 함정 안에 걸쳐서 (ø호랑이를) 끌어내어 주었습니다.

다른 예로 「미녀와 스님」 중 네 문장을 보겠다.

(10) 스님 문장 15-18
15 <u>스님은</u> 또 무슨 일이 있나 해서 나가 보았다.
16 <u>큰 호랑이가</u> 어떤 여인을 업고 와서 울고 있다가 스님이 나오는 것을 보자 그 여인을 땅에 내려놓고는 어슬렁어슬렁 사라져 버렸다.
17 <u>스님은</u> 급히 여인을 보았으나 이미 기절해 있었다.
18 (ø스님은) 찬물을 퍼붓고 문지르고 해서 겨우 그 여인을 다시 깨어나게 했다.

문장 15, 17의 스님과 문장 16의 호랑이는 행위자로서 역할의 변화가 있기 때문에, 아마도 그 행위의 행위자가 실제로 누구인지를 명확하게 하기 위해서 분명히 언급이 되었다. 이와는 대조적으로, 문장 18에서 스님에 대한 언급이 없는데 여기에는 앞의 문장과 역할 변화가 없다.

그런데 몇몇 예문에서는 이러한 일반적 경향에 제약이 있음을 보여준다. 인용문과 인용 형식을 포함하는 문장 내에서 역할 변화가 있을 때, 화자가 명백하게 표시되지 않을 수도 있다(5.2.6 참조).

5.2.4. 비사건 후 사건의 재개

무대배경이나 배경 정보, 평가, 부수적인 정보(Grimes 1975) 같은 비사건(nonevent)을 이야기한 후에 사건이 되는 행위가 다시 시작되었을 때, 등장인물은 분명하게 언급된다. 등장인물의 생각도 하나의 배경 정보로 포함된다. 「물매미」에서 다음 예를 찾아보자.

(11) 물매미 문장 57-58

57 더 벌여 놓고 그냥 앉았댔자, 집으로 돌아가는 지겟군이나 장난바치 아이들이 어쩌다 걸려들면 들을 것 밖에 없었다.

58 두어 번 더 아이들을 구겨보다가, 노인은 그만 짐을 싸 가지고 일어섰다.

노인의 속마음을 보여 주는 문장들(52-57)의 진행 후에 그는 문장 58의 두 번째 절에서 명백히 언급되는데, 그곳은 그의 행위가 다시 시작되는 부분이다. 또 다른 예는 같은 이야기에서 문장 69-72의 노인의 생각(어디로 갔을까 … 무슨 일이 혹 생긴 것은 아닐까) 후에 그의 행위를 표현하는 문장 73에 있다(노인은 알 수 없는 생각을 안은 채 눈이 둥그래져 되돌아왔다).

「미녀와 스님」의 다른 예가 있다.

(12) 스님 문장 7-9

7 스님은 자기를 해치지 않으려는 줄 알고 가까이 가서 횃불로 그 입 안을 들여다보았다.

8 목에 무엇인가 기다란 것이 걸려 있었다.

9 이것 때문에 그러는 것이라고 직감하고 스님은 손을 넣어서 그것을 뽑아 주었다.

문장 8은 동사 '걸려 있었다'의 결과상이 보이듯이 그때 상황을 분명하게 보여 주는 배경 정보를 제공한다. 문장 9에서 스님은 문장의 처음 위치가 아니라, 두 번째 절에서 그가 손을 호랑이의 목에 집어넣어서 은비녀를 뽑아 주는 중요한 행위 직전에 언급되고 있다.

유사한 상황을 다음 예에서도 찾아볼 수 있다.

(13) 오누이 문장 52-55

52 나무에 올라온 호랑이도 동아줄을 달라고 하느님께 빌었습니다.

53 동아줄이 내려 왔습니다.

54 그 동아줄은 썩은 동아줄이었습니다.

55 공중에 채 반도 오르지 못하고 줄이 끊어져서, 호랑이는 수수밭에 떨어져 죽고 말았습니다.

문장 54의 동아줄에 관한 배경 정보 후에, 호랑이가 밭에 떨어져서 죽게 되는 중요한 사건에 초점을 맞추어 문장 55의 세 번째 절에서 분명하게 표시된다.

위의 설명에 대한 예외를, 전체 이야기를 종결짓는 「미녀와 스님」 문장 27에서 찾아볼 수 있다.

(14) 스님 문장 25-27
25 스님은 당황했다.
26 수도하는 몸으로 결혼할 수가 없기 때문이다.
27 그리하여 (ø스님은) 그 처녀를 누이로 삼고 머리를 깎아주고 함께 불도에 정진하였다.

우리는 이유를 표현하는 문장 26 이후에 사건 행위를 다시 시작하는 문장 27에서 스님이 분명하게 언급될 것이라고 기대할 수 있다. 그런데 문장 27에서는 스님에 대한 언급이 생략되어 있다. 그것은 아마도 문장 26이 문장 25의 이유를 제시하기 때문일 것이다. 각기 시제가 다르고 피크 에피소드의 일부로 두 개의 다른 문장임에도 불구하고, 마치 하나로 결합된 것과 같은 의미이기 때문이라고 볼 수도 있겠다(스님은 수도하는 몸으로 (그 처녀와) 결혼할 수가 없기 때문에 당황했다). 그렇다면 문장 27의 주어인 스님은 계속되는 행위자이므로 생략될 수 있다.

예에서 보는 대로 어떤 담화상 조건이나 규칙은 엄격한 절이나 구의 문법규칙에 비해 전반적 경향이라고 볼 수 있고 경우에 따라서는 두 가지 선택이 다 가능하고 자연스러울 수 있다. 문장 27에서 '스님은'이 자연스럽게 나타날 수 있는 것과 같다.

5.2.5. 문단 경계

문단이 끝난 후 새 문단이 시작될 때 등장인물은 분명하게 언급된다. 문단은 담화의 흐름상 일종의 단절을 의미하기 때문에, 새로운 문단에서 그 등장인물의 지시를 다시 반복하는 것은 드문 일이 아니다. 이러한 재확인 반복은 명사구에 의해 이루어지는데, 수식 절이 포함될 수도 있다. 이렇게 새 문단에서 등장인물을 명백하게 언급할 때에는 다른 조건과 동시에 일어나는 경우가 많다. 시간 표현(5.2.6)이 있거나 역할 변화(5.2.3)가 같이 일어나는 경우를 들 수 있다.

(15) 심청 문장 84-87
84 … 그 꽃 속에서 뜻밖에도 … 심청이가 나타났습니다.
85 심청이는 용궁에서 보내온 아름다운 처녀라는 소문이 나서 나중에는 왕비로 뽑히게 되었습니다.
86 [효성이 지극한] 심청이는 왕비가 된 후에도, 잠시도 아버지 생각에 마음 편할 날이 없었습니다.
87 그래서 하루는 눈먼 아버지를 찾기 위하여 …

문장 85와 86 사이에는 담화 토픽, 주제의 변화와 시간 변화에 의한 문단 경계가 있다. 바로 전 문장 85에서 명사구(심청이는)로 명시되었음에도 불구하고, 새로운 문단을 시작하는 다음 문장 86에서 심청이가 다시 언급되는데, 그뿐만이 아니라 그녀의 효성을 묘사하는 관계절('[효성이 지극한] 심청이는')과 함께 다시 언급되어 문단 경계를 분명히 보이고 있다.

(16) 오누이 문장 2-4
1 옛날 어느 깊은 산골에 홀어머니와 아들 딸 이렇게 세 식구가 살고 있었습니다.
2 홀어머니는 날마다 고개 너머 마을 부잣집에 가서 빨래도 해 주고 방아도 찧어 주고 해서 그 품삯으로 쌀이나 밥을 얻어다가 아이들과 겨우 살아가고 있었습니다.
3 **하루는** 홀어머니가 집을 떠나시면서
"싸리문 잘 닫고 집 잘 보고 있거라."
"네", 이렇게 이르시고 집을 떠나시었습니다.
4 **날이 저물**자 어머니는 집에서 기다릴 아이들을 생각하시고 고기

와 수수떡을 싸가지고는 빨리 집으로 돌아가시었습니다.

문장 3과 4 둘 다, 시간 표현에 의해 분명하게 드러나고 있는 대로 새로운 문단, 곧 문단 경계 후에 나타난다. 문장 3은 대화가 삽입되어 있지만 한 문장으로 된 문단으로, 절이 최소 문장이듯이 이 문장은 최소 문단이다. 각각의 문단 경계 후에 어머니에 대한 분명한 언급이 있다.

그런데 이러한 경향에는 예외가 있다. 「물매미」의 예와 「이런 음악회」의 예를 보자.

(17) 물매미 문장 73-75
73 노인은 알 수 없는 생각을 안은 채 눈이 둥그래져 되돌아왔다.
74 밤이 이슥해서다.
75 문밖에서 두런거리는 소리가 나기에 (ø노인이) 내다보았더니 군밤장수 권 서방이 영돈이를 데리고 들어오고 있었다.

문장 73과 74 사이에는 문장 74의 시간 표현에 의해 문단 경계가 분명하게 나타난다. 이 새로운 시간 설정과 문단은 이야기가 끝날 때까지 계속된다. 게다가 문장 73에서는 학교에서 집까지의 위치상의 변화도 암시한다. 그래서 새로운 문단(피크 에피소드)이 문장 74와 함께 시작하는 것은 분명하다. 그럼에도 노인은 문장 75에서 분명하게 언급되지 않는다. 이처럼 문단 경계 후에 등장인물이 분명히 언급되지 않은 드문 경우는 두 가지로 설명할 수 있을 것이다. 첫째, 작가의 초점이 오랫동안 노인에게 맞춰 있었기 때문에 독자들이 누가 행동하고 있는지를 이해하는 데 어려움이 없다. 그러므로 행위자의 명백한 표시가 불필요하다. 둘째, 노인에 대한 언급은 이 문단에서 부각되고 이야기의 절정의 원인이 되는 새로운 등장인물인 권 씨를 두드러지게 하기 위해서 억제되었다.

이와 유사하게 「이런 음악회」에서 화자(나)에 대한 언급이 에피소드 2의 피크를 보여 주는 문단 4의 시작(문장 33)에서 생략되어 있다.

(18) 음악회 문장 32-33

32 그 담에도 역시 여자의 성악, 그리고 피아노 독주, 다시 여자의 성악 … 그러니까 내가 앞의 사람 의자 뒤에 고개를 틀어박고 코곤 것도 그리 무리는 아닐 듯싶다.

33 (ø내가) 얼마쯤이나 잤는지는 모르나 옆의 황철이가 흔들어 깨우므로 고개를 들어보니 비로소 우리 악사가 등장한걸 알았다.

이것이 1인칭 설화이기 때문에, 관점은 항상 화자와 함께이고, 그러므로 문단 경계 후에도(한국어에서는 인칭을 위해서 표시하는 동사 일치가 없음에도 불구하고) '나'의 생략이 허용되는 듯하다. 결국, 1인칭 대명사는 3인칭과는 다르게 취급되고 있다.

5.2.6. 시간 표현

3장(3.1.3)에서 거론했던 대로 시간적, 위치적인 표현은 구성 요소 경계를 구별하는 데 중요하다. 종종 그 표현들은 문단 경계를 표시하기도 하고, 한 문단을 다른 문단과 연결하기도 한다. 그래서 그것들은 등장인물의 분명한 언급을 요구하는 상태를 만들어 내는 경향이 있다. Li와 Thompson(1979), Pu(1997)도 시간 어구는 두 개의 절을 결합시킬 가능성이 적고 그 점 때문에 중국어 담화에서 3인칭 대명사가 명확하게 쓰인다고 기록한다. 다음은 문단 내에서 발생한 시간 표현들이 명백한 지시자 언급을 유도한다고 보이는 예이다.

(19) 모자장수 문장 11-13

11 모자장수는 어떻게 할 줄을 몰라서 자기 무릎을 탁 치면서, "아니 누가 내 모자들 다 가지고 갔느냐?" 하면서 나무를 쳐다봤습니다.

12 **그때** 모자장수는 아무 말도 못하고 입만 크게 벌렸습니다.

13 원숭이들이 모자를 다 쓰고 있는 까닭이었습니다.

한 문단 안에 속해 있는 이 두 문장은 동시에 함께 묶인 긴밀한 사건을 기록하고 있지만, 시간 구 '그때'는 모자장수의 언급을 초래한다. 그러나 시간 표현 대신 '그리고는'과 같은 접속사가 나타나게 될 경우에는 '모자장수'에 대한 언급이 생략될 수 있다.

그런데 예 (16)이 보여 주듯이 문단 경계에서 시간 표현이 빈번하게 발생한다. 그래서 각각의 시간 표현 후에 '어머니'를 명백하게 언급한다.

이러한 경향에 상반되는 예도 있다.

(20) 심청 문장 86-87

86 효성이 지극한 심청이는 왕비가 된 후에도 잠시도 아버지 생각에 마음 편할 날이 없었습니다.

87 그래서 **하루는** (ø심청이는) 눈먼 아버지를 찾기 위하여 임금님께 청을 드려서 나라 안에 사는 모든 소경들을 청해서 잔치를 베풀었습니다.

문단 내에서 시간 표현인 '하루는'이 나타나지만 심청이는 나타나지 않는다. 시간 구의 마지막에 주제조사 '는'이 생략의 원인이라고 본다. 주제조사 '는'이 있는 '하루는' 다음에 지시어가 생략되어, 주제가 두 번 반복되는 것을 피했다(cf. 5.4.1.4). 시간구가 주제조사를 사용하는 등장인물의 언급과 함께 일어날 때에는, '어느 날 심청이는'처럼 조사

없이 발생하는 다른 시간 구인 '어느 날'이 사용된다. 문장의 주제로써 시간 구 '하루는'을 사용하면, 심청이는 주격조사 '가'와 함께 표현될 수 있다. 그러나 '하루는 심청이가'는 그녀의 행위(5.4)보다 등장인물로써의 그녀를 강조하는 의미가 될 수 있다. 차라리 정확한 언급을 생략하므로써 이미 문장 86에서 초점이 되었던 심청이를 다시 강조하기보다는, 소경들을 위해서 잔치를 베풀고 있는 그녀의 행위를 강조했다.

5.2.7. 인용 형식

직접적인 인용 후에 인용 형식(quotation formula)이 새로운 문장으로 시작할 때 화자가 명백하게 언급되는 경향이 있다. 대화를 주고받는 과정에서 대개 화자가 바뀌고 역할의 변화(cf. 5.2.3)가 있지만, 다음의 심청 문장 78에서처럼 그렇지 않은 경우에도 언급될 수 있다.

(21) 심청 문장 75-78

75 심 봉사는 심청이가 뱃사람들을 따라 집을 떠날 때에야 비로소 죽음의 길로 떠난다는 것을 알게 되었습니다.
76 심 봉사: "아가! 내가 너를 잃고 눈을 뜨며는 무슨 소용이 있겠느냐?
77 나는 차라리 눈이 어두운채 너와 함께 살기가 원이다."
78 아버지는 통곡을 하셨지만 때는 이미 늦었습니다.

문장 78의 인용 형식은 화자 변화가 없는데도 불구하고 아버지를 분명하게 언급한다. 그런데 한 가지 주목할 것은, 명사구의 형태가 이름 '심 봉사'에서 가족 호칭 용어 '아버지'로 바뀌었다는 점인데, 주인공의 아버지라는 것을 강조한다. 다음 예에서 같은 명사구인 '구렁이'는 인용의 전후로 발생한다.

(22) 까치 문장 31-34

31 젊은이는 높은 종각을 쳐다보며
"인제 꼼짝없이 죽겠구나." 하며 한숨만 쉬고 있는데 어디서인지 또 구렁이가 나타났어요.

32 "자 자정이 다 되었다.

33 죽을 각오를 해라."

34 구렁이는 혀를 날름거리며 젊은이를 향해 달려들었어요.

인용 형식이 인용과 보다 긴밀하게 연결되었을 때, 예를 들면 같은 문장 내에서 종종 인용 조사 '하고'나 '하더니'와 함께 발생할 때, 지시어가 생략되는데 간혹 명백히 언급하기도 하다.

(23) 까치 문장 13-14

13 그런데 잠결에 하도 숨이 막히는 것 같이 답답해서 눈을 떠보니 아 기둥같이 굵은 구렁이가 몸을 칭칭 감고 그 새빨간 혓바닥을 널름거리고 있지 않겠어요?

14 젊은이는 그만 새파랗게 질려서 말도 못하고 있는데
"이 놈, 내 남편을 죽인 원수 놈아", **하더니** (ø구렁이는) 목을 조르기 시작했어요.

(24) 심청 문장 89-93

89 심청이는 구석 자리에 끼어 앉은 심 봉사님을 발견했습니다.

90 심청: "아버님 제가 청이어요."

91 심 봉사: "오! 내 딸 청아! 이게 꿈이냐 생시냐?

92 내 딸이면 어디 보자", **하며** (ø심 봉사가) 크게 외치는 바람에 눈을 번쩍 뜨고 말았습니다.

93 그리해서, 심 봉사는 생전 처음으로 광명한 천지에서 그리운 딸을 만나 대궐 안에서 오래오래 잘 살았습니다.

까치 문장 14에서 직접적인 인용 다음에 나온 인용 형식에서는 구렁이가 분명하게 언급되지 않는다. 심청의 문장에서 심 봉사는 심청이로부터의 화자의 변화(문장 89-90)가 있음에도 불구하고, 그의 말을 포함하고 있는 문장 92에서 분명하게 표시되지 않는다. 문장 91의 화자를 확인하는 '심 봉사'와 직접인용의 내용을 통해 누가 화자인지는 분명히 나타난다.[3] 그는 이야기가 종결되는 기능을 하는 마지막 문장(93)에서는 분명하게 언급된다.

「이런 음악회」에도 이러한 종류의 몇 가지 예가 있다(문장 4, 11, 13, 39, 55, 57). 화자의 변화는 있지만 문장 내에서는 화자에 대한 분명한 언급이 없는 것이다. 그래서 누가 화자인지를 알기 위해서 더 많은 대화를 참고해야만 한다.

(25) 음악회 문장 12-13
12 "너나 가거라, 나는 음악회 싫다."
13 <u>나는</u> 이렇게 그 손을 털고 옆으로 떨어지다가,
(ø황철이가) "재! 재! 내 이따 나오다가 돼지고기 만두 사주마."
함에는 (ø나는) 어쩔 수 없이 고개를 모로 돌리어
"대관절 몇 시간이나 하나?"
하고 묻지 않을 수 없다.

「이런 음악회」의 문장 55는 문장의 경계 내에서 화자 변화에 해당하는 지시어 생략과 명백한 지시어의 예를 둘 다 포함하고 있다.

3) 한국어의 정교한 화계(speech level)와 존칭 체계는 영어와 비교할 때 직접인용문 내용을 통해 훨씬 잘 화자를 식별할 수 있다(cf. Hwang 2011, 이영옥 2002).

(26) 음악회 문장 55
55 이놈은 성이 나면 늘 이 꼴이 되는 것을 잘 알므로,
55a. (ø나는) "너 왜 그렇게 성을 내니?"
55b. (ø황철이) "아니, 너 뭐 하러 예 왔냐 말이야?"
55c. (ø나는) "응원하러 왔지!"
하니까 놈이 대뜸 주먹으로 내 목장을 콱 지르며,
55d. (ø황철이) "예이 이 자식!
55e. 우리건 고만 납짝했는데 남을 응원해 줘?"

화자 '나'는 문장 55a와 c의 화자이고, 문장 55b, d, e에서는 황철이 화자이다. 인용 형식이 전혀 없는 문장 55b에는 지시어가 생략되어 있고, 문장 55c도 인용조사 형식인 '하니까'에서 지시어 생략을 보여 주는데, '하니까' 뒤에 '그때' 또는 '내가 그렇게 말했을 때'가 삽입될 수 있다. 그런데 황철의 마지막 말(55d와 e)은 그의 행위를 기록하는 과정에서 '놈'이라는 말로 화자가 명백히 언급되어 있다. 문장 55의 모든 요소는 하나의 문장으로 다루어졌는데, 이는 직접 인용문 밖에서는 동사의 종결어미('-다' 등)가 일어나지 않고 비종결어미('-알므로', '-하니까', '-지르며')가 그들을 연결하기 때문이다.

한편, 「물매미」의 문장 7에서는 문장 내부의 인용 조사인 '하고'가 나온 후에 지시어가 생략되었다. 문장 6에서 물매미의 움직임이 묘사된 후, 앞 문장 5에서 소개된 주인공이자 그때까지 한 명이었던 등장인물인 '노인'에 대한 지시가 문장 7에는 없고 생략법이 사용되었다. 명백한 언급의 세 가지 중 두 가지 예(문장 5, 82, 86)를 예 (27)에서 찾아볼 수 있다(세 가지 경우 중의 한 가지, 문장 5는 5.4.1의 예 (30) 참조).

(27) 물매미

7 "자, 보았지? … 자, 누구든지?" **하고** (ø노인은) 아이들을 쓱 훑어 보았다.

78 노인은 돌아 오는 막내를 보고 반가와 마주 나갔다.

79-82 " … 어서 너 들어가아 …" **하고**, 권 서방은 막내의 등을 안으로 밀었다.

83 역시 까닭은 있었구나, 노인은 그것이 궁금하지 않을 수 없었다.

84-86 "… 아니 어디서 권 서방이 갤…", **하고**, 노인은 부썩 마주섰다.

문장 82의 '권 서방'은 문장 78의 '노인'에서 바뀌는 역할 변화를 보여 준다. 그러나 문장 86의 '노인은' 문장 83에서부터 계속되는 참여자로 인용과 인용 형식 사이에 역할 변화나 문장의 중단이 없다. 그런데 문장 86은 노인을 다시 명백하게 지시한다. 이는 노인이 권 서방과 직면하는 중요한 정보가 기록된 부분이기 때문으로 보인다. 참여자 간의 도전하는 행위를 묘사할 때 문맥상 분명하고 애매하지 않은 참여자를 필요 이상으로 명확하게 언급하는 것은 Longacre(1994)와 Hwang (2011)에서 예시된 대로 영어와 한국어뿐 아니라 여러 언어의 담화의 인용 형식에 나타나는 현상이다. 이런 경우를 도전(confrontation) 또는 대면의 담화 기능이라고 제시한다(Longacre와 Hwang 2012: 84). 「물매미」에서 나중에 권 서방에게 인사말조차도 할 수 없을 만큼 죄책감을 느꼈을 때의 그의 행동과는 정반대이다. 권 서방의 대화인 직접인용문(문장 97-100) 이후 나오는 그 (문장 101)에는 노인이 언급되지 않고 생략되었다((ø노인은) 돌아서는 권 서방을 멍하니 바라만 보았을 뿐, 뭐라고 인사말도 나오지 않았다).

5.2에서는 명백하게 언급하는 경향이 있는 일곱 가지 상황을 예를 통해 살펴보았다. 그 상황들이란, 처음 소개, 문단에서 주제가 되는 등

장인물, 역할 변화, 비사건 후의 사건 라인 재개, 문단 경계, 시간 표현, 인용 형식 등이다. 그런데 각각의 상황에서 이런 경향이 무조건 적용되는 것이 아니고 반대되는 예들이 있는데, 하위 층위에 적용되는 또 다른 제약이 따른다거나, 일반적인 규칙을 적용한 후에 제한된 경우에 적용할 만한 조건부 규칙들이다. 일반적으로 담화상 조건이나 규칙은 문장이나 절이나 구의 문법 규칙에 비해 100% 준수되는 규칙이라기보다 전반적 경향(80% 정도)이라고 볼 수 있다. 경우에 따라서는 두 가지 선택이 다 가능하고 또한 자연스러울 수 있다. 그러므로 여기에서는 명백한 언급에 대한 엄격한 규칙보다는 이러한 경향이 있는 상황들을 고려하여 참여자 지시에 대한 담화 분석을 제시했다. 앞으로 더 많은 텍스트의 예를 찾아내어 예외적인 경우의 가능성이나 필요에 대한 것을 더욱 깊이 있게 다루는 연구가 이루어지기를 바란다.

5.3. 등장인물 언급에서 명사구의 형태

처음 소개된 이후에 등장인물 언급에서 사용되는 명사구의 형태는 일반적으로 처음 사용되었던 명사구의 머리 명사의 반복이다. 영어와 같은 인구어나 다른 언어에서 흔히 대명사를 사용하는 것과 대조를 이룬다. 머리 명사형은 '심청', '황철' 같은 고유명사나, '모자장수' 같은 사회적 역할 명사, '호랑이', '구렁이', '젊은이', '노인' 같은 총칭적인 분류 용어, 또는 '나그네' 같은 역할 용어 등이 될 수 있다. 이야기의 진전에 따라 플롯상 사회언어학적인 동기가 있을 때는, 작가의 관점을 반영하는 다른 형태도 사용될 수 있다.

주제가 되는 인물들은 최초의 소개에서 다른 인물들보다 더 긴 구로 표현되는 경향이 있는데, 종종 동격 명사구조와 함께 표현된다. 예를 들어, (1) 심청이는 '효성스런 소녀 심청'으로 소개되었고, (2) 심 봉사는 그가 이미 문단 1에서 언급되었음에도 불구하고 문장 7에서 '심청이 아버지 심 봉사님'으로 언급되었다. (3) 어머니와 해와 달이 된 남매는 '홀어머니와 아들 딸 이렇게 세 식구'로 소개되었고, (4) 모자장수는 '모자장수 한 사람'이라는 사람에 대한 계수로 소개되었다.

「효녀 심청」에서, 심 봉사는 피크 에피소드 부분의 끼인 종속된 에피소드의 피크에서 '아버지'로 언급된다. 심청이 주제 인물이고 기준점이기 때문에, 그녀의 아버지인 심 봉사는 이야기 전체적으로 그를 지칭하던 고유의 명사구인 '심 봉사' 대신에 절정의 순간에 '아버지'라는 관계적 용어로 언급된다. 이와는 대조적으로, 심청은 심 봉사의 인용된 대화 내에서 그가 그녀를 '내 딸'이라고 부르는 것만 제외하면 이야기 전체에 걸쳐서(수식절인 '효성스런'이나 '효성이 지극한'을 동반하거나 혹은 동반하지 않고) 이름으로만 언급된다. 다른 인물들이 그녀와의 상관관계에 따라, 예를 들어 '심청의 어머니', '아버지', '동네 사람들'로 언급되는 반면에, 그녀는 이야기의 중심인물로서 심청이라는 이름으로 언급되어 특별히 돋보인다.

「미녀와 스님」에서 스님이 각각의 사건에서 계속 '스님'으로 불리는데 반해, 여인은 그녀의 문장 19-20에 나타나는 배경 정보를 통해 '묘령의 아름다운 처녀'로 '서울 사는 모 대감 댁의 귀여운 따님'이라는 신원이 밝혀지기 전까지는 '여인'으로 언급된다. 문장 21에서 스님과의 상호관계에서 다시 '여인'으로 언급된 후, 두 번 더 그녀에 대한 언급에서 '처녀'로 지시된다. 아마도 호랑이가 자기를 구해 준 스님에게 바치는 처녀로서의 상징이 있는 듯하다.

「해와 달이 된 오누이」의 이야기에서 어머니는 처음에, 아버지가 살아 있지 않다는 사실을 강조하는 '홀어머니'로 언급된다. 그리고 나서 설화자에 의해서 한 번은 '어머니'라고 불려지고, 호랑이와의 대화에서는 '할멈'으로 불리기도 한다. 아마도 호랑이가 그녀를 그렇게 부르는 것에 이끌려서, 설화자 자신도 그녀가 무대에서 퇴장하기 전에 '할멈'이라고 같은 식으로 언급한다. 아이들은 '아들 딸'이라는 구체적인 방식으로 소개되고, 그 다음에는 '아이들'로 몇 차례 언급된다. 그들이 호랑이에게 문을 열어 주고 만 후에, 그들은 '오누이', '남매(중국어 한자에서 유래한 용어)'로 언급된다. 3장의 이야기 구조에 대한 토론에서 지적했듯이, 용어상의 점진적인 변화는 그들에게 다가오는 운명과 이야기의 초자연적인 결말을 예상하게 한다.

Grimes(1975)가 등장인물 그룹의 확장과 축소로 묘사했던 것과 유사하게 이 이야기의 참여자 지시가 나타나는데, 이것은 카메라의 줌렌즈(zoom lens)의 영향과 같이 일종의 지시 또는 범위의 변화를 가리킨다. 무대배경에서는 가족의 세 구성원 모두가 한 그룹으로 소개된다. 에피소드 1에서 어머니가 호랑이와 맞닥뜨리는 것을 보여 주고, 에피소드 2에서는 아이들이 호랑이와 갈등하는 것을 보여 준다. 대화에서 아이들은 그룹으로 행동하기 때문에 특정한 순간에 둘 중 누가 이야기하는 것인지 명확하지 않다. 아이들은 하늘에 올라가서 오빠는 달이 되고 누이는 해가 되는 마지막 문장(56)에 가서야 각자의 정체성을 가지고 명확하게 구분된다. 그룹 내에서의 등장인물 언급의 변화는 다음과 같다.

<그림 13>「해와 달이 된 오누이」의 등장인물 언급의 분리

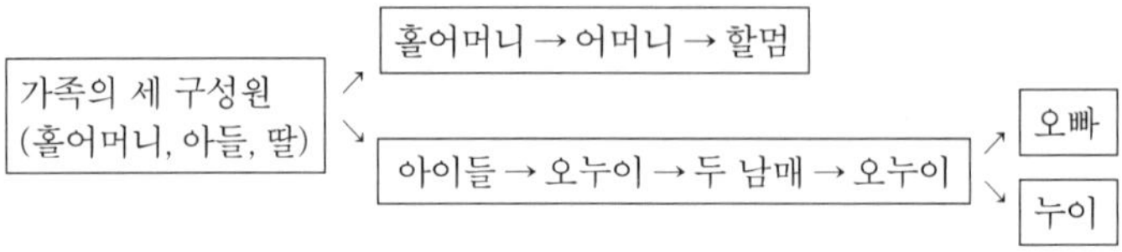

「물매미」 전체 이야기에서 중심인물은 '노인'으로 언급된다. 종결 부분인 가장 마지막 문장 102에서 그는 '늙은 아버지'로 불리고, 그의 아들은 '어린 자식'이라고 언급되었다. 여기에서 두 등장인물은 아버지와 자식으로, 나이상의 뚜렷한 차이를 보이는 상대적인 용어로 표시되었다. 마지막 문장 전에 이 아들은 노인의 내면 생각과 관련하여 '자기 자식', 형제 사이의 관계를 뜻하는 용어인 '막내', 또 특별히 학교를 배경으로 할 때는 이름에다가 어조사를 붙인 '영돈이'로, 다양하게 언급되었다.

이웃 권 서방은 노인의 직업과는 분명하게 대조를 이루는 '군밤장수 권 서방'으로 소개된다. 그리고 나서 그는 '권 서방'이라고 여러 번 언급된다. 물매미 양철 자배기 근처의 아이들을 전체적으로 언급할 때, '그들'이 두 번 쓰인 것에 덧붙여서 '놈들'(1회), '아이들'(6회), '어린 학생들'(1회) 등을 찾아볼 수 있다. 이 3인칭 복수 대명사 '그들'은 전체 여덟 개의 이야기를 통틀어서 유일한 3인칭 복수 대명사이다. 즉 중심인물이나 그 외의 어떤 인물들도 '그'나 다른 대명사로 단 한 번도 언급되지 않았다는 것이다. 아이들을 언급하는 두 가지 형태 즉 '아이들'과 '그들' 사이에 의미나 암시 면에서 별다른 차이가 없다고 본다. 다만 '아이들'은 불확정성(indefinite)을 표현하는 데 비해, '그들'은 틀림없이 확정적(definite)인 것을 표현하는 것이 차이일 수 있다. 그런데 이 이야기에서 '아이들'은 불확정적인 의미(2회)보다는 확정적인 의미(4회)로 더 자주 사용되었다. 따라서 '아이들'은 확정적일 수도 있고 그렇지 않을 수도 있는 반면에 '그들'은 반드시 확정적이라는 것만 제외하면 두 가지가 서로 비슷하다.

「이런 음악회」에서는 1인칭 설화로써 대명사 '나'가 빈번하게 발생한다. 이 설화에서는 이 1인칭 단수 대명사가 21회 발생한다. 게다가 설화자가 속해 있는 그룹을 언급할 때 사용되는 1인칭 복수 대명사 '우리'(복수 접미사 '들'이 따라올 수도 있는)가 7회 발생한다. 이렇게 화자의 관점을 따라가는 설화에서는 1인칭 대명사를 빈번하게 사용하는 것은 물론 예상할 수 있는 일이다. 이 이야기에서 남다른 것은 문장 45에서 평범한 언급의 형태인 명사 대신에 3인칭 대명사 '그'를 한 번 사용한 것이다.

(28) 음악회 문장 43-45

43 그뿐 아니라 재청을 요구함에도 불구하고 이번에는 말쑥이 차린 신사 한 분이 바이올린을 옆에 끼고 나오는 것이다.

44 신사는 예를 멋지게 하고 또 역시 멋지게 바이올린을 턱에 갖다 대더니 그 무슨 곡조인지 아주 장쾌한 음악이다.

45 그러자 어느 틈에 그는 제 멋에 질리어 팔뿐 아니라 고개며 어깨까지 바이올린 채를 따라다니며 꺼덕꺼덕하는 모양이 애 이놈 참 진짜로구나 하고 감탄 안 할 수 없다.

이 글에서 신사는 처음에는 '말쑥이 차린 신사 한 분'으로 언급되고, 다음에는 '신사', 그 후 '그'로 언급되는데, 이것은 3인칭 대명사가 한국 설화에 나타나는 흔치않은 예라고 할 수 있다. 그는 일시적으로 이야기의 스포트라이트를 받고 있으며, 그들이 응원하러 온, 앞에 등장한 바이올리니스트와는 극명한 대조를 보이는 문단의 주제 인물이다. 드문 경우임에도 불구하고, 이렇게 대명사 '그'를 사용해서 문장 43-44의 2부 구조(cf. 5.2.2)로 확립된 문단의 주제 인물을 언급한 것은, 대화의 흐름상 상당히 자연스럽게 보인다.

이 단편에서 설화자 자신보다도 더 중요한 인물은 황철이다. 그는 이름과 성을 합친 '황철'이라는 이름으로 가장 빈번하게 표시되는데, 그는 표면상 설화자의 친구임에도 불구하고 결코 이름만 불려진 적이 없다. 그는 세 번 '놈'이라고 언급되었는데, 그중 한 번은 지시어 '이'와 함께였다. 나머지 두 번은 그가 설화자와 맞닥뜨리는 대화의 끝부분 피크 에피소드(문장 55)에서 찾아볼 수 있다.

직접 대화에서 어떤 명사구를 선택하는가 하는 것은 화자의 의도와 함께 더 흥미 있는 상관관계를 보여 준다. 이 연구에서 인용문 내의 직접 화법은 다루지 않았지만, 한 가지 예와 설명을 제시하고자 한다. 「효녀 심청」에서 심 봉사가 스님을 처음에는 '당신', '어떤 분'이라고 부른다. 그리고 나서 스님으로부터 자신의 눈을 뜨게 하는 바를 알아내기 위해 몸 달아 할 때는 극도로 공손하게 '보살님'이라고 부른다. 마지막으로, 자신이 지킬 수 없는 약속을 했다는 것을 깨달았을 때에는 그는 오히려 중립적인 형태로 '여보 스님'이라고 크게 부른다.

5.3의 내용을 요약하면, 한국 설화에서 등장인물을 언급하는 데 쓰이는 명사구의 형태는 일반적으로 처음에 사용된 명사구의 머리 명사를 반복하는 것이다. 그런데 특별한 동기가 있을 때는 또 다른 형태가 사용되기도 한다. 언급을 위해 특정한 명사구를 선택하는 것은 줄거리 플롯구조와 긴밀하게 연관이 있는 것으로 보이는데, 예를 들면, 「효녀 심청」의 절정 피크 에피소드에서 주제 인물인 딸과의 관계를 분명하게

나타내는 '아버지'라는 용어를 사용한 것이다. 이러한 선택은 다양한 화용적, 사회언어학적 고려(예를 들어, 학교 배경에서의 이름 사용)를 통해 이루어진 것일 수 있다.

5.4. 등장인물 언급에서 조사의 선택

등장인물 언급에 관한 두 가지 질문, 곧 언제 등장인물을 분명하게 언급하는가(5.2) 그리고 그렇게 언급할 때 어떤 명사구를 사용하는가(5.3) 하는 질문에 답하였다. 이제 한국어 조사의 선택에 관한 질문이 남아 있다. 이 질문은 등장인물이 절의 주어일 때 주제조사인 '는'과 주격조사인 '가' 사이의 선택을 가리킨다.

일반적으로 한국 설화에서 등장인물은 전형적으로 명사구 이후에 주격조사인 '가'(또는 자음 후에는 '이')로 소개된다. 한 번 소개되고 나면, 등장인물은 다시 언급될 때는 주제조사 '는'(또는 자음 후에는 '은')을 취한다. 어떤 유형의 담화에도 적용할 만한 보다 더 일반적인 용어로 적용해보면, '가'는 새로운 정보, 신정보를 언급하고, '는'은 아는 정보, 구정보를 언급한다. 그런데 이러한 일반적 규칙은 아래에서 다루는 바와 같이 제약과 예외가 있다.

Kuno(1972)는 일본어에서 주격조사(ga) 대 주제조사(wa) 사용의 기능적 연구를 제시했다. 그는 'ga'는 (1) "중립적 묘사" 혹은 (2) "남김 없는 열거(exhaustive listing)"를 나타내고, 'wa'는 (1) "주제"(총칭적(generic)이거나 대용적(anaphoric)인) 혹은 (2) 문장의 "대조 요소"를 나타낸다고 말한다. 문장문법만을 고려한다면, 그의 주장 중 몇

몇 세부 사항을 제외하면 그의 일반화된 설명이 한국어에도 대부분 적용될 수 있다. “주어-주제 부각형” 언어인 두 언어는 조사의 민감한 용법 면까지도 현저하게 유사하다. 그런데 Kuno는 그의 분석에서 문장의 범위를 넘어서지 않았고, 때때로 논증과 결론이 임의적이고 불분명하다. 그래서 주제와 주어와 같은 개념을 연구하기 위해서는 반드시 담화를 고려해야 하는 것이다.

명사구가 ‘-는’을 포함하는 절과는 반대로, 명사구가 ‘-가’를 포함하는 절에 의해 보고된 정보를 관찰하면서, 4장에서 묘사한 대로 정보의 상대적 중요성의 순위와의 흥미 있는 상관성을 발견하였다. 이러한 순위는 이야기 구조 전체의 관점에서부터의 정보를 보여 준다. 순위가 높은 쪽, 곧 이야기 전개에 중요한 것은, 특징적 동사적 자질에 의해 보고되는 중요한 순위에 있는 것들이다. 예를 들어 과거시제, 완료를 나타내는 시상, 서술문, 수여동사와 타동사 등이다. 하지만, 현재형, 진행을 나타내는 시상, 존재와 관련된 것이나 등식형 등 낮은 순위에 있는 동사적 자질들은 관련이 적은 정보를 표시한다.

조사의 사용과 정보의 중요성의 순위 사이의 상관성에 근거를 두고 한 가지 가설을 제시한다. 명사구 ‘-가’(주격조사)가 쓰인 절이 낮은 순위에 있는 정보를 특징적으로 전달하는 반면에, 명사구 ‘-는’(주제조사)이 쓰인 절은 높은 순위의 정보를 보다 특징적으로 전달한다는 것이다. 이 가설을 달리 표현하면, ‘가’는 등장인물의 행동이나 그가 연루되어 있는 사건보다는 앞서 나온 명사구(등장인물) 자체에 더 초점을 맞추고 있는 반면에, ‘는’은 등장인물 자체보다는 등장인물의 행동이나 사건에 더 초점을 맞춘다는 것이다. 이 가설과 관련하여, 담화 내에서 행동/사건 라인과 행위자 라인이 절묘하게 꼬아 짜여 있다(intricately interwoven)고 제시한다. 동사적 자질과 명사 다음에 발생하는 조사들은 전체 담화 내에서 서로 상관이 있다는 것이다. 5.4의 남은 부분에서 이러한 가설하에서 각각의 조사의 사용을 고찰해 볼 것이다.

5.4.1. 보완 정보를 위한 주격조사 '가'의 사용

일반적인 규칙은 '가'는 명사구가 주어로 발생할 때 새로운 정보, 즉 새로운 등장인물을 소개하기 위해 사용한다. 무대배경에서, 우리는 동사보다는 명사(등장인물)에 더 초점을 맞춘다. 이렇게 동사에 초점을 덜 맞춘다는 것은, 존재절 유형과 진행형 시상과 같이 정보의 중요성의 정적인 면이나 연속체의 낮은 순위에 부합하는 동사적 자질들을 보인다는 것을 의미한다. 명사와 함께 발생하는 '가'의 사용과 함께 사건 라인과 관계하여, 절 전체적으로는 낮은 순위의 정보를 신호하는 것을 보여 준다.

(29)

까치 문장 1

깊고 깊은 산중에 활을 메고 젊은이 한 사람이 걸어가고 있었습니다.

호랑이 문장 1

옛날 어느 깊은 산속에 호랑이 한 마리가 살고 있었는데 산길 가는 사람을 자주 잡아먹는 일이 있었습니다.

이러한 일반적인 규칙은 두 개의 단편을 제외한 모든 이야기에서 새로운 등장인물을 소개할 때 해당한다. 단편 「이런 음악회」에서는 5.2.1에서 설명한대로 1인칭 '내가'로 시작한다. 다른 단편 소설인 「물매미」는 중심인물 노인을 그의 행동과 말에 대한 묘사가 있은 후에 인용문 내에서 주제조사와 함께 '노인은' 이라고 소개한다. 이러한 시작은 등장인물의 행동의 중간에서 이야기를 시작해서 나중에 그의 신원을 밝히는(혹은 그의 정체에 대한 실마리를 제공하는) 현대 소설과 비슷하다. 영어에서도 지시대명사 he '그'나 she '그녀'로 시작하는 유사한 방식의 담화법이 있다. 다음의 예가 보여 주듯이, 주요 등장인물인 노인은 문장 4에서 지시어 생략으로 은밀하게 소개되었고, 그리고 나서 긴 문장 5의 중간 후반부의 인용문 후에 '노인은'으로 분명하게 표시되고 있다.

(30) 물매미 문장 4-5

4 오늘도 (ø노인이) 돈 천원이나 사 놓게 된 것은 역시 오후 네 시가 지나서부터다.

5 지금도 어울려 오던 한 패가 새로이 쭉 몰려들자, (ø노인은) 물매미를 물에 띄운 양철 자배기 가장자리로 돌아가며 간을 무수히 두고 간마다 번호를 써 넣은 그 번호와 꼭 같은 번호를 역시 1에서 20까지 쭉 일렬로 건너 쓴 종이 위에 아무렇게나 놓았던 미루꾸 갑을 집어들고,

5a. "자, 과잔 과자대루 사서 먹구두, 잘만 따서 나오면 미루꾸나, 호각이나, 건, 소청대루 거저 가져가게 된다.

5b. 자, 누구든지?" 하고 <u>노인은</u> 미루꾸 갑을 도로 놓고 조리를 들어 물매미를 건져서 자배기 한복판에 굵다란 철사로 동글하게 휘어 공중 달아 놓은 그 동그라미 속으로 몰아 넣었다.

5.4.1의 남은 부분에서는 이미 소개되었던 등장인물임에도 불구하고 주격조사를 사용하는 예외적인 경우들을 살펴 보겠다.

5.4.1.1. 등장인물의 재소개

주격조사 '가'는 재소개되는 인물에게 다시 초점을 맞추기 위해 사용된다.

(31)
심청 문장 84
그러자 그 꽃 속에서 뜻밖에도 물에 뛰어들었던 심청이가 **나타났습니다**.
스님 문장 16
큰 호랑이가 어떤 여인을 업고 와서 울고 있다가 … 사라져 버렸다.
까치 문장 31
젊은이는 높은 종각을 쳐다보며
31a. "인제 꼼짝없이 죽겠구나." 하며 한숨만 쉬고 있는데
어디서인지 또 구렁이가 **나타났어요**.

위의 예에서 참여자가 재소개될 때 주격조사 '가'가 쓰였다. 「효녀 심청」의 문장 84와 「은혜갚은 까치」의 문장 31에서는 재소개를 하기 위해 '가'와 함께 출연동사(verb of appearance) '나타나'가 사용되었다. 「미녀와 스님」의 문장 16은 출연동사를 사용하고 있지 않다. 출연동사에 대해서 Li와 Thompson(1979: 331)은 두 가지 기능을 수행한다고 지적한다. 한편으로는 행동의 일부를 구성하고 다른 한편으로는 새로운 담화의 화제를 소개한다고 설명한다. 한국어에서는 출연동사와 함께 주어, 곧 출연자가 명시되며 주격조사인 '가'가 같이 일어나고, 다음에 따라오는 절이나 문장에서는 주제조사 '는'과 같이 명시되거나 (문단의 주제를 확립할 때처럼(5.2.2)) 또는 계속되는 구정보로 지시어가 생략되어 영 대용이 되든지 한다.

5.4.1.2. 수식절

수식하는 절(<보문절>이나 [관계절]) 안의 명사구는 그 명사구가 이미 소개된 구정보라고 해도 '가'를 취한다.

(32)

까치 문장 12

젊은이는 너무 고단해서 [그 여자가 안내해 주는] 방에 들어가서 곧 잠이 들었어요.

모자장수 문장 8

모자장수는 한참 자고 일어나서 모자 상자를 가지고 가려고 하는데 <그 상자에 모자가 많지 않은 것>을 보고 깜짝 놀랐습니다.

예에서 여인과 모자는 이미 구정보이지만 '가'를 취하여 표현되었다. 그들이 전형적으로 문장구조(4.2.6)에 따른 정보의 중요성이 가장 낮은 순위인 수식절에서 발생했기 때문이라고 본다.

Yang(양인석 1972: 232)은 이 범주에서 드문 예외의 예들을 설명했다. 예를 들어서 특정한 부사와 함께 수식절인 관계절이 발생하는 경우를 들 수 있다.

(33)

a. 고양이가 [아버지는 어렵게 잡은] 고기를 먹어버렸다.

b. 존이 [나는 무심코 한] 말을 오해했다.

두 가지 예에서 모두 수식절이 부사를 포함하지 않는 경우에는 '아버지'와 '나' 이후에는 '가'가 필수적이다.

(34)

a′. 고양이가 [아버지가/*아버지는 잡은] 고기를 먹어버렸다.

b′. 존이 [내가/*나는 한] 말을 오해했다.

부사가 있을 때는, 주제조사나 주격조사가 명사 뒤에 나올 수 있다. 그렇다면 각각의 조사를 사용하는 것과 연관된 의미상의 차이는 무엇일까? 이 물음의 답은 정보의 상대적 중요성에 연관해서 그 차이를 설명할 수 있다고 본다. 5.4 처음에서 가정한 대로, 주제조사 '는'은 높은 순위의 정보를 알려 주는 절에서 발생하기 때문에, 예문에서 (a)와 (b)는 사건(아버지는 어렵게 물고기를 잡았고, '나'는 악의 없이 어떤 말을 한)에 초점을 맞추고 있다고 본다. 다른 한편으로, 동일한 문장이 주제조사 대신에 주격조사를 쓴다면, 초점은 등장인물, 곧 어렵게 물고기를 잡은 '아버지'나 무심코 말한 '나'에게 맞춰지고 사건에 맞춰지지 않는 관계로 절의 정보상 순위는 낮아진다.

(35)
a″. 고양이가 [아버지가 어렵게 잡은] 고기를 먹어 버렸다.
b″. 존이 [내가 무심코 한] 말을 오해했다.

이러한 부사들(어렵게, 무심코)은 명사구의 주제조사와 함께 쓰일 때 수식절에서의 사건을 더 중요하거나 더 높은 순위로 만드는 기능을 한다. 주격조사와 함께 쓰일 때는 그 조사의 전형적 특징대로 동사보다 명사에 더 초점을 맞추고, 절(관계절) 전체로는 정보의 순위가 낮은 쪽에 속한다.

5.4.1.3. 부사절

'만약에 … ~면', '~ㄹ 때', '~하자마자', '~ㄴ 후에' 와 같은 부사적 의미를 가진 종속절은 대부분의 경우에 주어로써 '가'와 함께 명사구를 취한다.

(36) 심청 문장 75-76
75 심 봉사는 {심청이가 뱃사람들을 따라 집을 떠날 때에야} 비로
소 죽음의 길로 떠난다는 것을 알게 되었습니다.
76 심 봉사 : "아가! {내가 너를 잃고 눈을 뜨며는} 무슨 소용이 있
겠느냐?"

4장(4.2.6)에서 이러한 부사절들이 특징적으로 중요성에서 낮은 순위에 있는 정보를 알려 준다는 것을 살펴본 바 있다. 부사절의 순위는 하위에 있는 수식절 바로 위이다.

5.4.1.4. 매 절마다 하나의 주제

만약 대조적인 '는'이 부가적으로 나오지 않는 한은, 대체적으로 매 절마다 '는'과 함께 하나의 주제가 있다(cf. Kuno(1976)가 묘사한 대로 일본어에서도 대조적인 요소를 'wa'로 표시한다). 그러므로 다음 예에서 일시적인 시간 배경 '하루는'이 주제로 취해졌기 때문에, 「해와 달이 된 오누이」의 문장 1에서 이미 소개된 '홀어머니'가 이 문장에서는 '가'와 함께 언급되고 있다.

(37) 오누이 문장 3
3. **하루는** 홀어머니가 집을 떠나시면서
3a. "싸리문 잘 닫고 집 잘 보고 있거라."
3b. "네,"
이렇게 이르시고 집을 떠나시었습니다.

'하루'라는 단어는 어떤 일시적인 시간 배경을 표현할 때 '는'과 함께 결합해서만 쓰이는 명사이다. 만약 '하루'를 주제로 만들지 않고 어떤 특정한 날을 표시하려면, 그것을 '어느 날'로 바꾸어 말해야 한다. 그

경우, 등장인물은 '는'을 취해 '어느 날 홀어머니는' 이라고 할 수 있다. 영어로 번역하면 'one day'로 두 경우가 똑같이 일치하는 반면에, 한국어에서는 두 가지('하루는 어머니가' 대 '어느 날 어머니는') 중에 하나를 고르는 것은 임의적인 것이 아니라 담화 내에서 구조적 상관성을 갖는다. 전자를 포함하는 절은 낮은 순위의 정보(보완 정보)를 가지고 있고, 후자는 사건 라인의 면에서 좀 더 높은 순위의 정보를 갖고 있다.

5.4.1.5. 명사에 초점

알려진 정보이건 알려지지 않은 정보이건 간에 '가'는 그 앞에 나타나는 명사에 초점을 맞춘다. Yang(양인석 1972: 90)의 화자와 청자 간의 대화를 인용해보자.

(38)
a. 화자: 존이 무엇을 먹었어요?
b. 청자1: 존은 김치를 먹었어요.
c. 청자2: 누가 김치를 먹었어요?
d. 화자: 존이 김치를 먹었어요.

주어에 초점이 있을 때마다 주격조사인 '가'가 사용된다. 문장(b)에서 '존'이 주제이고 구정보이고 '김치'가 목적어로 명시된 새 정보이다. 그래서 '존'은 주제조사와 함께 표시된 것이다. 정보를 추구하고 있는 문장(c)의 의문사 '누구'(짧은 형태 '누')는 반드시 '가'를 취하는데, 그것이 대조적인 드문 경우를 제외하고는 초점이기 때문이다. 그 대답인 (d)도 '존'이 초점으로 '가'를 써야한다.

다음 예에서 황철은 구정보이지만, 그의 이름은 초점이 되기 위해서 '가'를 취하고 있다.

(39) 음악회 문장 6
왜냐면 학교에서 무슨 운동시합을 하게 되면 늘 맡아 놓고 황철이가 응원대장으로 나선다.

암시하고 있는 것은, 학교에 있는 학생들 중에서 황철이가 나선다는 것이다. 이 예는 Kuno가 "남김 없는 열거"라고 부르는 것을 예증한다.

지금까지 이 5.4.1에서 논의한 다섯 가지 각각의 경우에서, 주격조사는 보완 정보에 관하여 사용된다. 즉 등장인물을 소개하거나 재소개하고, 수식절 또는 부사 종속절, 무대 배경의 사건을 알리거나 명사에 초점을 맞추는 것과 같이, 절 전체의 관점에서는 중요성의 순위가 낮은 내용에 사용된다.

5.4.2. 주로 주 정보를 위한 주제조사 '는'의 사용

이 부분에서는 주어를 표시하는 주격조사 '가'를 대체하는 '는'의 사용만 다루고, 목적격을 대체하거나, 장소, 시간과 같은 기능을 표현하는 명사 뒤에 나오는 '는'은 제외한다.[4] 일반 규칙상 등장인물은 '가'와 함께 소개 된 후에 그 뒤에 언급될 때 '는'을 취한다. '는'의 사용은 분배면에서 더 제한적인 주격조사인 '가'와 비교하면, 담화상 빈도율이 우세하다. 이러한 광범위한 분배에 '는'이 등장인물의 최초의 소개에서도 사용되는 예외적인 경우를 덧붙이면, '는'의 발생은 더 빈번하다. 예를 들어서, 「물매미」에서 노인은 주제조사와 같이 열네 번 언급되었지만 주격조사와는 한 번도 언급되지 않았다. 「이런 음악회」에서 서술자인

4) '가'는 주어만 표시하는 반면에 '는'은 주어, 목적어, 보어격을 대체하거나, 시간이나 장소의 부사격과 함께 그 뒤에 첨가된다. 다시 말해서 '는'은 문장의 대부분의 구에 쓰일 수 있고, 4장(4.2.6)에서 본대로 비독립절의 동사 뒤에 첨가되기도 한다.

'나'는 '는'과 함께 열한 번이 나왔고, '가'와는 세 번 나왔는데, 이 세 번 모두 수식절 내에서였다.

5.4.2.1. 알려진 정보

주제조사는, 언어문맥상 내부조응적으로나 상황맥락상 외부조응적으로 화자와 청자 사이에 알려지고 공유된 구정보에 쓰인다. 상황적으로 확립된 정보는 화자나 주요 인물의 가족 구성원이나, 화자나 청자, 등장인물의 이웃들을 포함하기도 한다.

(40)
1. 청자의 언급:
(심청 문장 15) "당신은 뉘시오?"
2. 알려진 등장인물의 어머니 언급:
(심청 문장 3) 심청이의 어머니는 마음 착하고 …
3. 알려진 등장인물의 동네 사람 언급:
(심청 문장 73) 이 소문을 들은 동네사람들은 심청이를 찾아와서 …

예문(40)에서 주제조사는 새로운 인물의 소개에 사용되었는데, 이 등장인물들은 장소 혹은 사건과 관련해서 상황적으로 확립된 경우이다. 영어에서 작가가 독자의 "전경의 프레임"(foregrounded frame; L.B. Jones 1983) 안에 그 품목이 있음을 예측할 때 최초의 언급에서 정관사 'the'를 사용하는 것과 비슷하다. 다음의 예가 그런 종류이다.

(41) 물매미 문장 62-63
62 기다리다 못하여 노인은 학교로 가 물어보았다.
63 숙직선생은 아이들이 돌아간 지는 이미 오랬다고 하고 … 했다.

이 경우에 숙직선생에 대한 언급은 주제조사를 취하고 있는데, 작가가 학교라는 프레임과 저녁이라는 시간 배경 속에서 독자의 전경의 프레임이 불러일으켰을 그러한 선생님을 예측하고 있어서 그러했던 것이다. 같은 원문의 다른 문장과 비교해 보자.

(42) 물매미 문장 59
59 집에서는 마누라가 벌써 저녁을 지어 놓고 … 기다리고 있었다.

여기서 문제는, 왜 부인을 위한 단어가 주격조사 대신에 주제조사를 취하지 않는가 하는 것이다. '집'이라는 프레임을 가진 전경이 그의 부인의 존재를 추측하게 만드는 데 충분하지 않은 것인가? 예문(40)에서 심청이가 알려져 있기 때문에 심청이의 어머니가 '는'과 함께 소개된 것과 비교하여 살펴보았다. 예문(42)의 상황에 대한 설명은 위치구인 '집에서는'에서 발견될 수 있다. 위치가 이미 이 문장의 주제이기 때문에, '마누라'는 같은 문장에서 두 번째 주제가 되기보다는 '가'를 받음으로써 더 자연스럽다. 왜냐하면 한 문장 내에서 주제가 보통 두 개 연속해서 발생하지 않기 때문이다. 「해와 달이 된 오누이」의 문장 3(하루는 홀어미니가)에서처럼, 「물매미」 문장 59의 경우에도 무대배경(에피소드 2의 무대배경)에서 발생하고 동사의 진행형으로 나타난 바와 같이 배경 정보를 보고하고 있다.

5.4.2.2. 총칭적(generic)인 명사

전체 구성원을 지시하는 총칭적인 명사는, 그것이 대부분의 청자와 화자가 공유하고 있는 정보이기 때문에 '는'으로 표시된다.

(43) 호랑이 문장 24
"사람들은 짐승을 마음대로 죽이기도 하고 …"

5.4.2.3. 대조적인 명사

명사구와, 언어문맥상 혹은 상황적 맥락상 어떤 것과 대조가 있을 때는 '는'이 사용된다.

(44)
까치 문장 11a
"대접할 음식은 없습니다만 주무시고만 가지겠다면 들어오세요."
음악회 문장 41
이렇게 우리들은 기가 올라서 응원을 하련만 황철이는 시무룩하니 좋지 않은 기색이다.

첫 번째 예에서, 음식은 침대나 잠을 잘 방과는 대조를 이룬다. 즉 음식은 없다, 그렇지만 잘 곳은 있다는 것이다. 「이런 음악회」의 문장 41에서 '우리들'은 '황철'이와 뚜렷하게 대조된다.

결론적으로, 이후의 언급에서 이미 소개된 등장인물을 언급하는 것에 추가하여, 주제조사인 '는'은 작가가 그 정보가 독자와 공유되었거나(예를 들면, 총칭적인 명사), 담화와 그 문맥상 추론할 수 있다고 예측할 때(예를 들어, 등장인물 가족이거나 전경의 프레임 안에 있는 항목일 때), 선조응(anaphoric)이 아닌 정보를 표시한다. 그러한 것으로써 이 조사는 담화에 광범위하게 분포되고, 또한 주 정보와 연관되어 있다. 중요성의 순위 면에서 역동적인 정보를 알려 주는 절 내에서 발생하고, 이야기의 전개를 더 나아가게 하는 역할을 한다.

그런데 나는 주제조사의 모든 발생이 주 정보와 관련이 있다고 주장하는 것은 아니다. 예를 들어, 보완 정보를 주는 독립절이나 등위절의 해설이, 등장인물이나 이미 소개된 도구를 언급할 때 '는'과 함께 일어나는 경우도 있다. 이것은 앞서 설명한 일반적인 규칙을 따라 예증할 수 있다. 일반 규칙이란 '가'가 명사구의 새 정보를 언급하기 위해 사용되고, '는'이 구정보를 언급하기 위해서 사용되는 것이다.

(45) 스님 문장 11
목에서 빼낸 것은 은비녀였다.

대부분의 주 정보가(전부는 아니지만,) 행위자가 '는'으로 혹은 지시어 생략(알려진 정보로써 '는'과 대응하는)으로 표시된 절 내에서 알려진다는 가설을 제시했다. 명사 후에 주제조사를 요구하는 절에서의 초점은 명사보다는 동사 요소에 맞춰 있다. 그것은 등장인물들이 독자에게 이미 알려져 있고 인물을 지시하는 명사는 그들의 행동보다는 분명하게 더 낮은 순위의 정보(cf. "소통의 역동성(communicative dynamism)", Firbas 1964)를 전달하기 때문이다.

5.4.3. 주격조사와 주제조사의 비교

주격조사 '가'는 새로운 정보(예를 들어 등장인물의 언급)를 위해 사용되고, 주제조사 '는'은 구정보(예를 들어 이후의 언급들)를 위해 사용된다고 하는 주어진 일반적인 규칙에서, 5.4.1~5.4.2를 통해 지금까지 주목한 것은 각각의 조사의 예외적인 사용이다. 이러한 두 가지 조사의 간결한 비교를 다음과 같이 제시한다.

이야기의 무대에서나 수식절, 부사종속절에서 발생하는 주격조사는 보완 정보로의 특징이 더 두드러진다. 게다가 명사(등장인물)에 초점

주격조사 '가'	주제조사 '는'
명사구(등장인물)에 초점	**명사구(등장인물)에 덜한 초점**
소개와 재소개	소개 이후에 언급
새로운 정보	공유된 구정보
비선조응(nonanaphoric)	선조응(anaphoric)
전경의 프레임 안에 있지 않은 항목	전경의 프레임 안에 있는 항목
동사구(행동/사건)에 덜한 초점	**동사구(행동/사건)에 초점**
수식절과 부사종속절	등위절과 독립절
정적인	역동적인
보완 정보	주 정보
중요성의 낮은 순위	중요성의 높은 순위

을 맞추는 경향이 있어서 정적인 타입의 정보와 상관성이 있다. 한편 주제조사는 소개 이후의 언급에서의 등장인물을 지시하기 때문에 담화에서 훨씬 더 널리 쓰인다. 지시어 생략의 경우는 청자(독자)에게 구정보로 주제조사와 마찬가지로 볼 수 있다. 그래서 지시어 생략과 주제조사는 절 전체적으로는 주 정보와 빈번하게 관련이 있고, 이야기 라인의 전개를 제시하는 역할을 한다. 그 초점이 주로 행동과 사건을 기술하는 동사에 있기 때문에, 주제조사는 역동적인 타입의 정보와 더 많은 상관관계가 있다.

이 두 조사 가운데 오직 한 가지만 쓸 수 있는 엄격한 경우들도 있는 반면에, 담화의 흐름에 영향을 끼치지 않고 둘 중의 하나를 쓸 수 있는 예들도 있다. 이렇게 다양한 정도의 제약이 있다는 것은 조사의 용법상 가용성(acceptability)의 정도가 있어서 문맥에 따라 한 가지만 용인될 수도 있고 두 가지 다 되기도 함을 반영한다. 이 사실은 조사의 사용이 전경과 배경의 이분적인 정보만이 아니라 연속체를 이루는 복수 순위(4장) 정보의 중요성과 상관관계가 있기 때문이라고 생각할 수 있다.

5.5. 끝맺는 말

이 장에서는 한국 설화의 참여자 지시에 대한 세 가지 점을 다루었다. (1) 왜 등장인물이 명백하게 언급되고 생략되지 않는가, (2) 등장인물을 언급하기 위해 사용된 명사구의 선택, (3) 주격조사 혹은 주제조사 중 어떤 조사에 의해 등장인물이 언급되는가이다.

5.2의첫 번째 질문을 살펴보면서 등장인물은 다음의 조건에서 명백하게 언급되는 경향이 있음을 발견했다. (1) 처음 소개될 때, (2) 문단의 주제가 되는 인물일 때, (3) 역할 변화가 있을 때, (4) 서술자가 비사건을 묘사한 후에 사건 라인을 다시 시작할 때, (5) 새로운 문단이 시작되었을 때, (6) 시간 표현 후에, (7) 직접 대화 후에 독립된 문장으로써 발생한 인용 형식 내에서 등이다. 그런데 이러한 것들이 명백한 언급을 지배하는 일반적인 조건인 반면에 일곱 가지 각각의 유형마다 예외가 있다. 이러한 예외를 설명하기 위해서 2차적인 조건이나 이러한 예외를 유발하기 위해 작용하는 제약들이 있을 수 있다고 제시했다.

5.3의 등장인물 언급에 사용되는 명사구의 형태로써는, 등장인물을 소개할 때 사용된 명사구의 머리 명사가 소개 이후의 다음 언급에서 반복된다. 그것이 고유명사이건, 사회적 역할 명사이건, 관계를 나타내는 용어이건, 총칭적인 부류 용어이건 간에 대개 상관없이 반복된다. 사회언어학적인 동기부여가 있을 때에는, 종종 줄거리 구조에 긴밀하게 연결된다고 생각되는 등장인물에 대한 작가의 관점이 반영된 다른 형태가 사용될 수도 있다. 나는 또한 두 개의 단편 소설에서의 3인칭 대명사의 드문 발생('그들'의 두 번 발생과 '그'의 한 번 발생)에 대해서도 진술하였다.

5.4의 등장인물 언급에서 조사의 선택은 정보의 상대적이고 구조적

인 중요성과 상관관계가 있는 것으로 보인다. 일반적으로 주격조사인 '가'는 등장인물의 소개와 같은 새로운 정보와 함께 발생하고, 주제조사인 '는'은 구정보와 함께 발생한다. 그런데 한국어와 일본어를 연구하는 언어학자들(I. S. Yang(양인석) 1972, Hines 1973, Kuno 1972)의 관심을 유발하는 이러한 일반적인 규칙에는 예외가 있다. 어떤 경우에는 두 조사 중 단 한 개만이 사용될 수 있고, 다른 경우에는 둘 중 어떤 것도 용인된다. 두 개의 조사를 혼동하는 것은, 영어의 정관사와 부정관사의 부정확한 사용과 매우 비슷하여, 종종 잘못된 요소에 초점을 맞추거나 관용어법에 맞지 않는 부자연스러운 표현을 초래한다.

이 주제에 대해 흥미를 가졌던 사람들은 각각의 문장 내에서 조사의 선택이나, 아니면 몇 문장의 작은 연속 내에서만 살펴보았지만, 여기에서는 담화의 측면에서 그 문제를 바라보았다. 주격조사는 무대배경에 나타나는 절이나, 수식절, 부사 종속절과 같이 특징적으로 보완 정보를 알려주는 절에서 발생하는 것으로 보인다. 이 주격조사는 명사(등장인물)에 초점을 맞추는 것으로 나타나고, 반면에 주제조사는 동사(등장인물과 관련된 행동과 사건)에 초점을 맞추는 것으로 나타난다. 담화 내에서 주제조사가 널리 사용되는 것은, 가끔씩 보완 정보도 알려주지만 주로 주 정보의 내용을 알려주는 특징적인 기능을 설명해 준다.

끝맺는 말

이 담화연구의 2장은 담화연구에서 이론상의 기초를 제공하고 나머지 부분 3장부터 5장까지는 한국 설화에서 중요한 세 가지 특정 분야의 주제를 택하여 서술적인 분석을 제공한다.

처음 부분에서 담화의 연구는 철학과 언어학의 주제와 관련한다. 특히 철학자들이 단순히 한 부분이 어떻게 다른 부분들과 연관되는가 하는 것보다 전체가 어떻게 부분들과 연관되는가 하는 것에 대해 주장한 생각들이 담화 문법 연구에도 좋은 통찰력을 제공한다고 제시한다. 전체로서의 담화는 그것을 구성하는 문장과 절의 관점만으로는 완벽히 설명될 수 없다. 전체를 보지 않고 부분만 신경을 쓰는 것은, 특히 의미론과 화용론, 사회언어학, 심리언어학 등의 측면에 관심이 있는 학자들이 지적한 바대로 문장문법이 불충분함을 보여 준다. 이제 언어연구에서 전체가 어느 정도의 부분을 차지하는가, 곧 얼마나 큰가하는 의문을 갖게 된다. 나는 그것이 최소한 담화에 상응하는 크기여야 한다고 생각한다. 이것은 담화보다 더 높은 층위(level)와 더 크고 넓은 맥락(context)이 있다는 것을 의미한다. 그러나 담화는 언어학 연구의 전체적 고찰에 자연스럽고 충분한 층위인 듯 보인다.

이 연구의 처음 부분의 주된 가치는 언어학을 다른 학문 분야와 연관해서 새로운 통찰력을 얻을 수 있다는 점에서 유익하다. 철학자들이 전체라는 개념을 어떻게 사용했는지 하는 점을 언어학에서의 담화연구에 적용하여 왜 우리가 언어를 연구할 때 전체를 우선하여 분석해야 하는가를 설득력 있게 보여 주고자 했다.

연구 자료로 여섯 개의 민담과 두 개의 단편, 총 여덟 개의 한국 설화를 사용하여 세 가지 시점에서 연구하였다. 3장에서 피크와 프로필의 개념을 써서 각 이야기가 어떠한 총체적 구조를 나타내는지 보았다. 4장에서는 주로 동사의 자질들을 통해 텍스트의 근간이 되는 아주 중요한 전경 정보에서부터 보다 덜 중요한 배경 정보에 이르기까지 정보의 상대적 중요성을 보았다. 5장에서는 주로 명사구의 형태를 통해 참여자 지시, 곧 등장인물 언급을 고려했다. 처음 부분(3장)에서는 각 담화의 전체 구조에 초점을 맞추었고, 뒷부분(4장-5장)에서는 담화의 측면에서 두 가지 특정 분야를 다루었는데. 즉 담화에서 동사와 명사가 어떻게 기능하는가이다.

이야기의 총체적 구조는 표층구조(surface structure)와 심층구조(notional, plot structure)로 분석된다. 각각의 이야기는 무대배경과 여러 개의 에피소드(피크 에피소드와 피크 전/후 에피소드)로 이루어져 있으며, 이런 표층구조의 기능적 위치는 심층구조상 설명부(exposition), 발단, 전개, 절정(climax)과 대단원(denouement)과 관련된다. 이야기에는 종종 삽입된 종속된 담화(embedded discourse)들이 있는데 이는 이야기의 전체 구조상 담화의 계층적인 배열을 보여 주는 것이다. 도표를 통해서 전체 담화의 통합적 구조를 나타내고 다른 도표를 통해 종속된 담화의 구조도 각각 나타낸다. 또한 그림을 통해 전체 이야기의 프로필을 보이는데 이는 프로필의 최고점인 피크 에피소드를 기준으로, 이야기가 무대배경으로 시작하여 피크 전 에피소드를 거쳐서 피크를 통해 피크 후 에피소드를 거쳐 종결로 가는 것을 보여 준다. 프로필의 정점인 피크 에피소드에는 대개 심층구조의 클라이맥스와 관련된 예외적인 언어학적 특징이 있다. 게다가 심층구조의 발단 부분에 대응하는 피크 전 에피소드에도 종종 피크 에피소드와 같은 특징이 나타난다. 3장 끝 부분에서 피크를 표시하는 예외적인 특징을(예를 들면, 사건 라인을 벗어난 보완 정보를 나타내는 동사적 특징을 오히려 반대로 중추적인 사건을 보고하는 데 사용하는 등) 한데 모아서 기술한다. 또한 여덟 개의 설화의 구조를 한데 모아서 도표로 구조적 대조를 하고 프로필 그림들을 비교한다.

4장에서는 여섯 가지의 동사 자질이 담화에서 정보의 상대적 중요성을 나타내는 기능을 한다고 제시한다. 그 특징은 시제, 시상, 서법/양태, 타동성과 태(능동태 수동태 등), 격 프레임에 따른 동사 유형, 그리고 마지막으로 문장 안에서의 절의 결합구조이다. 과거시제, 완료상, 서술문, 타동사, 행동과정(Action-Process)동사나 행동동사 유형, 독립(종결)절은 사건 라인상의 중요한 자료를 나타낸다. 반면에 현재시제, 진행상, 부정법, 상태동사나 존재동사, 등식동사, 종속절 등은 사건 라인에서 동떨어진 자료를 표시하는데 이는 이야기의 진행에서 덜 중요하다. 정보에 관한 초기의 많은 연구의 결과에 기초해서, 나는 한국 설화에서 각각 다른 동사의 형태와 유형이 주 정보에서부터 보완 정보까지의 정보상의 차이를 보인다고 제시한다. 여러 가지 동사의 자질을 체계적으로 모아서 한국 설화의 정보의 중요성에 대한 가설을 두 가지로 기술한다. 여섯 가지 자질이 모여 연속체를 이룬다는 가설과 복합적 자질을 가지지만 다섯 가지 구별된 순위를 이룬다는 가설이다.

이 연구의 세 번째 관점(5장)은 참여자 지시, 곧 설화의 등장인물 언급에 관한 것이다. 다음과 같은 조건에서 참여자 지시가 명백히 표현되는 것을 보여 준다. (1) 처음 등장해서 소개될 때, (2) 문단의 주제가 되는 등장인물일 때, (3) 등장인물 간의 역할이 바뀌거나 변할 경우, (4) 무대장치나 어떤 상태를 표현하는 배경 정보 후에 사건 라인을 다시 시작하는 경우, (5) 문단 경계선 다음에, (6) 시간 표현 이후, (7) 직접인용 후에 새로운 문장으로 인용 형식이 나타날 때 등이다. 이런 기본 조건들이 대개 참여자 지시에 대한 언급을 명백히 다룬다고 해도 각각의 상황에 반대되는 예들이 있어서 예외 없이 적용되는 규칙이라기보다 이들은 전반적 경향이라고 볼 수 있다. 경우에 따라서는 두 가지 선택이 다 가능해서 명백히 지시형이 있기도 하고 영 대용 지시(zero anaphora)가 있을 수 있다. 앞으로 더 넓고 깊은 연구가 이 문제에 대해 더욱 체계적인 조치를 이끌어내 줄 것을 기대한다.

참여자 지시를 명백히 표시하는 경우 더 선택이 두 가지 필요하다. 곧 (1) 명사구의 형태와 (2) 주격조사(subject particle)와 주제조사(topic particle) 사이의 선택이다. 이미 등장된 참여자 지시는 대개 처음에 소개된 명사구의 머리 형태가 반복된다. 인구어의 설화에 가장 많이 쓰이는 3인칭 대명사는 한국 설화에는 아주 드물게 나타난다. 일본어와 한국어에서 주제조사와 주격조사를 비교한 초기 연구들은 담화의 접근법에서부터 시작한 것이 아니다. 이 담화 분석 연구에서는 주격조사 '가'가 담화의 전체구조로 볼 때 무대배경(stage) 부분에 쓰이고 수식절과 부사 종속절에서 쓰이는 등 주로 배경 보완 정보를 특징적으로 나타낸다고 본다. 또한 주격조사는 등장인물이 소개될 때 사용되어 그 초점이 신정보인 인물을 표현하는 명사구에 있고 그 절의 동사 요소는 존재형이나 등식형 등으로 정적이며 미미하다. 반면에 주제조사 '는'은 좀 더 자주 쓰이는데 화자와 청자 사이에 알려진 정보를 나타내는 명사구에 표시된다. 이 주제조사는 참여자 지시에서 처음이 아닌, 두 번째나 그 후의 언급에 사용된다. 이미 소개된 인물을 표현하는 명사구이므로 절의 초점은 명사구에 있지 않다. 그러므로 대개 주제조사는 동사에 초점을 두어서 아주 중요한 사건 라인의 요소를 묘사하는 절에서 나타난다. 그러므로 나는 이 두 조사의 담화적 기능을 정보의 중요성 순위와 연관 짓는다. 사실 4장에서 본 대로 그 순위는 주로 동사적 자질에 기초한다. 그러나 명사구 다음에 쓰이는 조사 사용도 정보의 순위에 관련하여 더 추가된 실마리를 제공하여 어떤 정보가 더 무게가 있는가, 더 중요한가를 보여 주는 역할을 한다고 본다. 보완 정보를 표시하는 절과 연관된 주격조사 '가'와 주 정보를 표시하는 절과 연관된 주제조사 '는'에 대한 나의 가설은 담화 내에서 동사구의 자질과 명사구의 형태를 연결하여, 행위자 라인과 사건 라인이 하나의 담화 내에서 복잡하고 절묘하게 짜여진 태피스트리(tapestry)를 이룬다는 것을 보여 준다.

앞으로의 연구들이 여기서 제시한 동사와 명사와 조사에 대한 가설을 다른 유형의 담화에서 테스트해 보면 좋을 듯하다. 나는 중요 정보의 순위 적용이 담화 유형에 따라 다양하다고 간주한다. 예를 들어, 설명문에서는 그 순위가 설화와는 반대로 적용되어 상태동사나 존재동사, 등식동사 유형이 설명문의 주 정보를 나타내고 반면에 행동과 과정동사는 보완 정보를 나타내는 것을 발견했다(Hwang 2009). 다른 유형의 담화에서 주격조사와 주제조사의 사용은 설화문과 같은 기능을 지닐 수도 있을 듯하나, 아닐 수도 있다. 설명문, 절차문, 권위문 등 다른 유형의 담화 자료를 깊이 있게 분석하는 연구가 나오기를 기대한다.

이 연구는 언어를 연구할 때 전체론적 시각에서 보는 담화 분석이다.

이는 낮은 층위의 한 단위나 부분만을 연구해서는 얻을 수 없는 통찰력을 준다고 본다. 특히, 담화의 이런 전체론적 모델은 현재의 연구를 가능케 해주었다. (1) 언어연구를 의사소통의 현장과 관련하도록 만든다. (2) 낮은 층위만 보는 연구에서는 얻을 수 없는 새로운 정보를 얻게 하는데, 예를 들어, 동사의 자질을 동사나 문장에만 국한하는 것이 아니라 전체 담화에 관련해서 연구한다. (3) 더 증대된 힘으로 일반화할 수 있게 한다. 예를 들어, 주격조사 '가'가 수식절이나 부사절에 쓰인다는 산발적인 문법의 구조상 기술뿐 아니라 전체 담화 차원에서 보완적인 배경 정보를 나타내는 기능을 한다고 설명할 수 있다.

담화의 견지에서 연구한다는 것은 두 가지 면에서 이 연구 범위에 중요한 영향을 미쳤다. 첫 번째, 담화의 견지에서 볼 때 전체적 접근인 각각의 이야기의 통합적 구조를 설명하는 것은 자연스러운 시작이다. 두 번째, 담화적 접근은 언어에서의 명사와 동사의 중요성을 분명하게 보게 해 주었다. 설화 담화에서는 기본적으로 참여자 지시(명사)와 그들의 행동(동사)이 상호 작용함을 볼 수 있다. 곧 행위자 라인과 사건 라인이 이야기의 중추를 이룬다. 이런 관계는 이 책이 제시하는 한국 설화 분석에서 참여자 언급과 동사의 자질로 반영되는 정보의 상대적 중요성을 함께 고려함으로써 강조되었다.

앞으로 여러 유형의 한국 담화 자료를 전체론적 시각에서 분석하는 연구가 많이 나오기를 기대한다. 텍스트 전체의 통합적 연구뿐 아니라 한국어 문법의 여러 층위를 다루어서 단락이나 문장의 유형과 그것들의 담화상의 기능을 연구할 필요가 있다. 더 나아가서 단어나 구, 절의 연구도 담화적 견지에서 볼 때 담화 유형에 따른 특별하고 새로운 기능을 발견하고, 때로는 놀라운 통찰력을 찾을 수 있으리라고 믿는다.

부 록

1. 효녀 심청

1 옛날 어느 시골에는 효성스런 소녀 심청이가 살고 있었습니다.

2 심청이는 홀아버지 손에서 동리 부인네들의 젖을 얻어먹으며 자라났습니다.

3 심청이의 어머니는 마음 착하고 어여쁜 분이셨는데 그만 나쁜 병이 들어 세상을 떠나 버리셨습니다.

4 어린 청이를 안고, 혹은 업고 마을을 돌아다니시며 부인네들의 젖을 얻어먹이면서 키웠습니다.

5 심청이는 자랄수록 아버지를 위하는 효성이 지극했으며, 건넛마을에 사는 부잣집 장 정승님 댁에 가서 일을 하며 아버지를 모시게 되었습니다.

6 어느 날이었습니다.

7 심청이 아버지 심 봉사는 딸이 돌아오기를 기다리고 있었습니다.

8 기다리다 지친 심 봉사는 딸이 오는가 보려고 지팡이를 의지하고 어두운 밖을 나가시게 되었습니다.

9 심 봉사: "청이는 어쩐 일로 늦도록 돌아오지 않을까? 으으으…"

10 스님: "아니! 어디서 쿵 소리가 났다.

11 아하, 이를 어쩌나!

12 심 봉사가 개천에 빠지셨군요.

13 큰 일 났네.

14 어서 내 손을 잡고 나오세요."
15 심 봉사: "당신은 뉘시오?
16 어떤 분이신데 나를 구해 주시오?"
17 스님: "나무아미타불 관세음보살.
18 나는 몽운사에 있는 화주승이라오.
19 그런데 앞 못 보는 분이 무엇하러 밤중에 이런 곳을 나오셨소?"
20 심 봉사: "내 딸 청이가 밖에 나간 지 오래 되었는데 밤중까지 돌아오지 않아서 마중을 나왔다가 그만 …"
21 스님: "안 됐습니다 그려. 나무아미타불 관세음보살."
22 심 봉사: "앞 못 보는 신세 한스럽습니다.
23 언제나 우리 딸 청이의 얼굴을 한 번 보고 죽게 될지…"
24 스님: "한 가지 방법이 있기는 하오만… 나무아미타불 관세음보살."
25 심 봉사: "그 방법이 무엇인가요?
26 보아하니 나을 건가 말씀이나 해 보십시오."
27 스님: "말을 하지 않는 편이 보아하니 나을 것 같으오."
28 심 봉사: "보살님, 시원히 말씀만이라도 듣고 싶소이다."
29 스님: "부처님께 공양미 삼백 석만 시주하시고 정성으로 비시면 소원을 이루실 수 있겠습니다만… 나무아미타불 관세음보살."
30 심 봉사: "스님, 내 눈만 뜨게 된다면 하고 말고요."
31 스님: "그럼 시주부에 적겠습니다."
32 심 봉사: "그렇게 하시오."
33 스님: "그럼 안녕히 계시오. 나무아미타불 관세음보살."
34 심 봉사: "어! 여보! 스님, 스님. 아이구, 내가 미쳤지.
35 공양미 삼백 석이 어디서 난다고 승락을 했을까?
36 큰일 났네, 큰일 났네. 여보 스님! 여보 스님!"

37 심청: "아버지, 아버지 청이가 왔어요.

38 아니! 아버지 왜 그러세요?"
39 심 봉사: "아 아. 내가 죽지 않고 왜 살아서…
40 그만 그런 일을 저질렀을까?
41 내가 미쳤지.
42 내가 미쳤지…"
43 심청: "무슨 일이 있었나요?
44 제가 늦게 돌아와서 무슨 일이 있었군요?"
45 심 봉사: "너를 찾으러 나갔다가 고만 개천에 빠졌단다."
46 심청: "네에! 개천에를요?"
47 심 봉사: "그래. 그런데, 나를 구해 준 스님에게 고만…"
48 심청: "스님한테 무슨 말씀을 하셨길래 걱정을 하시어요?
49 어서 말씀해 보세요."
50 심 봉사: "말을 해서 무얼 하느냐?
51 내가 미쳤었구나, 그만."
52 심청: "아버지 제게 못할 말씀이 있으시어요?"
53 심 봉사: "몽운사 스님이 공양미 삼백 석만 부처님께 시주를 하면 눈을 뜨게 해 준다기에, 고만 그렇게 하겠다고 했구나."
54 심청: "아이 잘 하시었어요.
55 시주하고 백날 정성껏 빌면 아버지 눈을 뜨게 하신다고 그래요?"
56 심 봉사: "스님 말씀이 그렇긴 하지만 우리가 공양미 삼백석이 어디서 나느냐?
57 내가 고만 망령을 했지."
58 심청: "아버지 걱정하지 마시어요.
59 제가 정성껏 해 보겠어요."
60 심 봉사: "청아! 아이고, 청아, 네가 어떻게 그걸 허냐? 아이구 참말 …"

61 어느듯 공양미 삼백 석을 바칠 날이 닥아왔습니다.

62 효성스런 심청이는 공양미 삼백 석을 어떻게 하면 마련할 수 있을까 하고 걱정을 하며, 매일 아침 일찍이 백날 기도를 정성껏 드렸습니다.
63 하루는 이웃집 귀덕이 어머니가 와서 이야기 끝에, 뱃사람들이 처녀를 사러 다닌다는 말을 했습니다.
64 심청: "처녀를 사서 무엇에 쓴다고 해요?"
65 귀덕엄마: "용왕님께 제사 지내고 바다에 넣는대.
66 그렇게 하면 배가 풍랑을 만나지 않고 장사도 잘 된다는군.
67 그렇지만 멀쩡한 처녀를 바다에 던지다니…
68 값은 얼마든지 준다지만…"

69 이 말을 듣게 된 심청이는 이것은 하늘이 자기를 위해서 보낸 사람들이라고 생각하고 귀덕이 어머니를 졸라 뱃사공을 만나게 되었습니다.
70 심청: "저의 아버님을 위해서 쌀 삼백 석을 주시고 저를 데려가 주시어요."
71 이렇게 심청이는 자기의 결심을 말했습니다.
72 뱃사람들은 심청이의 효심에 감동돼선 한없이 심청이를 칭찬하고, 공양미 삼백 석 이외에도 심 봉사가 평생토록 먹고 입고 지낼 만한 재산을 따로 더 주기까지 했습니다.
73 이 소문을 동네 사람들은 심청이를 찾아와서 위로도 해 주고 혹은 칭찬도 하며, 모두 눈물을 흘렸습니다.
74 심청이는 아버지가 걱정하실 것을 염려해서 그냥 멀리 떠난다고만 말했던 것입니다.

75 심 봉사는 심청이가 뱃사람들을 따라 집을 떠날 때에야, 비로소 죽음의 길로 떠난다는 것을 알게 되었습니다.
76 심 봉사: "아가! 내가 너를 잃고 눈을 뜨며는 무슨 소용이 있겠느냐?
77 나는 차라리 눈이 어두운 채 너와 함께 살기가 원이다."
78 아버지는 통곡을 하셨지만 때는 이미 늦었습니다.

79 심청이가 뱃사람들을 따라 배를 탔습니다.

80 가장 물결이 세다는 바다 한가운데에 이르자, 뱃사람들은 많은 제물을 채려놓고, 북을 '둥둥' 울리며 제사를 지냈습니다.

81 이곳이 임당수라는 곳이었습니다.

82 심청: "천지신명이여! 저의 아버님 눈을 뜨게 해 주시옵소서."

83 얼마 후에 넓은 바다 위에는 한 송이 예쁜 연꽃이 피어나 세찬 물결에 밀려, 어느 낯선 바닷가에 닿았습니다.

84 그러자, 그 꽃 속에서 뜻밖에도 물에 뛰어 들었던 심청이가 나타났습니다.

85 심청이는 용궁에서 보내온 아름다운 처녀라는 소문이 나서 나중에는 왕비로 뽑히게 되었습니다.

86 효성이 지극한 심청이는 왕비가 된 후에도, 잠시도 아버지 생각에 마음 편할 날이 없었습니다.

87 그래서 하루는 눈먼 아버지를 찾기 위하여 임금님께 청을 드려서 나라 안에 사는 모든 소경들을 청해서 잔치를 베풀었습니다.

88 잔치가 끝나는 마지막 날이었습니다.

89 심청이는 구석 자리에 끼어 앉은 심 봉사를 발견했습니다.

90 심청: "아버님, 제가 청이어요."

91 심 봉사: "오! 내 딸 청아! 이게 꿈이냐 생시냐?

92 내 딸이면 어디 보자", 하며 크게 외치는 바람에 눈을 번쩍 뜨고 말았습니다.

93 그리해서, 심 봉사는 생전 처음으로 광명한 천지에서 그리운 딸을 만나 대궐 안에서 오래오래 잘 살았습니다.

2. 미녀와 스님

1 충청남도 동학사 뒤에 오누이 탑이 지금도 우뚝 서 있다.
2 이 탑에는 낭만과 공포가 서려 있는 전설이 있다.

3 어떤 스님이 혼자서 절을 지키며 열심히 불공을 드리고 있었다.
4 어느 날 깊은 밤 밖에서 호랑이 울부짖는 소리가 들렸다.
5 하도 구성지고 슬프게 울기에 횃불을 들고 나가 보았다.
6 과연 큰 호랑이가 그 큰 아가리를 벌리고 여전히 울부짖으며 무엇인가를 애원하는 듯했다.
7 스님은 자기를 해치지 않으려는 줄 알고 가까이 가서 횃불로 그 입 안을 들여다보았다.
8 목에 무엇인가 기다란 것이 걸려 있었다.
9 이것 때문에 그러는 것이라고 직감하고 스님은 손을 넣어서 그것을 뽑아 주었다.
10 호랑이는 비로소 울음을 멈추고 감사하다는 듯이 꼬리를 휘저으며 사라져 버렸다.
11 목에서 빼낸 것은 은비녀였다.
12 어떤 여인을 잡아먹다가 걸린 것이라고 스님은 생각했다.

13 이 일이 있은 지 며칠 후의 새벽이었다.
14 밖에서 또 호랑이의 포효가 들렸다.
15 스님은 또 무슨 일이 있나 해서 나가 보았다.
16 큰 호랑이가 어떤 여인을 업고 와서 울고 있다가 스님이 나오는 것을 보자 그 여인을 땅에 내려놓고는 어슬렁어슬렁 사라져 버렸다.
17 스님은 급히 여인을 보았으나 이미 기절해 있었다.
18 찬물을 퍼붓고 문지르고 해서 겨우 그 여인을 다시 깨어나게 했다.

19 묘령의 아름다운 처녀였다.
20 서울 사는 모 대감 댁의 귀여운 따님이었다.

21 스님은 여인에게 곧 상경하도록 권고했다.
22 집에서는 호랑이에게 잡혀가서 죽었으리라고 걱정하고 있겠기 때문이다.
23 그러나 그 처녀는 이를 거절했다.
24 자기의 생명을 구해 주신 스님과 평생 함께 지내야겠다는 것이다.
25 스님은 당황했다.
26 수도하는 몸으로 결혼할 수가 없기 때문이다.
27 그리하여 그 처녀를 누이로 삼고 머리를 깎아 주고 함께 불도에 정진하였다.

28 뒷사람들이 이 기적과 같은 오누이의 상봉과 갸륵한 정성을 기념하기 위해서 탑을 세워 이름을 오누이탑이라고 했다.

3. 은혜 갚은 까치

1 깊고 깊은 산중에 활을 메고 젊은이 한 사람이 걸어가고 있었습니다.
2 젊은이는 오랫동안 공부를 열심히 해서 지금 서울로 과거를 보러 가는 거에요.
3 멀고 먼 서울 길을 여러 날 지친 걸음으로 가던 어느 날이었습니다.
4 갑자기 느티나무 위에서 귀를 찢는 듯한 까치 소리가 났어요.
5 "깍깍깍"
6 큰일 났습니다.
7 나무 위에 있는 까치집에 커다란 구렁이가 새끼 까치들을 잡아먹으려고 혀를 날름거리고 엄마 아빠 까치는 새끼들을 살려달라고 아래위로

나르며 울부짖고 있었어요.

8 젊은이는 차마 그냥 지나갈 수가 없어서 구렁이를 활로 쏴서 떨어뜨리고 새끼 까치들을 살려 주고는 다시 길을 떠났어요.

9 얼마쯤을 가니까 날은 저물고 컴컴해서 잘 보이지를 않는데 멀리 불빛이 반짝반짝 하더래요.

10 젊은이는 반가와서 부지런히 그 집 앞까지 와서는

10a "여보세요.

10b 지나가는 나그네인데 하룻밤 쉬어갑시다."

11 그러니까, 기다렸다는 듯이 대문이 쓱 열리더니 젊은 여자가 나와서

11a "대접할 음식은 없습니다만 주무시고만 가시겠다면 들어오세요."

12 젊은이는 너무 고단해서 그 여자가 안내해 주는 방에 들어가서 곧 잠이 들었어요.

13 그런데 잠결에 하도 숨이 막히는 것 같이 답답해서 눈을 떠보니 아! 기둥같이 굵은 구렁이가 몸을 칭칭 감고 그 새빨간 혓바닥을 널름거리고 있지 않겠어요?

14 젊은이는 그만 새파랗게 질려서 말도 못하고 있는데

14a "이 놈.

14b 내 남편을 죽인 원수 놈아!",
하더니 목을 조르기 시작했어요.

15 젊은이는 정신을 바짝 차리고 구렁이에게 사정을 했습니다.

16 "어리석은 탓으로 그런 죄를 지었습니다.

17 제발 목숨만 살려주시면 은혜는 잊지 않겠습니다."

18 "어림없는 소리!

19 내 남편을 쏘아 죽인 너를 잡으려고 내가 이렇게 사람까지 되었는데."

20 "남편의 원수를 갚으려는 마음은 알겠습니다만 사실은 당신 남편이 어린 까치 새끼를 잡아먹으려는 걸 차마 볼 수가 없어서 한 짓입니다.

21 새끼를 살리려고 울어대는 어미 까치가 하도 불쌍해서 미처 뒷일을 생각 못했습니다."

22 그런데 젊은이의 말에 구렁이가 무슨 생각을 했던지

22a "너의 얘기를 들으니 너도 짐승을 사랑하는 마음이 있는 것 같아 특별히 용서하겠다."

23 "고맙습니다.

24 그 은혜는 평생 잊지 않겠습니다."

25 젊은이는 살아나게 되나보다 하고 절을 꾸벅꾸벅 했어요.

26 "흥! 너를 아주 살려준다는 것은 아니야.

27 오늘 밤 열두 시까지만 살려 둘 테니까 그때까지 이 절간에 종이 세 번 운다면 너를 아주 살려 주겠다."

28 이렇게 말하고 구렁이는 어디론지 가버렸어요.

29 젊은이는 후우 한숨을 쉬고 절간을 돌아보니 종각에 종이 있는 듯하나 잡아당길 줄도 없고 높아서 올라갈래야 올라갈 수도 없었어요.

30 시간은 자꾸 가는데 어떻게 종을 칠 방법이 있어야지요.

31 젊은이는 높은 종각을 쳐다보며

31a "인제 꼼짝없이 죽겠구나",

하며 한숨만 쉬고 있는데 어디서인지 또 구렁이가 나타났어요.

32 "자 자정이 다 되었다.

33 죽을 각오를 해라."

34 구렁이는 혀를 날름거리며 젊은이를 향해 달려들었어요.

35 바로 이때 '땡그렁, 땡그렁, 땡그렁' 뜻 밖에도 종이 세 번 울렸습니다.

36 종소리를 듣고 젊은이와 구렁이는 똑같이 놀랐어요.

37 "흠. 너를 꼭 죽이려 했는데 종소리가 났으니 할 수 없이 약속대로 살려 주겠다."

38 구렁이는 슬픈 얼굴로 어디론지 사라져버렸습니다.

39 날이 새기가 바쁘게 젊은이는 종각 밑으로 가 보았습니다.
40 높다란 종각에는 종만 덩그러니 매달려 있었어요.
41 "부처님이 살려주셨을까."
42 이렇게 생각하며 땅바닥을 보던 젊은이는 깜짝 놀랐어요.
43 거기엔 종을 치느라고 머리가 깨진 까치 두 마리가 피를 흘린 채 이슬에 젖어 있었어요.
44 젊은이는 은혜를 갚기 위해서 귀중한 목숨까지 버린 엄마 아빠 까치를 어루만지며 양지바른 언덕에 예쁜 무덤을 만들어 주었답니다.

4. 은혜 모르는 호랑이

1 옛날 어느 깊은 산속에 호랑이 한 마리가 살고 있었는데 산길 가는 사람을 자주 잡아먹는 일이 있었습니다.
2 그래서, 그 산 아래에 살고 있는 마을 사람들이 하루는 산에 올라가서 호랑이가 잘 다니는 길목에 깊은 함정을 여러 개 파 놓았더니만, 그날 밤으로 호랑이 한 마리가 함정에 빠지고 말았어요.

3 이때에 길을 가던 나그네 한 사람이 함정에 빠진 호랑이를 보았습니다.
4 "아! 여기 호랑이 한 마리가 빠져 있네."
5 "여보세요, 나그네 님. 절 살려 내만 주시면 은혜는 꼭 갚겠어요."
6 "너는 사람을 해치는 짐승인데 어떻게 구해 줄 수 있겠느냐?"
7 "나그네 님 나그네 님 잠깐만… 꼭 은혜를 갚을 테니 제발 살려주세요."
8 "네가 만일 사람이나 가축을 해치지 않겠다면 살려 주겠다만…"
9 "고맙습니다.
10 꼭 나그네 님 말씀대로 하겠습니다."

11 호랑이는 자꾸만 빌었습니다.
12 나그네는 호랑이의 말을 믿고, 작대기를 함정 안에 걸쳐서 끌어내어 주었습니다.

13 "살려 줘서 고맙긴 하지만 배가 고프니 영감을 잡아먹어야겠소."
14 "너를 살려 준 사람을 잡아먹다니, 아무리 은혜를 모르는 짐승이기로서니 …"
15 "으음, 은혜를 모른다고요?
16 나를 함정에 빠지게 해서 죽이려고 한 게 누구요?
17 그건 사람이 아니요?"
18 "그렇지만 함정을 파 놓은 건 내가 아닌데…"
19 "사람은 다 같은 사람 아니요?
20 당신을 잡아먹어야겠소."

21 "자 자 잠깐만 있거라.
22 누구 말이 옳은지 저기 황소한테 물어나 보자꾸나."
23 "에 헤 헤, 그거야 말을 들을 것도 없이 사람이 나쁘오.
24 사람들은 짐승을 마음대로 죽이기도 하고 호되게 부려 먹기도 하오.
25 우리 소한테도 짐을 지우고 논밭을 갈리고, 그리고 죽여서 고기를…
26 그뿐인 줄 아슈?
27 가죽을 벗겨 쓰기까지 하니 사람이 얼마나 나쁜가 알만 하지 않소?"
28 "그렇고 말고요.
29 자, 황소 말을 들었소?
30 이젠 잡아먹어도 말 못하오."

31 "호랑아, 저기 소나무한테 한 번만 더 물어보자."
32 "더 물어봐 뭘 하오, 사람이 옳다고 할 리는 없을 텐데…"
33 "그래도, 소나무는 바른 말을 할 테니 어디 한 번만 더 물어보고나 죽겠다."

34 “그럼, 그렇게 합시다.”
35 “사람들만치 나쁜 건 없소.
36 우리 나무를 베어다 집을 안 짓나, 땔나무 감을 안 만드나, 또 숯을 만들지 않나 물론 사람이 나쁘지요.”
37 “그것 보시요.
38 소나무 님도 나쁘다고 하지 않소?”

39 “호랑이야, 내 마지막 소원이다.
40 모두들 너한테 잡혀 먹혀야 한다니 할 수 없구나.
41 그렇지만, 저기 토끼가 마침 이리로 뛰어오니 토끼한테 한 번 더 물어보자.”
42 “그럼, 좋소.
43 물어봤자 별 수 없을 걸…”
44 “토끼야, 토끼야. 이럴 수가 있느냐?
45 함정에 빠진 호랑이를 구해줬더니 도리어 나를 잡아먹으려고 하니 어쩌면 좋겠니?”
46 “아니요. 사람이 나를 산 채로 잡으려고 했소.”
47 “알았습니다. 내가 아주 공평한 재판을 해드릴 테니, 모두들 함정 있는 데로 가서 조사해 봅시다.”
48 “그럼, 그렇게 합시다.”
49 “호랑이 님, 먼저 어떻게 빠지게 됐는지 한번 흉내를 내 보십시요.”
50 “아이 참. 정말 빠졌었으니까 빠졌다는 게 아니요.
51 이렇게 빠졌단 말이요.”
52 “아! 정말로 호랑이님이 빠지셨던 게 틀림 없군요?
53 잘 알았습니다.”
54 “이젠 안심하시고 어서 갈 길이나 가 보세요.”
55 토끼는 나그네를 보고 방긋 웃으면서, 어디론지 깡충깡충 뛰어가 버렸

습니다.

56 호랑이는 깊은 함정 안에서 엉엉 울고만 있었어요.

5. 해와 달이 된 오누이

1 옛날 어느 깊은 산골에 홀어머니와 아들 딸, 이렇게 세 식구가 살고 있었습니다.

2 홀어머니는 날마다 고개 너머 마을 부잣집에 가서, 빨래도 해 주고 방아도 찧어 주고 해서 그 품삯으로 쌀이나 밥을 얻어다가 아이들과 겨우 살아가고 있었습니다.

3 하루는 홀어머니가 집을 떠나시면서

3a "싸리문 잘 닫고 집 잘 보고 있거라."

3b "네",

이렇게 이르시고 집을 떠나셨습니다.

4 날이 저물자, 어머니는 집에서 기다릴 아이들을 생각하시고, 고기와 수수떡을 싸 가지고는 빨리 집으로 돌아가셨습니다.

5 "아이구머니나! 아이구 저! 아이구 저…"

6 "할멈, 머리에 이고 가는 게 뭐요?"

7 "저… 잔치 집에서 떡을 얻어 가는 길이다."

8 "그 떡 한 개만 주면 안 잡아먹지."

9 "그래라, 옛다 먹어라."

10 부들부들 떨면서, 떡 한 개를 던져 주었습니다.

11 호랑이는 그 떡 한 개를 넘쩍 받아 물고는 숲 속으로 돌아가 버렸습니다.

12 "아이구! 이젠 다시 나오지는 않겠지?

13 어서 가야겠다."

14 그러나, 호랑이는 또 나타나서 아이들 주려고 가지고 가는 떡을 모두 빼앗아 먹어버리고 말았습니다.

15 할멈은 호랑이한테 떡을 모두 빼앗기고, 빈 손으로 돌아가고 있었습니다.

16 이럴 때 호랑이는 한 걸음 앞장서서 막 달려 갔습니다.

17 그리고, 나무잎이 우거진 숲속으로 들어가서 펄떡펄떡 재주를 넘드니, 금방 사람으로 변하여 아이들을 찾아 갔습니다.

18 "엄마가 오셨는가 보다.

19 엄마야?"

20 "얘야, 가만히 있어.

21 문 열지 말고 알아 봐야지, 누군가.

22 누구세요?"

23 "나다. 어서 문 열어라."

24 "어! 어머니 목소리 같지 않은데요?

25 우리 엄마면 문틈으로 손 좀 내밀어 보세요."

26 "자."

27 "어머니 손이 왜 이렇게 거칠어요?"

28 "일을 많이 해서 그렇지."

29 "아냐요, 우리 엄마는 아닌 걸…"

30 "…앞발에 분칠을 해야지…

31 얘야, 얘들아, 내가 왔다.

32 어서 문 열어라."

33 "어디, 우리 엄마면 발을 좀 내밀어 보세요."

34 "자, 보아라."

35 "엄마 버선이 틀림없지?

36 네, 문 열게요."

37 "어 어머나! 엄마 아니야, 엄마가 아니야!"

38 집 뒤뜰에 있는 나무 위로 간신히 올라간 오누이는 나뭇가지에 걸터 앉아서 숨을 죽이고 호랑이의 거동을 살피고 있었습니다.

39 "얘들아, 어떻게 나무에 올라갔느냐?"

40 "우리 부엌에 있는 참기름을 바르고 올라왔어요."

41 "뭐? 기름을 바르고 올라갔다고?"

42 "정말이어요."

43 "너희들 날 속이는구나.

44 기름을 발랐더니만 더 미끄러지는데, 어떻게 올라갔는지 나 좀 가르쳐 주렴!"

45 "도끼로 발 디딜 자국을 찍어 가면서 맨발로 올라오면 돼요."

46 "뭐라고? 도끼로 찍으며 올라간다고?

47 옳지 알았다, 알았어."

48 "하느님 하느님, 저희 남매를 살려 주세요.

49 저희 남매를 살려 주시려면 성한 동아줄을 내려 주시고, 죽이시려거든 썩은 동아줄을 내려 주세요."

50 하늘에서는 굵다란 동아줄이 내려 왔습니다.

51 두 남매는 동아줄에 매달린 연을 타고 하늘로 훨훨 올라갔습니다.

52 나무에 올라온 호랑이도 동아줄을 달라고 하느님께 빌었습니다.

53 동아줄이 내려 왔습니다.

54 그 동아줄은 썩은 동아줄이었습니다.

55 공중에 채 반도 오르지 못하고 줄이 끊어져서, 호랑이는 수수밭에 떨어져 죽고 말았습니다.

56 하늘로 올라간 오누이는 하느님의 따뜻한 사랑을 받아, 오빠는 달이

되고 누이는 해가 되어, 밤과 낮으로 온 세상을 밝게 비추어 준답니다.

6. 모자장수

1 옛날 어떤 곳에 모자장수 한 사람이 있었습니다.
2 어떤 여름날 이 모자장수는 모자를 큰 상자에다 많이 넣어가지고 팔러 나갔습니다.
3 길에 다니면서,
3a "모자 사시요.
3b 모자요.
3c 남자 모자도 있고 부인들 모자도 있고 아희들 모자도 있습니다.
3d 값도 쌉니다", 하고 온종일 돌아 다녔으나 한 사람도 모자 사는 사람이 없었습니다.
4 모자장수는 너무 곤해서 한참 가다가 어떤 큰 나무 밑에 모자 상자를 내려놓고 모자를 쓴 대로 그냥 앉아서 쉬다가 잠이 들었습니다.

5 그 나무 위에는 원숭이 열 마리가 있었습니다.
6 이 원숭이들은 모자장수가 나무 밑에 와서 쉬는 것을 보고 자기들도 모자장수와 같이 모자를 쓰고 싶었습니다.
7 그래서 가만가만히 나무 밑으로 내려와서 모자 상자를 열고 하나씩 쓰고 다시 가만가만히 위로 올라가자는 모자장수를 내려다보고 있었습니다.
8 모자장수는 한참 자고 일어나서 모자 상자를 가지고 가려고 하는 데 그 상자에 모자가 많지 않은 것을 보고 깜짝 놀랐습니다.
9 웬일인지 몰라서 사방을 돌아보면서 찾아봤습니다.
10 그러나 모자는 하나도 보이지 않았습니다.

11 모자장수는 어떻게 할 줄을 몰라서 자기 무릎을 탁 치면서,
11a "아니 누가 내 모자들 다 가지고 갔느냐?"
하면서 나무를 쳐다봤습니다.
12 그때 모자장수는 아무 말도 못하고 입만 크게 벌렸습니다.
13 원숭이들이 모자를 다 쓰고 있는 까닭이었습니다.

14 한참 있다가 모자장수는 말하기를,
14a "원숭이들은 모자를 쓰지 않으니 내게 도루 가져 오너라", 하고 말했습니다.
15 그러나 원숭이들은 모자도 주지 않고 아무 말도 없었습니다.
16 이 모자장수는 다른 생각이 났습니다.
17 "원숭이는 꼭 사람들 하는 대로 따라하는 동물이니 내가 모자를 벗어서 땅에 던지면 원숭이들도 따라서 하겠지", 생각하고 자기 모자를 벗어서 땅에 던졌습니다.
18 위에서 보고 있던 원숭이들은 기다리지 않고 꼭 같이 모자를 벗어서 땅에 던졌습니다.

7. 물매미(계용묵 1950)

1 물매미 놀림은 역시 아침결보다 저녁결이 제 시절이다.
2 학교로 갈 때보다는 올 때가 아무래도 마음이 놓이는 모양이다.
3 아침에는 기웃거리기만 하다가 내빼던 놈들이, 돌아올 때면 그 적에야 아주 제 세상인 듯이 발들을 콱 붙이고 돌라붙는다.
4 오늘도 돈 천 원이나 사 놓게 된 것은 역시 오후 네 시가 지나서부터다.

5 지금도 어울려 오던 한 패가 새로이 쭈욱 몰려들자, 물매미를 물에 띄운 양철 자배기 가장자리로 돌아가며 간을 무수히 두고 간마다 번호를 써 넣은 그 번호와 꼭 같은 번호를 역시 1에서 20까지 쭉 일렬로 건너 쓴 종이 위에 아무렇게나 놓았던 미루꾸 갑을 집어들고,

5a "자, 과잔 과자대루 사서 먹구두, 잘만 대서 나오면 미루꾸나, 호각이나, 건, 소청대루 거저 가져가게 된다.

5b 자, 누구든지?"

하고 노인은 미루꾸 갑을 도로 놓고 조리를 들어 물매미를 건져서 자배기 한복판에 굵다란 철사로 동글하게 휘어 공중 달아놓은 그 동그라미 속으로 몰아넣었다.

6 그 동그라미를 통하여 물 위에 떨어진 물매미는 물속을 버지럭 버지럭 헤어 돌더니, 4자 번호 간으로 들어간다.

7 "자, 보았지?

7a 4자에다 미루꾸를 대고 이렇게 되면 미루꾸를 가져가게 되는 판이다.

7b 자, 누구든지?"

하고 아이들을 쓱 훑어보았다.

8 그러지 않아도 구미가 동하여 한쪽 손을 호주머니 속에 넣고 오물거리던 한 아이가 자배기 앞으로 바싹 나서며 란도셀을 멘 채 쪼그리고 앉더니, 십 원짜리 한 장을 밀어내 놓는다.

9 노인은 내놓은 십 원짜리를 무릎 앞으로 당기어 놓고, 종이 봉지 속에 손을 쑥 넣었다가 내더니,

9a "자, 받어? 이렇게 과자는 과자대루 주구…"

하고, 콩알만큼이나 한, 가시가 뾰족뾰족 돋은 알락달락한 색과자 세 알을 소년의 손으로 건넨다.

10 소년은 과자를 받아 우선 한알은 입에 넣고, 미루꾸 갑을 당기어 8번에다 대이고 조리를 들어 물매미를 떠서 동그라미 속에 몰아넣었다.

11 물 위에 공중 떨어진 물매미는 잠겼다 솟았다 수염을 내저으며 뒷다리를 버지럭 버지럭 헤어 돌아간다.

12 8자 주변 가까이로 물매미의 수염이 키를 돌릴 때마다 소년의 가슴은 호둑호둑 뛰었다.

13 그 은근하게 마음을 졸였던 것이다.

14 그러나 허사였다.

15 물매미는 7자 간으로 들어가고 말았다.

16 소년은 약이 오르는 듯이 십 원짜리를 또 꺼내 이번엔 7자 번에다 대었다.

17 그러나, 물매미는 이번엔 또 8번으로 들어갔다.

18 몇 번을 대 보았어도 물매미는 미루꾸 대인 번호로는 한 번도 들어가지 않았다.

19 백 원짜리까지 한 장을 잃고난 소년은 인제 밑천이 진한 듯이 얼굴이 빨개서 물러난다.

20 노인은 좀 미안한 듯이,

20a "한번 맞춰 내진 못했어두 손해가 난 건 없지?

20b 과잔 과자대루 돈 값에 받았으니까.

20c 자 또 누구?"

하고, 아이들을 또 한 번 건너다 보았다.

21 "저요!"

22 한 아이가 또 들어섰다.

23 그러나 역시 물매미는 미루꾸 대인 수자로는 좀체 들어가지 않았다.

24 백 원짜리 석장이 고스란히 나가기까지 겨우 한 번을 맞추었을 뿐이다.

25 "요 깍쟁이 자식이!"

26 소년은 약이 바짝 올라서 물매미 욕을 하며, 백 원짜리 한 장을 또 꺼내, 이번에는 아무래도 한 번 맞추고야 말겠다는 듯이, 모두 스무 구

멍에서 절반이나 차지하는 열 구멍에다 번호를 골라 지적하고, 그 백원을 단태에 다 대었다.

27 그리고는 조심스레 물매미를 떠 넣었다.

28 여기엔 장본인인 소년 자신뿐이 아니라, 둘러섰던 아이들은 누구나 할 것 없이 다같이 마음이 조였다.

29 동그라미를 통하여 물 위에 떨어진 물매미가 지적하여 놓은 그 번호 가까이로 헤어 돌 때마다, 홈칠홈칠 마음들을 놀랬다.

30 그러나 물매미는 요번에도 들어갈 듯이 그 지적한 번호의 주변을 몇 번이고 돌았을 뿐, 나중 가선 엉뚱한 구멍에 수염을 처 박고 넓주룩이 뜨고 만다.

31 소년은 그게 마지막 태였다.

32 더는 밑천이 없다.

33 그만 울상이 되어 일어선다.

34 "고놈의 짐승 참 이상하게두 오늘은 미루꾸 대인 구멍으룬 안 들어가네."

35 노인은 너무도 돈을 많이 잃은 소년이 딱해 보여서 위로 삼아 해 본 말이었으나, 소년은 이 말에 도리어 부아가 돋귀었다.

36 "킹" 하더니 손잔등이 눈으로 올라간다.

37 노인의 마음도 좋지 않았다.

38 노름에 돈을 잃고 눈물을 흘리며 돌아가는 아이를 오늘 비로소 대한 게 아니다.

39 날마다 한둘씩은 으레 있는 일이었고, 그럴 때마다 노인은 자기의 직업이 한없이 미워졌던 것이다.

40 머리에다 흰 물을 잔뜩 들여가지고 손자뻘이나 되는 어린 학생들의 코 묻은 돈푼을 옭아 내자고 물매미 노름을 시켜, 울려 보낸다는 것은 확실히 향기롭지 못한 노릇이었다.

41 무슨 직업이야 못가져서 하필 이런 노릇으로 밥을 먹어야만 되는 것일까?

42 자기 자식도 그들과 꼭 같은 어린것이 학교엘 가고 있다.

43 아이들을 바른 길로 인도하고 가르쳐 주지는 못할망정 그들을 꾀어서 옭아 먹자는 것은 아무리 생각해도 나이가 부끄러운 일이었다.

44 '밥을 굶어두…' 하고, 금시 집어 치우고 싶은 생각이 들다가도, '정말?' 하고, 다시 따져볼 땐 그만 용기가 죽곤 했다.

45 밤도 구워 보고, 고구마도 구워 보고, 빵도 쪄 보고, 담배도 팔아 보고, 갖은 짓을 다해 보았어도 시원치가 않아서, 또 이런 노름으로 직업을 아니 바꾸어 볼 수 없었던 것을, 그리고 그래도 이 노름이 제법 쌀 됫박이나마 마련되는 노름인 것이 뒤 미쳐 생각할 때, 노인은 마음을 냉정하게 가지지 않을 수 없었던 것이다.

46 여지껏 내지 못하고 밀려 돌아가던 학교 증축비 부담액 이천 원을 오늘 아침에야 들려 보낸 것도, 이 노름이 시작되면서 이 며칠 동안에 마련된 돈이었다.

47 생각하면 그저 냉정해야 살 것 같았다.

48 냉정하자, 그저 냉정해야 되겠다.

49 지금도 생각하다가 노인은 금시 마음을 사려 먹고, 그 소년이야 돈을 잃고 울며 돌아가든 말든 아랑곳할 게 없다는 듯이 소년에게 향하었던 눈을 다시금 물매미 자배기로 돌렸다.

50 그리고 마음을 굳세게 가다듬는 듯이 '에헴' 하고 목청을 새롭게 돋우며,

50a "자, 또 누구?

50b 과잔 과자대루 십 원어칠 받구두, 재수만 좋으면 백 원짜리 미루꾸 한 갑을 공으로 얻게 되는 재미나는 노름!

50c 자 또 누구?"

하고, 그들의 비위를 돋우기 위하여 물매미를 또 떠서 동그라미 속으로 넣어 보인다.

51 그러나, 아이들은 인제 다들 말끔히 마주 건너다보기만 하는 패들일

뿐, 썩 나앉는 아이가 없다.

52 호주머니들이 곯은 모양이다.

53 호주머니 곯은 아이들을 상대로는 아무리 떠든댔자, 나올 것이 없을 건 빤한 일이다.

54 날도 저물었다.

55 벌써 해 그림자가 땅 위에서 다 말려들었다.

56 학교 패들도 이젠 다들 저 갈대로 헤어져 가고 말았을 것이다.

57 더 벌여 놓고 그냥 앉았댔자, 집으로 돌아가는 지겟군이나 장난바치 아이들이 어쩌다 걸려들면 들을 것 밖에 없었다.

58 두어 번 더 아이들을 구겨보다가, 노인은 그만 짐을 싸 가지고 일어섰다.

59 집에서는 마누라가 벌써 저녁을 지어 놓고 영감님과 막내가 학교에서 돌아오기를 기다리고 있었다.

60 막내가 돌아올 학교 시간은 이미 늦었는데, 웬 까닭인지를 알 수가 없었다.

61 저녁을 다 먹고 나서도 막내는 돌아오지 않았다.

62 기다리다 못하여 노인은 학교로 가 물어보았다.

63 숙직선생은 아이들이 돌아간 지는 이미 오랬다고 하고, 몇 학년이냐고 묻기에 이 학년이라고 했더니, 최영돈이 그 애는 오늘 결석이라고 했다.

64 노인의 머릿속에는 무슨 알 수 없는 불길한 예감이 스치고 지나갔다.

65 전차가 보였다.

66 자동차가 보였다.

67 "분명히 걔가 오늘 오지 않았어요?"

68 미안쩍어 노인은 다시 한 번 재쳐 물었으나

68a "제가 최영돈이 반 담임이 돼서 오구 안 오는 걸 잘 압니다.

68b 글쎄 한 번두 결석이 없던 앤데, 오늘 처음으로 결석이기에 나도 이상히 여기구 있습니다.

68c 그럼 집에서는 영돈이가 학교로 간다구 나오기는 했군요?"
하고, 평상시의 출석 상황까지 정확히 알고 말하는 선생의 대답을 들으면 영돈이가 학교에 오지 않았던 것만은 의심할 여지가 없었다.
69 어디로 갔을까.
70 어디로 가서 종일토록 돌아오지 않을까.
71 전차, 자동차, 설마 그렇지야 않겠지?
72 오늘 학교 부담금 이천 원을 넣고 나간 그 돈으로 관련되어, 무슨 일이 혹 생긴 것은 아닐까.
73 노인은 알 수 없는 생각을 안은 채 눈이 둥그래져 되돌아왔다.

74 밤이 이슥해서다.
75 문밖에서 두런거리는 소리가 나기에 내다 보았더니, 군밤장수 권서방이 영돈이를 데리고 들어오고 있었다.
76 "아아니, 너 어디 갔다 이제 오니?
77 아, 권 서방은 어떻게 또…"
78 노인은 돌아오는 막내를 보고 반가와 마주 나갔다.
79 "허, 너 인제 들어가거라.
80 그런데, 영감님, 영돈일 너무 꾸짖지 맙시오.
81 애들이 철이 없어 그랬겠으니 차후일랑 그러지 말라구 이르구…
82 어서 너 들어가아…"
하고, 권 서방은 막내의 등을 안으로 밀었다.
83 역시 까닭은 있었구나,
노인은 그것이 궁금하지 않을 수 없었다.
84 "아아니, 너 어딜 갔더랬어?
85 아, 권 서방이 어떻게 밤 늦게 걜 데리구…
86 아니, 어디서 권 서방이 걜…,"
하고, 노인은 부썩 마주섰다.

87 “아니 뭐 그런게 아니구요.
88 아마 영돈이가 아침에 학교에 갈 때, 저어 종점께서 물매미 노름을 했나 보죠.
89 그래, 돈을 잃군 학교두 안 가구 우리 놈하구 우리 집으루 밀려 들어와선 종일 놀구 있기에, 저녁이나 먹군 집으루 가 자랬더니 아버지한테 꾸중을 듣겠다구 못 가겠다기에 내가 데리구 왔죠.
90 뭐 꾸짖을 것두 없어요.
91 아이들에게 물매미 노름을 시키는 어른이 글렀지요.
92 그까짓 철없는 애들이야 그거 뭐 아나요.
93 어서 들어가 자거라!”
94 노인은 그만 더 추궁할 용기가 없었다.
95 권 서방 보기가 부끄러웠던 것이다.
96 얼굴이 들리지 않았다.
97 “어서 들어가 주무십시요.
98 너두 들어가 자구…
99 아이, 참 달두 밝다.
100 전등이 없으니깐 더 밝은 것 같군.”
101 돌아서는 권 서방을 멍하니 바라만 보았을 뿐, 뭐라고 인사말도 나오지 않았다.
102 말도 없이 그대로 마당가에 우두커니 서 있는 늙은 아버지와 어린 자식을 흐르는 달빛만이 유난히 어루만지고 있었다.

8. 이런 음악회(김유정 1936)

1 내가 저녁을 먹고서 종로거리로 나온 것은 그럭저럭 여섯점 반이 넘었다.

2 너펄대는 우와기 주머니에 두 손을 꽉 찌르고 그리고 휘파람을 불며 올라오자니까,

2a "얘!"

하고 팔을 뒤로 잡아채며,

2b "너 어디 가니?"

이렇게 황급히 묻는 것이다.

3 나는 빼끗하는 몸을 고르잡고 돌려 보니 교모를 폭 눌러 쓴 황철이다.

4 번히 성미가 겁겁한 놈인 줄은 아나 그래도 이토록 씨근거리고 긴 달려듦에는, 하고,

4a "왜 그러니?"

4b "너 오늘 콩쿨음악대횐 거 아니?"

4c "콩쿨음악대회?" 하고 나는 좀 떠름하다가 그제서야 그 속이 뭣인 줄을 알았다.

5 이 황철이는 참으로 우리 학교의 큰 공로자이다.

6 왜냐면 학교에서 무슨 운동시합을 하게 되면 늘 맡아 놓고 황철이가 응원대장으로 나선다.

7 뿐만 아니라 제 돈을 들여가면서 선수들을 (학교에서 먹여야 번히 옳을 건데) 제가 꾸미꾸미 끌고 다니며 먹이고 놀리고 이런다.

8 그리고 시합 그 이튿날에는 목에 붕대를 칭칭하게 감고 와서 똑 벙어리 소리로,

8a "어떠냐?

8b 내 어제 응원을 잘해서 이기지 않았니?"

하고 잔뜩 뽐을 내고는,

8c “그저 시합엔 응원을 잘해야 해!”

9 그러니까 이런 사람은 영영 남 응원하기에 목이 잠기고 돈을 쓰고 이래야 되는, 말하자면 팔자가 응원대장일지도 모른다.

10 이번에도 콩쿨음악대회에 우리 반 동무가 나갔고 또 요행히 예선에까지 붙기도 해서 놈이 어제부터 응원대 모으기에 바빴다.

11 그러나 나에게는 아무 말도 없더니 왜 붙잡나 싶어서,

11a “그럼 얼른 가보지, 왜 이러구 있니?”

11b “다시 생각해 보니까 암만해도 사람이 부족하겠어.”

하고 너도 같이 가자고 팔을 막 잡아끄는 것이다.

12 “너나 가거라, 난 음악회 싫다.”

13 나는 이렇게 그 손을 털고 옆으로 떨어지다가,

13a “얘! 얘! 내 이따 나오다가 돼지고기 만두 사주마.”

함에는 어쩔 수 없이 고개를 모로 돌리어,

13b “대관절 몇 시간이나 하나?”

하고 묻지 않을 수 없다.

14 그러나 그 대답이 꼭 두 시간이면 끝나리라 하므로 나는 안심하고 따라 섰다.

15 둘이 음악회장 입구에 헐레벌떡하고 다다랐을 때는 우리 반 동무 열세 명은 벌써 와서들 기다리고 섰다.

16 저희끼리 낄낄거리고 수군거리고 하는 것이 아마 한창들 흉계가 벌어진 모양이다.

17 황철이는 우선 입장권을 사 가지고 와 우리에게 한 장씩 나눠 주며 명령을 하는 것이다.

18 즉 우리들이 네 무더기로 나뉘어서 회장의 전후좌우로 한구석에 한 무더기씩 앉고 시치미를 딱 떼고 있다가 우리 악사만 나오면 덮어 놓고 손바닥을 치며 재청이라고 악을 쓰라는 것이다.

19 그러면 암만 심사원이라도 청중을 무시하는 법은 없으니까 일등은 반드시 우리의 손에 있다고, 하나 다른 악사가 나올 적에는 손바닥커녕 아예 끽 소리도 말라 하고 하나씩 붙들고는 그 귀에다,

19a "알았지, 응?"

그리고 또,

19b "알았지, 재청?"

하고 꼭꼭 다진다.

20 "그래 그래 알았어!"

21 나도 쾌히 깨닫고 황철이의 뒤를 따라서 회장으로 올라갔다.

22 새로 건축한 넓은 대강당에는 벌써 사람들 머리로 까맣게 깔리었다.

23 시간을 기다리다 지루했는지 고개들을 길게 뽑고 수선스레 들어가는 우리를 돌아본다.

24 우리는 황철이의 명령대로 덩어리 덩어리 지어 사방으로 헤졌다.

25 나는 황철이와 또 다른 동무 하나와 셋이서 왼쪽으로 뒤 한구석에 자리를 잡았다.

26 일곱 점 정각이 되자 북적거리던 장내가 갑자기 조용하여진다.

27 모두들 몸을 단정히 갖고 긴장된 시선을 모았다.

28 제일 처음이 순서대로 성악이었다.

29 작달막한 젊은 여자가 나와 가냘픈 음성으로 노래를 부르는데 귀가 간지럽다.

30 하기는 노래보다도 조그만 두 손을 가슴께 고부려 붙이고 고개를 개웃이 앵앵거리는 그 태도가 나는 가엾다 생각하고 하품을 길게 뽑았다.

31 나는 성악은 원 좋아도 안 하려니와 일반 음악에도 씩씩한 놈이 아니면 귀가 가려워 못 듣는다.

32 그 담에도 역시 여자의 성악, 그리고 피아노 독주, 다시 여자의 성악 … 그러니까 내가 앞의 사람 의자 뒤에 고개를 틀어박고 코 곤 것도 그리

무리는 아닐 듯싶다.

33 얼마쯤이나 잤는지는 모르나 옆의 황철이가 흔들어 깨우므로 고개를 들어보니 비로소 우리 악사가 등장한 걸 알았다.

34 중학 교복으로 점잖이 바이올린을 켜고 섰는 양이 귀엽고도 한편 앙증해 보인다.

35 나도 졸음을 참지 못하여 눈을 감은 채 손바닥을 서너 번 때렸으나 그러나 잘 생각하니까 다른 동무들은 다 가만히 있는데 나만 치는 것이 아닌가.

36 게다 황철이가 옆을 콱 치면서,

36a "이따 끝나거든."

하고 주의를 시켜주므로 나도 정신이 좀 들었다.

37 나는 그 바이올린보다도 응원에 흥미를 갖고 얼른 끝나기만 기다렸다.

38 연주가 끝나기가 무섭게 우리들은 목이 마른 듯이 손바닥을 치기 시작하였다.

39 이렇게 치고도 손바닥이 안 해지나 생각도 하였지만 이쪽에서,

39a "재청이오!"

하고 악을 쓰면,

39b "재청! 재청!"

하고 고함을 냅다 지른다.

40 나도 두 귀를 막고 "재청!"을 연발했더니 내 앞에 앉은 여학생 계집애가 고개를 뒤로 돌리어 딱한 표정을 하는 것이 아닌가.

41 이렇게 우리들은 기가 올라서 응원을 하련만 황철이는 시무룩하니 좋지 않은 기색이다.

42 그 까닭은 우리 십여 명이 암만 악장을 쳐도 퀑하게 넓은 그 장내, 그 청중으로 보면 어서 떠드는지 알 수 없을 만치 우리들의 존재가 너무 희미하였다.

43 그뿐 아니라 재청을 요구함에도 불구하고 이번에는 말쑥이 차린 신사 한 분이 바이올린을 옆에 끼고 나오는 것이다.

44 신사는 예를 멋지게 하고 또 역시 멋지게 바이올린을 턱에 갖다 대더니 그 무슨 곡조인지 아주 장쾌한 음악이다.

45 그러자 어느 틈에 그는 제멋에 질리어 팔 뿐 아니라 고개며 어깨까지 바이올린 채를 따라다니며 꺼덕꺼덕하는 모양이 얘, 이놈 참 진짜로구나, 하고 감탄 안 할 수 없다.

46 더구나 압도적 인기로 청중을 매혹케 한 그것을 보더라도 우리 악사보다 몇 배 뛰어남을 알 것이다.

47 그러나 내가 더 놀란 것은 넓은 강당을 뒤엎는 듯한 그 환영이다.

48 일반 군중의 시끄러운 박수는 말고 위층에서 (한 삼사십 명 되리라) 떼 지어 악을 쓰는 것이 아닌가.

49 재청 소리에 구청이 터지지 않은 것도 다행은 하나 손뼉이 모자랄까봐 발까지 굴러가며 거기에 장단을 맞추어 부르는 재청은 참으로 썩 신이 난다.

50 음악도 이만하면 나는 얼마든지 들을 수 있다 생각하였다.

51 그리고 저도 모르게 어깨가 실룩실룩하다가 급기야엔 나도 따라 발을 구르며 재청을 청구하였다.

52 실상 바이올린도 잘했거니와 그러나 나는 바이올린보다 씩씩한 그 응원을 재청한 것이다.

53 그랬더니 황철이가 불끈 일어서며 내 어깨를 잡고,

53a "이리 좀 나오너라."

이렇게 급히 잡아끈다.

54 그리고 아무도 없는 변소로 끌고 와 세 놓더니,

54a "너 누굴 응원하러 왔니?"

하고 해쓱한 낯으로 입술을 바르르 떤다.

55 이놈은 성이 나면 늘 이 꼴이 되는 것을 잘 알므로,

55a "너 왜 그렇게 성을 내니?"

55b "아니, 너 뭐 하러 예 왔냐 말이야?"

55c "응원하러 왔지!"

하니까 놈이 대뜸 주먹으로 내 복장을 콱 지르며,

55d "예이 이 자식!

55e 우리건 고만 납짝했는데 남을 응원해 줘?"

56 그리고 또 주먹을 내대려 하니 암만 생각해도 아니꼽다.

57 하여튼 가만히 있으라고 손으로 주먹을 막고는,

57a "너 왜 주먹을 내대니?

57b 말루 못해?"

하다가,

57c "이놈아! 우리 얼굴에 똥칠한 것 생각 못허니?"

하고 또 주먹으로 대들려는 데는 더 참을 수 없다.

58 "돼지고기 만두 안 먹으면 그만이다!"

59 이렇게 한마디 내뱉고는 나는 약이 올라서 부리나케 층계로 내려왔다.

참고문헌

고영근 (1981), 『중세 국어의 시상과 서법』. 서울: 탑출판사.

고영근 (1987), 『표준 중세국어문법론』. 서울: 탑출판사.

고영근 (1993), 『우리말의 총체서술과 문법체계』. 서울: 일지사.

고영근 (1999), 『텍스트이론: 언어문학통합론의 이론과 실제』. 서울: 아르케.

고영근 (2011), 『텍스트 과학』. 서울: 집문당.

고영근, 구본관 (2008/2011), 『우리말 문법론』. 서울: 집문당.

고영근 외 (2002), 『문법과 텍스트』. 서울: 서울대학교 출판부.

고영근 외 (2009), 『한국문학작품과 텍스트 분석』. 텍스트언어학총서 1. 서울: 집문당.

남기심, 고영근 (1985), 『표준 국어문법론』. 서울: 탑출판사.

박병수 (1974), "한국어 명사 보문 구조의 분석", 『문법연구』 1: 151-185.

성기철 (1979), "경험과 추정: '-겠-'과 '-을것이-'를 중심으로", 『문법연구』 4: 109-129. 서울: 문법연구회.

신현숙 (1986), 『의미분석의 방법과 실제』. 서울: 한신문화사.

이영옥 (2002) "한국어와 영어 간 언어 구조의 차이에 따른 번역의 문제: 인용문의 번역을 중심으로", 『번역학 연구』 3(1): 59-81.

이정민, 배영남 (1987), 『언어학사전』. 개정증보판. 서울: 박영사.

장석진 (1985), 『화용론연구』. 서울: 탑출판사.

장석진 (1994), 『종합문법론: 담화와 화용(*A Unified Theory of Grammar: Discourse and Pragmatics*)』. 서울: 서울대학교 출판부.

정희자 (2001), 『담화와 문법 (*Discourse and Grammar*)』. 증보판. 서울: 한신문화사.

주신자 [Hwang, Shin Ja J.] (1996), "미국에서의 텍스트 언어학 연구 동향", 『텍스트언어학』 3: 467-483.

주신자 [Hwang, Shin Ja J.] (1998), "영어와 한국어의 담화문법 대조 분석", 『한국어 교육』 9: 183-200.

최현배 (1971), 『우리말본』. 네번째 고침 펴냄. 서울: 정음사.

Aaron, Uche (1999) *Tense and Aspect in Obolo Grammar and Discourse*. Dallas: Summer Institute of Linguistics.

Austin, J. L. (1961) Performative utterances. *Philosophical Papers*, ed. by J. O. Urmson and G. J. Warnock, 233-252. Oxford: Oxford University Press (2nd ed., 1970).

Austin, J. L. (1962) *How to Do Things with Words*. New York: Oxford University Press.

Barnouw, Victor. (1973) *Culture and Personality*. Homewood, IL: Dorsey Press.

Beaugrande, Robert de, and Benjamin L. Colby (1979) Narrative models of action and interaction. *Cognitive Science* 3: 43-66.

Beaugrande, Robert de, and Wolfgang Dressler (1981) *Introduction to Text Linguistics*. London: Longman. [(1991) 담화 텍스트 언어학 입문. 김태옥 이현호 공역. 서울: 양영각.]

Beavon, Keith H. (1979) *Studies in the Discourse Structure of Konzime, A Bantu Language of Cameroon*. MA thesis, University of Texas at Artlington.

Beavon, Keith H. (1985) Two relativization strategies in Konzime discourse. *Journal of West African Languages* 15(1): 31-56.

Bever, Thomas G., Jerrold J. Katz, and D. Terence Langendoen, eds. (1976) *An Integrated Theory of Linguistic Ability*. New York: Crowell.

Black, John B., and Robert Wilensky (1979) An evaluation of story grammars. *Cognitive Science* 3: 213-230.

Bloomfield, Leonard (1933) *Language*. New York: Holt, Rinehart and Winston.

Bohannan, Laura (1971) Shakespeare in the bush. *Conformity and Conflict: Readings in Cultural Anthropology*, ed. by James P. Spradley and David W. McCurdy, 15-25. Boston: Little, Brown.

Bolinger, Dwight (1979) Pronouns in discourse. *Discourse and Syntax*, ed. by Talmy Givón, 289-309. Syntax and Semantics, 12. New York: Academic Press.

Brémond, Claude (1970) Morphology of the French folktale. *Semiotica* 2: 247-276.

Brown, Lucien, and Jaehoon Yeon, eds. (2015) *The Handbook of Korean Languistics*. Malden, MA: Wiley Blackwell.

Brown, Roger, and Albert Gilman (1960) The pronouns of power and solidarity. *Style in Language*, ed. by Thomas A. Sebeok, 253-276. Cambridge: MIT Press.

Burusphat, Samsonge (1991) *The Structure of Thai Narrative*. Dallas: Summer Institute of Linguistics.

Burusphat, Samsonge (1992) The identification of storyline in Thai narrative discourse. *Language in Context*, ed. by Shin Ja J. Hwang and William R. Merrifield, 419-433. Dallas: Summer Institute of Linguistics.

Bybee, Joan L., Revere Perkins, and William Pagliuca (1994) *The Evolution of Grammar: Tense, Aspect, and Modality in the Languages of the World*. Chicao: University of Chicago Press.

Bybee, Joan L., and Suzanne Fleischman, eds. (1995) *Modality in Grammar and Discourse*. Amsterdam: Benjamins.

Cassirer, Ernst (1961) *The Logic of the Humanities*. New Haven: Yale University Press.

Chafe, Wallace L. (1970) *Meaning and the Structure of Language*. Chicago: University of Chicago Press.

Chafe, Wallace L. (1976) Givenness, contrastiveness, definiteness, subjects, topics and point of view. *Subject and Topic*, ed. by Charles N. Li, 27-55. New York: Academic Press.

Chafe, Wallace L. (1994) *Discourse, Consciousness, and Time: The Flow and Displacement of Conscious Experience in Speaking and Writing*. Chicago: University of Chicago Press.

Chang, Suk-Jin (1973) *A Generative Study of Discourse: Pragmatic Aspects of Korean with Reference to English*. (Ph.D. dissertation, University of Illinois.) Supplement to *Language Research* 9, no. 2. Seoul: Language Research Institute, Seoul National University.

Choi, Soonja (1995) The development of epistemic sentence-ending modal forms and functions in Korean children. *Modality in Grammar and Discourse*, ed. by Joan Bybee and Susanne Fleischman, 165-204. Amsterdam: Benjamins.

Choi, Yeon Hee (1991) Discourse reference in written Korean folk tales. *Studies in the Linguistic Sciences* 21, 2: 69-87.

Chomsky, Noam (1957) *Syntactic Structures*. The Hague: Mouton.

Chomsky, Noam (1965) *Aspects of the Theory of Syntax*. Cambridge: MIT Press.

Chomsky, Noam (1966) *Cartesian Linguistics*. New York: Harper and Row.

Chomsky, Noam (1968) *Language and Mind*. New York: Harcourt, Brace, and World.

Chomsky, Noam (1971) Deep structure, surface structure, and semantic interpretation. *Semantics: An Interdisciplinary Reader in Philosophy, Linguistics and Psychology*, ed. by Danny D. Steinberg and Leon A. Jakobovits, 183-216. Cambridge: Cambridge University Press.

Chomsky, Noam (1976) Conditions on rules of grammar. *Linguistic Analysis* 2: 303-351.

Chung, Sandra, and Alan Timberlake (1985) Tense, aspect, and mood. *Language Typology and Syntactic Description, vol. 3, Grammatical categories and the lexicon*, ed. by Timothy Shopen, 202-258. Cambridge: Cambridge University Press.

Colby, B. N. (1973) A partial grammar of Eskimo folktales. *American Anthropologist* 75: 645-662.

Colby, B. N. (1975) Culture grammars. *Science* 187: 913-919.

Comrie, Bernard (1976) *Aspect: An Introduction to the Study of Verbal Aspect and Related Problems*. Cambridge: Cambridge University Press.

Comrie, Bernard (1985) *Tense*. Cambridge: Cambridge University Press.

Comrie, Bernard (1989) *Language Universals and Linguistic Typology*. 2nd ed. Chicago: Chicago University Press.

Cumming, Susanna, and Tsuyoshi Ono (1997) Discourse and grammar. *Discourse as Structure and Process*, ed. by Teun A. van Dijk, 112-137. Thousand Oaks, CA: Sage.

Daneš, Frantick (1964) A three-level approach to syntax. *Travaux linguistiques de Prague* 1: 22-240.

Daneš, Frantick, ed. (1974) *Papers on Functional Sentence Perspective*. The Hague: Mouton.

DeLancey, Scott (1987) Transitivity in grammar and cognition. *Coherence and Grounding in Discourse,* ed. by Russell S. Tomlin, 53-68. Amsterdam: Benjamins.

van Dijk, Teun A. (1977a) *Text and Context: Explorations in the Semantics and Pragmatics of Discourse*. London: Longmans.

van Dijk, Teun A. (1977b) Semantic macro-structures and knowledge frames in discourse comprehension. *Cognitive Processes in Comprehension*, ed. by Marcel Adam Just and Patricia A. Carpenter, 3-32. Hillsdale, NJ: Erlbaum.

van Dijk, Teun A. (1980) *Macrostructures*. Hillsdale, NJ: Erlbaum.

van Dijk, Teun A., ed. (1997) *Discourse as Structure and Process*. Discourse Studies: A Multidisciplinary Introduction, vol. 1. Thousand Oaks, CA: Sage.

van Dijk, Teun A., and Walter Kintsch (1978) Cognitive psychology and discourse: Recalling and summarizing stories. *Current Trends in Textlinguistics*, ed. by Wolfgang U. Dressler, 61-80. Berlin: Walter de Gruyter.

Doležel, Lubomír (1978) Narrative modalities. *Essays in Literary Semantics*, ed. by Trevor Eaton, 93-102. Heidelberg: Groos.

Doležel, Lubomír (1980) Truth and authenticity in narrative. *Poetics Today* 1: 7-25.

Dooley, Robert A., and Stephen H. Levinsohn (2001) *Analyzing Discourse: A Manual of Basic Concepts*. Dallas: SIL International.

Dorfman, Eugene (1969) *The Narreme in the Medieval Roamntic Epic: An Introduction to Narrative Structures*. Toronto: University of Toronto Press(Cited in Hopper and Thompson 1980.).

Dry, Helen A. (1992) Foregrounding: An assessment. *Language in Context*, ed. by Shin Ja J. Hwang and William R. Merrifield, 435-450. Dallas: Summer Institute of Linguistics.

Erickson, Carol J., and Evelyn G. Pike (1976) Semantic and grammatical structures of an Isirawa narrative. *From Baudi to Indonesia*, ed. by Ignatius Suharno and Kenneth L. Pike, 63-93. Irian Jaya:

Cenderawasih University and Summer Institute of Linguistics.

Fillmore, Charles J. (1968) The case for case. *Universals in Linguistic Theory*, ed. by E. Bach and R. Harms, 1-88. New York: Holt, Rinehart, and Winston.

Fillmore, Charles J. (1972) On generativity. *Goals in Linguistic Theory*, ed. by Stanley Peters, 1-19. Englewood Cliffs, NJ: Prentice Hall.

Firbas, Jan (1964) On defining the theme in functional sentence analysis. *Travaux Linguistiques de Prague* 1: 267-280.

Fleming, Ilah (1979) Discourse from the perspective of four strata. *LACUS Forum* 5: 307-317.

Fox, Barbara A. (1987) *Discourse Structure and Anaphora: Written and Conversational English*. Cambridge: Cambridge University Press.

Fox, Barbara A., and Sandra A. Thompson (1990) Discourse explanation of the grammar of relative clauses in English conversation. *Language* 66: 297-316.

Gadamer, Hans Georg (1976) *Philosophical Hermeneutics*. Berkeley: University of California Press.

Givón, Talmy, ed. (1979) *Discourse and Syntax*. Syntax and Semantics, 12. New York: Academic Press.

Givón, Talmy, ed. (1983) *Topic Continuity in Discourse*. Amsterdam: Benjamins.

Givón, Talmy (1987) Beyond foreground and background. *Coherence and Grounding in Discourse,* ed. by Russell S. Tomlin, 175-188. Amsterdam: Benjamins.

Givón, Talmy (1990) *Syntax: A Functional Typological Introduction*, vol. 2. Amsterdam: Benjamins.

Givón, Talmy (2001) *Syntax: An Introduction.* 2 vols. Amsterdam: Benjamins.

Gleason, H. A. (1968) Contrastive analysis in discourse structure. *Report of the 19*th *Annual Round Table Meeting on Linguistics and Language Studies*, ed. by James E. Alatis, 39-63. Washington: Georgetown University Press.

Grice, Paul (1975) Logic and conversation. *Speech Acts*, ed. by Peter Cole and Jerry L. Morgan, 41-58. Syntax and Semantics, 3. New York: Academic Press. (Reprinted in *Studies in the Way of Words*.

Cambridge, MA: Harvard University Press, 1989.)

Grice, Paul. (1978) Further notes on Logic and conversation. *Pragmatics*, ed. by Peter Cole, 113-127. Syntax and Semantics, 9. New York: Academic Press.

Grimes, Joseph E. (1975) *The Thread of Discourse*. The Hague: Mouton.

Gundel, Jeanette K., Nancy Hedberg, and Ron Zacharski (1993) Cognitive status and the form of referring expressions in discourse. *Language* 69: 274-307.

Haiman, John, and Sandra A. Thompson, eds. (1988) *Clause Combining in Grammar and Discourse*. Amsterdam: Benjamins.

Halliday, M. A. K. (1970) Language structure and language function. *New Horizons in Linguistics*, ed. by John Lyons, 140-165. Harmond sworth, England: Penguin Books.

Halliday, M. A. K., and Ruqaiya Hasan (1976) *Cohesion in English*. London: Longmans.

Harris, Zellig (1952) Discourse analysis. *Language* 28: 1-30.

Hinds, John V. (1973) *Japanese Discourse Structure: Some Discourse Considerations on Sentence Structure*. Ph.D. dissertation, University of New York at Buffalo.

Hinds, John V. (1975) Korean discourse types. *The Korean Language: Its Structure and Social Projection*, ed. by Ho-min Sohn, 81-90. Honolulu: Center for Korean Studies and the University of Hawaii Press.

Hinds, John, and Wako Hinds (1979) Participant identification in Japanese narrative discourse. *Explorations in Linguistics: Papers in Honor of Kazuko Inoue,* ed. by George Bedell, Kazuko Inoue, Eichi Kobayashi and Masatake Muraki, 201-212. Tokyo: Kenkyusha.

Hirsch, E. D. (1976) *The Aims of Interpretation*. Chicago: University of Chicago Press.

Hockett, Charles F. (1958) *A Course in Modern Linguistics*. New York: Macmillan.

Hopper, Paul J. (1979) Aspect and foregrounding in discourse. *Discourse and Syntax*, ed. by Talmy Givón, 213-241. Syntax and Semantics, 12. New York: Academic Press.

Hopper, Paul J. (1987) Stability and change in VN/NV alternating languages: A study in pragmatics and linguistic typology. *The Pragmatic Perspective: Selected Papers from the 1985 International Pragmatics Conference*, ed. by Jef Verschuenren and Marcella Bertuceli-Papi, 455-476. Amsterdam: Benjamins.

Hopper, Paul J., and Sandra A. Thompson (1980) Transitivity in grammar and discourse. *Language* 56: 251-299.

Hopper, Paul J., and Sandra A. Thompson, eds. (1982) *Studies in Transitivity*. New York: Academic Press.

Hopper, Paul J., and Sandra A. Thompson (1984) The discourse basis for lexical categories in universal grammar. *Language* 60: 703-752.

Horn, Lawrence R. (2004) Implicature. *The Handbook of Pragmatics*, ed. by L. R. Horn and G. Ward, 3-28. Oxford: Blackwell.

Hwang, Shin Ja J. (1975) *Korean Clause Structure: Surface Structure and Deep Structure Roles*. Norman: Summer Institute of Linguistics.

Hwang, Shin Ja J. (1980) The referential structure of a Korean folktale: The story of Shim Chung. *어학연구(Language Research)* 16: 255-280.

Hwang, Shin Ja J. (1987) *Discourse Features of Korean Narration*. Dallas: Summer Institute of Linguistics.

Hwang, Shin Ja J. (1989) Recursion in the paragraph as a unit of discourse development. *Discourse Processes* 12: 461-477.

Hwang, Shin Ja J. (1990a) Foreground information in narrative. *Southwest Journal of Linguistics* 9(2): 63-90.

Hwang, Shin Ja J. (1990b) The relative clause in narrative discourses. *어학연구(Language Research)* 26: 373-400.

Hwang, Shin Ja J. (1992) The functions of negation in narration. *Language in Context*, ed. by Shin Ja Hwang and William R. Merrifield, 321-337. Dallas: Summer Institute of Linguistics.

Hwang, Shin Ja J. (1993) Embedding and skewing of discourse types. *LACUS Forum* 19: 153-162.

Hwang, Shin Ja J. (1994a) Grammatical form versus information flow in translation. *LACUS Forum* 20: 586-597.

Hwang, Shin Ja J. (1994b) Relative clauses, adverbial clauses, and information flow in discourse. *어학연구(Language Research)* 30: 673-705.

Hwang, Shin Ja J. (1996) The grammar and discourse of relative clauses. *LACUS Forum* 22: 144-156.

Hwang, Shin Ja J. (1999) The forms and functions of the passive in Korean. *LACUS Forum* 25: 255-267.

Hwang, Shin Ja J. (2006) Korean narrative structure: Evidence from two popular fables. *Korean Language in Culture and Society*, ed. by Ho-Min Sohn, 249-263. KLEAR Textbooks in Korean Language. Honolulu: University of Hawai'i Press.

Hwang, Shin Ja J. (2009) Transitivity and grounding in various discourse types. *Current Issues in Linguistic Interfaces*, ed. by Young-Se Kang, et al., vol. 1. 277-290. Seoul: Hankook Munhwasa.

Hwang, Shin Ja J. (2011) Quotation formulas in reported speech. *LACUS Forum* 36: 151-162.

Hwang, Shin Ja J. (2015) Korean discourse structure. *The Handbook of Korean Linguistics*, ed. by Lucien Brown and Jaehoon Yeon, 287-302. Malden, MA: Wiley Blackwell.

Hwang, Shin Ja J. (in press) Discourse analysis and grammar: Functional differences in discourse between head-initial and head- final languages. *LACUS Forum* 37.

Hwang, Shin Ja J., and Jonathan Lathers (2002) Discourse structure of two parables. *LACUS Forum* 28: *What Constitutes Evidence in Linguistics?*, 257-266.

Hwang, Shin Ja J., and William R. Merrifield, eds. (1992) *Language in Context: Essays for Robert E. Longacre*. Dallas: Summer Institute of Linguistics.

Hymes, Dell (1974) *Foundations in Sociolinguistics: An Ethnographic Approach*. Philadelphia: University of Pennsylvania Press.

Johnson, Nancy S., and Jean M. Mandler (1980) A tale of two structures: Underlying and surface forms in stories. *Poetics* 9: 51- 86.

Jones, Larry B. (1983) *Pragmatic Aspects of English Text Structure*. Dallas: Summer Institute of Linguistics.

Jones, Larry B., and Linda K. Jones (1979) Multiple levels of information in discourse. *Discourse Studies in Mesoamerican Languages*, ed. by L. K. Jones, 3-27. Dallas: Summer Institute of Linguistics.

Jones, Linda K. (1977) *Theme in English Expository Discourse*. Lake

Bluff, IL: Jupiter Press.

Jones, Linda K., ed. (1979) *Discourse Studies in Mesoamerican Languages*. Dallas: Summer Institute of Linguistics.

Kim, Chin-Wu, ed. (1978) *Papers in Korean Linguistics*. Columbia, SC: Hornbeam.

Kim, Haeyeon (1992) *Clause combining in discourse and grammar: An analysis of some Korean clausal connectives in discourse*. Ph.D. dissertation, University of Hawaii.

Kim, Myung-Hee (1994) Referential management and activated memory in Korean discourse. *Text* 14: 5-21.

Kim, Soon-Ham Park (1967) *A Transformational Analysis of Negation in Korean*. Ph.D. dissertation, University of Michigan.

Kim, Yoon-Sook (2000) *Clause Combining in Korean*. M.A. thesis, University of Texas at Arlington.

Kim-Renaud, Young-Key, ed. (1994) *Theoretical Issues in Korean Linguistics*. Stanford: Stanford Linguistics Society.

Kintsch, Walter (1977) On comprehending stories. Cognitive Processes in Comprehension, ed. by Marcel Adam Just and Patricia A. Carpenter, 33-62. Hillsdale, NJ: Erlbaum.

Kintsch, Walter, and T. A. van Dijk (1975) Recalling and summarizing stories. Ms. (Published as: Comment on se rappelle et on résume des histoires. *Langages* 40: 98-116.)

Koehn, Brent. (1999) *Verb Morphology and Discourse Function in Hellenistic Greek Narrative Texts*. M.A. thesis, University of Texas at Arlington.

Kuhn, Thomas S. (1970) *The Structure of Scientific Revolutions*. 2nd ed. Chicago: University of Chicago Press.

Kuno, Susumu (1972) Functional sentence perspective: A case study from Japanese and English. *Linguistic Inquiry* 3: 269-320.

Kuno, Susumu (1976) Subject, theme, and the speaker's empathy: A reexamination of relativization phenonomena. *Subject and Topic*, ed. by Charles Li, 417-444. New York: Academic Press.

Labov, William (1972) *Sociolinguistic Patterns*. Philadelphia: University of Pennsylvania Press.

Labov, William, and David Fanshel (1977) *Therapeutic Discourse: Psycho-*

therapy as Conversation. New York: Academic Press.

Labov, William, and Joshua Waletzky (1967) Narrative analysis: Oral versions of personal experience. *Essays on the Verbal and Visual Arts*, ed. by June Helm, 12-44. Seattle: University of Washington Press.

Lamb, Sydney M. (1966) *Outline of Stratificational Grammar*. Washington: Georgetown University Press.

Larson, Millie L. (1978) *The Functions of Reported Speech in Discourse*. Dallas: Summer Institute of Linguistics.

Lee, Chungmin (1974) *Abstract Syntax and Korean with Reference to English*. Ph.D. dissertation, Indiana University. Seoul: Pan Korea Book Corporation.

Lee, Chungmin (1987) Temporal expressions in Korean. *The Pragmatic Perspective: Selected Papers from the 1985 International Pragmatics Conference*, ed. by Jef Verschuenren and Marcella Bertuceli-Papi, 435-453. Amsterdam: Benjamins.

Lee, Chungmin (1995) Development of mood and modality in Korean. *Interfaces in Korean Linguistics: '93 Ohio State LSA Workshop*, ed. by Chungmin Lee, 31-34. Seoul: Taehaksa.

Lee, Eun-Hee (2006) Stative progressives in Korean and English. *Journal of Pragmatics* 38: 695-717.

Lee, Hong Bae (1970) *A Study of Korean Syntax: Performatives, Complementation, Negation, and Causation.* Ph.D. dissertation, Brown University. Seoul: Pan Korea Book Corporation.

Lee, Hyo Sang (1991) *Tense, Aspect, and Modality: A Discourse Pragmatic Analysis of Verbal Affixes in Korean*. Ph.D. dissertation, University of California at Los Angeles.

Lee, Hyo Sang (1993a) The temporal system of noun-modifying (attributive) clauses in Korean from a typological perspective. *Studies in Language* 17: 75-110.

Lee, Hyo Sang (1993b) Tense or aspect: The speaker's communicative goals and concerns as determinants, with respect to the anterior *-oss-* in Korean. *Journal of Pragmatics* 20: 327-358.

Lee, Hyo Sang (2015a) Tense and aspect. *The Handbook of Korean Linguistics*, ed. by Lucien Brown and Jaehoon Yeon, 232-248.

Malden, MA: Wiley Blackwell.

Lee, Hyo Sang (2015b) Modality. *The Handbook of Korean Linguistics*, ed. by Lucien Brown and Jaehoon Yeon, 249-268. Malden, MA: Wiley Blackwell.

Lee, Keedong (1993) *A Korean Grammar on Semantic Pragmatic Principles*. 서울: 한국문화사.

Lévi-Strauss, Claude (1955) The structural study of myth. *Journal of American Folklore* 68: 428-444.

Lévi-Strauss, Claude (1976) *Structural Anthropology*, vol. 2. New York: Basic Books.

Levinson, Stephen C. (1983) *Pragmatics*. Cambridge: Cambridge University Press.

Levinson, Stephen C. (2000) *Presumptive Meanings: The Theory of Generalized Conversational Implicature*. Cambridge, MA: MIT Press.

Li, Charles N. (1976) *Subject and Topic*. New York: Academic Press.

Li, Charles N., and Sandra A. Thompson (1976) Subject and topic: A new typology of language. *Subject and Topic*, ed. by Charles Li, 457-490. New York: Academic Press.

Li, Charles N., and Sandra A. Thompson (1979) Third-person pronouns and zero-anaphora in Chinese discourse. *Discourse and Syntax*, ed. by Talmy Givón, 311-335. New York: Academic Press.

Longacre, Robert E. (1972) *Hierarchy and Universality of Discourse Constituents in New Guinea Languages: Discussion*. Washington: Georgetown University Press.

Longacre, Robert E. (1977) A discourse manifesto. *Notes on Linguistics* 4: 17-29.

Longacre, Robert E. (1979a) The paragraph as a grammatical unit. *Discourse and Syntax*, ed. by Talmy Givón, 115-134. New York: Academic Press.

Longacre, Robert E. (1979b) The discourse structure of the flood narrative. *Journal of the American Academy of Religion* 47, 1, Supplement B, 89-133.

Longacre, Robert E. (1981) A spectrum and profile approach to discourse analysis. *Text* 1: 337-359.

Longacre, Robert E. (1985) Interpreting biblical stories. *Discourse and*

Literature, ed. by T. A. van Dijk, 169-185. Amsterdam: Benjamins.

Longacre, Robert E. (1989) Two hypotheses regarding text generation and analysis. *Discourse Processes* 12: 413-460.

Longacre, Robert E. (1990) *Storyline Concerns and Word Order Typology in East and West Africa*. Studies in African Linguistics, supplement 10. Los Angeles: The James S. Coleman African Studies Center and Department of Linguistics, University of California.

Longacre, Robert E. (1994) The dynamics of reported dialogue in narrative. *Word* 45: 125-143.

Longacre, Robert E. (1995) Some interlocking concerns which govern participant reference in narrative. *Language Research* 31: 697-714.

Longacre, Robert E. (1996) *The Grammar of Discourse*. 2nd ed. New York: Plenum Press.

Longacre, Robert E. (1999) Mark 5: 1-43: Generating the complexity of a narrative from its most basic elements. *Discourse Analysis and the New Testament: Approaches and Results*, ed. by Stanley E. Porter and Jeffrey Reed, 169-196. Sheffield, England: Sheffield Academic Press.

Longacre, Robert E. (2003a) Complementarity: Verb types and discourse types in Biblical Hebrew. *LACUS Forum 29: Linguistics and Real World*, 123-133.

Longacre, Robert E. (2003b) *Joseph: a Story of Divine Providence: A Text Theoretical and Textlinguistic Analysis of Genesis 37 and 39-48*. 2nd ed. Winona Lake, IN: Eisenbrauns.

Longacre, Robert E. (2004) Holistic textlinguistics. *Discourse Across Languages and Cultures,* ed. by Carol Lynn Moder and Aida Martinovic-Zic, 13-36. Amsterdam: Benjamins.

Longacre, Robert E. (2007) Sentences as a combination of clauses. *Language Typology and Syntactic Description*, ed. by Timothy Shopen, 2nd ed., vol. 2: Complex Constructions, 372-420. Cambridge: Cambridge University Press.

Longacre, Robert E. (2010) *The Development of Textlinguistics in the Writings of Robert Longacre*, ed. by Shin Ja J. Hwang. Dallas: SIL International.

Longacre, Robert E., and Frances Woods, eds. (1976-1977) *Discourse*

Grammar: Studies in Indigenous Languages of Colombia, Panama, and Ecuador. Dallas: Summer Institute of Linguistics.

Longacre, Robert E., and Shin Ja J. Hwang (1994) A textlinguistic approach to the biblical Hebrew narrative of Jonah. *Biblical Hebrew and Discourse Linguistics*, ed. by Robert Bergen, 336-358. Dallas: Summer Institute of Linguistics.

Longacre, Robert E., and Shin Ja J. Hwang (2012) *Holistic Discourse Analysis*. 2nd ed. Dallas: SIL International.

Lotman, Jurij (1977) *The Structure of the Artistic Text*. Ann Arbor: University of Michigan Press. (Translated from the Russian version of 1971.)

Maranda, Elli K., and Pierre Maranda (1971) *Structural Models in Folklore and Transformational Essays*. The Hague: Mouton.

Matthiessen, Christian, and Sandra A. Thompson (1988) The structure of discourse and 'subordination'. *Clause Combining in Grammar and Discourse*, ed. by John Haiman and Sandra A. Thompson, 275-329. Amsterdam: Benjamins.

Mayers, Marvin K., with Joyce W. Park (1978) *Discourse Phonology: A Manual for Field Linguistics*. Dallas: Summer Institute of Linguistics.

Mayers, Marvin K., and Miriam McNeilly (1973) Pocomchi corn origin tales. *Linguistics* 104: 74-94.

Miehle, Helen (1978) Discourse functions of English tense and aspect in Arthur Hailey's *The Final Diagnosis*. Ms.

Mukarovsky, Jan (1970) Aesthetic Function, Norm and Value as Social Facts. Ann Arbor: Department of Slavic Languages and Literature, University of Michigan. (Translated from the Czech version of 1936.)

Nida, Eugene A. (1949) *Morphology: The Descriptive Analysis of Words*. Ann Arbor: University of Michigan Press.

Oh, Choon-Kyu (1971) *Aspects of Korean Syntax: Quantification, Relativization, Topicalization, and Negation*. Ph.D. dissertation, University of Hawaii.

Pak, Miok (2008) Types of clauses and sentence end particles in Korean. *Korean Linguistics* 14: 113-155.

Palmer, Frank R. (1986) *Mood and modality*. Cambridge: Cambridge University Press.

Park, Byung-Soo (1972) *A Study of the Korean Verb Phrase and Noun Phrase Complementation, with Special Attention to the verb* ha. Ph.D. dissertation, University of Pittsburgh.

Pike, Kenneth L. (1959) Language as particle, wave, and field. *The Texas Quarterly* 2: 37-54.

Pike, Kenneth L. (1967) *Language in Relation to a Unified Theory of the Structure of Human Behavior*. The Hague: Mouton.

Pike, Kenneth L. (1982) *Linguistic Concepts: An Introduction to Tagmemics*. Lincoln: University of Nebraska Press. [(1994) 언어개념. 주신자 신현숙 옮김. 서울: 한신문화사.]

Pike, Kenneth L., and Evelyn G. Pike (1977) *Grammatical Analysis*. Dallas: Summer Institute of Linguistics.

Polanyi, Michael (1959) *The Study of Man*. Chicago: University of Chicago Press.

Polanyi, Michael (1962) *Personal Knowledge: Towards a Post Critical Philosophy*. New York: Harper Torchbooks.

Polanyi, Michael, and Harry Prosch (1975) *Meaning*. Chicago: University of Chicago press.

Prince, Ellen (1981) Toward a taxonomy of given-new information. *Radical Pragmatics*, ed. by Peter Cole, 223-255. New York: Academic Press.

Prince, Ellen (1992) The ZPG letter: subjects, definiteness, and information-status. *Discourse Description*, ed. by William C. Mann and Sandra A. Thompson, 295-325. Amsterdam: Benjamins.

Propp, V. (1958) *Morphology of the Folktale*. Bloomington: Indiana University. (Translated from the Russian version of 1928.)

Pu, Ming-Ming (1997) Zero anaphora and grammatical relations in Mandarin. *Grammatical Relations: A Functional Perspective*, ed. by Talmy Givón, 281-321. Amsterdam: Benjamins.

Rumelhart, David E. (1975) Notes on the schema for stories. *Representation and Understanding: Studies in Cognitive Science*, ed. by Daniel G. Bobrow and Alan Collins, 211-236. New York: Academic Press.

Rumelhart, David E. (1977) Understanding and summarizing brief stories. *Basic Procedures in Reading: Perception and Comprehension*, ed. by David LaBerge and S. J. Samuels, 265-303. Hillsdale, NJ: Erlbaum.

Saeed, John I. (2009) *Semantics*. 3rd ed. Chichester, UK: Wiley-Blackwell.

Saussure, Ferdinand de (1966) *Course in General Linguistics*. New York: McGraw-Hill. (Translated from the French version of 1914.)

Schank, Roger C., and Robert P. Abelson (1977) *Scripts, Plans, Goals, and Understanding: An Inquiry into Human Knowledge Structures*. Hillsdale, NJ: Erlbaum.

Schwimmer, Eric G. (1976) Folkloristics and anthropology. *Semiotica* 17: 267-289.

Searle, John R. (1975) Indirect speech acts. *Speech Acts*, ed. by Peter Cole and Jerry L. Morgan, 59-82. Syntax and Semantics, 3. New York: Academic Press.

Searle, John R. (1979) *Expression and Meaning: Studies in the Theory of Speech Acts*. Cambridge: Cambridge University Press.

Shibatani, Masayoshi (1976) Relational grammar and Korean syntax: So-called "double-subject" and "double-object" constructions revisited. *Language Research* 12: 241-251.

Shibatani, Masayoshi (1977) Grammatical relations and surface cases. *Language* 53: 789-809.

Smith, Carlotta S. (1997) *The Parameter of Aspect*. 2nd ed. Dordrecht: Kluwer.

Sohn, Ho-Min (1974) Modals and speaker-hearer perspective in Korean. *Papers in Korean Linguistics* 7: 493-520.

Sohn, Ho-Min, ed. (1975) *The Korean Language: Its Structure and Social Projection*. University of Hawaii Center for Korean Studies Monograph 6.

Sohn, Ho-Min (1999) *The Korean Language*. Cambridge: Cambridge University Press.

Sohn, Sung-Oak S. (1995) *Tense and Aspect in Korean*. University of Hawaii Center for Korean Studies Monograph 18. Honolulu: Center for Korean Studies, University of Hawai'i.

Song, Seok Choong (1967) *Some Transformational Rules in Korean*. Ph.D.

dissertation, Indiana University.

Sperber, Dan, and Deirdre Wilson (1986) *Relevance: Communication and Cognition*. Cambridge, MA: Harvard University Press. [(1993) 인지적 화용론: 적합성 이론과 커뮤니케이션. 김태옥 이현호 공역. 서울: 한신문화사.]

Spradley, James P., ed. (1972) *Culture and Cognition: Rules, Maps, and Plans*. New York: Chandler.

Thompson, Sandra A. (1978) Modern English from a typological point of view: Some implications of the function of word order. *Linguistische Berichte* 54: 19-35.

Thompson, Sandra A. (1987a) The passive in English: A discourse perspective. *In Honor of Ilse Lehiste*, ed. by Roger Channon and Linda Shockey, 497-511. Dordrecht, Holland: Foris Publications.

Thompson, Sandra A. (1987b) "Subordination" and narrative event structure. *Coherence and Grounding in Discourse*, ed. by Russell S. Tomlin, 435-454. Amsterdam: Benjamins.

Thompson, Sandra A., and Paul J. Hopper (2001) Transitivity, clause structure, and argument structure: evidence from conversation. *Frequency and the Emergence of Linguistic Structure*, ed. by Joan Bybee and Paul Hopper, 27-60. Amsterdam: Benjamins.

Thompson, Sandra A., Robert E. Longacre, and Shin Ja J. Hwang (2007) Adverbial clauses. *Language Typology and Syntactic Description, vol. 2: Complex Constructions*, ed. by Timothy Shopen, 2nd ed., 237-300. Cambridge: Cambridge University Press.

Thorndyke, Perry W. (1977) Cognitive structures in comprehension and memory of narrative discourse. *Cognitive Psychology* 9: 77-110.

Timberlake, Alan (2007) Aspect, tense, mood. *Language Typology and Syntactic Description, vol. 3: Grammatical Categories and the Lexicon*, ed. by Timothy Shopen, 2nd ed., 280–333, Cambridge: Cambridge University Press.

Tomlin, Russell S. (1985) Foreground-background information and the syntax of subordination. *Text* 5: 85-122.

Tomlin, Russell S. (1987a) Linguistic reflections of cognitive events. *Coherence and Grounding in Discourse*, ed. by Russell Tomlin, 455-479. Amsterdam: Benjamins.

Tomlin, Russell S., ed. (1987b) *Coherence and Grounding in Discourse*. Amsterdam: Benjamins.

Tyler, Stephen A. (1978) *The Said and the Unsaid: Mind, Meaning, and Culture*. New York: Academic Press.

Vender, Zeno (1967) *Linguistics in Philosophy*. Ithaca, NY: Cornell University Press.

Walter, Stephen L. (1980) *Application of a Cognitive Model of Linguistic Structure to the Analysis of Selected Problems in Tzeltal (Mayan) Grammar*. Ph.D. dissertation, University of Texas at Arlington.

Woods, Frances (1980) *The Interrelationship of Cultural Information, Linguistic Structure, and Symbolic Representations in a Halbi Myth*. Ph.D. dissertation, University of Texas at Arlington.

Wymann, Adrian T. (1996) *The Expression of Modality in Korean*. Ph.D. dissertation, University of Bern.

Yang, In-Seok (1972) *Korean Syntax: Case Markers, Delimiters, Complementation, and Relativization*. Ph.D. dissertation, University of Hawaii. Seoul: Paek Hap Sa.

Yang, In-Seok (1973) Semantics of delimiters. *어학연구(Language Research)* 9: 84-122.

Yeon, Jaehoon (2015) Passives. *The Handbook of Korean Lenguistics*, ed. by Lucien Brown and Jaehoon Yeon, 116-136. Malden, MA: Wiley Blackwell.

Yoon, James Hye Suk (2015) Double nominative and double accusative constructions. *The Handbook of Korean Linguistics*, ed. by Lucien Brown and Jaehoon Yeon, 79-97. Malden, MA: Wiley Blackwell.

찾아보기(한-영)

(ㅇ)

(ㅈ)

(ㅊ)

(ㅌ)

(ㅍ)

(ㅎ)

찾아보기(영-한)